国企混改新时代

兰有金 著

中信出版集团 | 北京

图书在版编目（CIP）数据

国企混改新时代 / 兰有金著. -- 北京：中信出版社，2019.3
ISBN 978-7-5217-0155-5

Ⅰ.①国… Ⅱ.①兰… Ⅲ.①国有企业—企业改革—研究—中国 Ⅳ.①F279.241

中国版本图书馆CIP数据核字(2019)第038827号

国企混改新时代

著　　者：兰有金
出版发行：中信出版集团股份有限公司
　　　　　（北京市朝阳区惠新东街甲4号富盛大厦2座　邮编　100029）
承　印　者：北京诚信伟业印刷有限公司

开　　本：787mm×1092mm　1/16　　印　　张：24.25　　字　　数：315千字
版　　次：2019年3月第1版　　　　　　印　　次：2019年3月第1次印刷
广告经营许可证：京朝工商广字第8087号
书　　号：ISBN 978-7-5217-0155-5
定　　价：88.00元

版权所有·侵权必究
如有印刷、装订问题，本公司负责调换。
服务热线：400-600-8099
投稿邮箱：author@citicpub.com

序一

中国改革开放40年，国有企业改革也进行了40年……在纪念改革开放40年之际，从现代企业理论和国企改革实践两个方面进行深度研究是有重要意义的。

在中共十八届三中全会关于国有企业改革的部分中，我认为有三个方面值得特别注意：管资本为主，划拨部分国有资本充实社保基金，发展混合所有制。

国有企业改革的基本命题和当前重点

确立社会主义市场经济的改革目标后，国有经济改革的基本命题是公有制、国有经济与市场经济能不能结合以及如何结合，即在保持较大份额国有经济的情况下能否实现政资分开、政企分开、所有权与经营权分离。

为解决这一历史性难题，自十四届三中全会以来，中央提出了三个要点：一是建立现代企业制度，二是调整国有经济的结构和功能，三是建立适应市场经济的国有资产管理体制。

这三个要点相互关联，但进展参差不齐。国有资产管理体制改革由于更为敏感而被搁置。至今，在产业领域，实物形态的国有企业仍是国有经济的主要实现形式。各级政府作为市场的监管者，同时分别拥有、管理和控制着一个庞大的国有企业群，这成为经济体制诸多矛盾的一个焦点。

当前，国有企业改革的主导方面应当及时由国有企业自身，转向在国家层面推进国有资产的资本化管理。这次国有企业再改革的命题不是政府机构如何改进对国有企业的管理，而是由"管企业"转变为"管资本"。这是十八届三中全会关于国企改革理论的重大突破。

国有资产资本化是化解诸多矛盾的关键

管资本是改革经营性国有资产的实现形式，即由实物形态的国有企业，转向价值形态的可以用财务语言清晰界定、有良好流动性、可以进入市场运作的国有资本。国有资产资本化可以实现以下三个目标：

一是国有企业进行整体的公司制改制，政府从拥有企业转向拥有资本（股权），并委托专业投资运营机构持有和运作。这就使政府与企业隔离不再有直接的产权关系，从体制上为政企分开、建立现代企业制度奠定了基础。有股东而没有"婆婆"，是对企业的又一次解放。

二是在国有资产资本化、证券化后，国有投资机构的所有权与企业法人的财产权分离，这就解除了国有资本与特定企业的捆绑关系。企业自主决策做大做强，国有资本追求投资收益有进有退。由此，构成了相关但不受约束的两个自由度。国有资产资本化是对国有资产流动性和效率的解放。

三是政府在"管资本"而非"管企业"的体制下，可以站在超脱视角，正确处理与市场的关系。这对政府也是一次解放。

国有资产资本化的重要意义在于，它将从根本上理顺长期困扰我们的政府、市场和企业的关系，化解体制转轨中的诸多矛盾。国有资本的预期效能主要通过市场而非行政力量来实现。这使国有资本具有"亲市场性"，从而保障我国在保持较大份额国有经济的情况下，市场在资源配置中起决定性作用。

两类国有资产的管理形式

经过多年的探索，经营性国有资产管理已经有多种实现形式，大致可以分为两类。一类是全国社保基金，如信达、华融等资产管理公司和中投、汇金投资控股公司等。这类机构有三个共同特点：一是都属于经注册的金融持股机构，管理的对象都是资本化和证券化的国有资产，受到较强的财务约束；二是与投资和持股的公司为股权关系，而非行政关系；三是持股机构是市场参与者，资本（股权）可以在市场中运作。国资委则是另一类管理形式。它的特点包括：一是以实物形态的国有企业为对象，"管人、管事、管资产"，管理着一个企业群，企业与政府保持着捆绑关系；二是法律和财务意义上的国有产权委托代理关系并未建立，政府对国企是行政强干预、财务软约束；三是国有产权基本不具有流动性，有进有退的调整和功能转换很难实质性地进行，资本效率低。这类管理形式与市场经济在诸多方面难以相融，是当前改革的重点。

国有经济的功能转换

渐进式改革留下的一笔巨大的国有资本，是保障我国经济体制平稳转型的宝贵资源。基于我国的特点，国有资本有两大功能：一是政策性功能，即作为政府实现特定公共目标的资源；二是收益性功能，获取财务回报，用于公共服务。两者的比例结构应当被与时俱进地调整。

在经济发展程度较低、政府主导经济增长的阶段，国家更加重视国有资本的政策性功能，国有资本是政府调控经济的工具、配置资源的抓手、推动经济增长的拳头。但这一发展阶段已经过去。

当前，在国家有需要而非公经济不愿进入或不能进入的领域、天然垄断行业、涉及国家安全和某些公共服务等领域，以国有资本投资实现政府特定公共目标的功能还不可缺少。但在市场起决定性作用的情况下，政策性功能应限定在某些市场失灵的领域，并经过充分论证和法定程序列入"负面清单"，然后随形势的发展逐步减少，避免随意性，不可泛化。

很多曾经的"重要行业、关键领域"已经成了竞争领域，而制约经济社会发展的瓶颈、关系"国民经济命脉"的很多方面也已发生变化。社会保障、基本公共服务均等化和某些社会产品短缺之间的矛盾已经上升到主要矛盾。相应地，国有经济作为"工具"和"抓手"的政策性功能应大幅转向收益性功能，以投资收益作为公共财政的补充来源，弥补体制转轨中积累的必须由财政支付的历史欠账，满足民生需求。一方面，补充社会保障资金的不足，保住社会底线；另一方面，补充社会公益性资金，减少社会不公，促进区域协调发展，以此保障体制转轨的平稳进行，并使国有资产回归到全民所有、全民共享的本性。

发展混合所有制经济应该实现四个目标

十八届三中全会《中共中央关于全面深化改革若干重大问题的决定》（以下简称《决定》）把发展混合所有制放到了突出重要的位置。一个重要的原因是，《决定》为国企改革设定的许多目标需要通过发展混合所有制来实现。在新形势下发展混合所有制应实现四个目标。

一是混合所有制从"管企业"转向"管资本"。在股权结构"你中有我、我中有你"，且股比动态变化的情况下，加之有国有投资运营机构的隔离，政府直接干预实体企业的依据已经消失，从"管企业"转向"管资本"顺理成章。

二是消除所有制的鸿沟，促进建立公平的竞争环境。对混合所有制企业继续严格界定"国有""民营"已经失去意义，政府应弱化直至取消按企业所有制成分区别对待的政策，促进实现各类企业"权利平等、机会平等、规则平等"。

三是提高全社会资本的流动性和效率。各类资本的交叉持股将打破资本跨所有制和跨区域流动的壁垒，改变资本按所有制和区域被"板块化"的状况，增强资本的流动性；行政性垄断企业也可以通过引进新的投资者重组业务板块，开放市场。这从总体上提高了资源的配置效率。

四是促进改善公司治理。发展混合所有制必须将"融资需求"与"转制需求"并重，注意形成良好的股权结构。在多元股东和利益相关者制衡能力增强的情况下，维护各自的权益将主要通过股东会、董事会实现，这就为建立有效的公司治理机制，完善现代企业制度创造了条件。

以管资本为主的混合所有制，应当有别于管企业的混合所有制——推进发展混合所有制，必须使混企（混合所有制企业）保持现代企业的本色。

现在，很多国企通过上市成了混合所有制企业，但并未形成实质性规范。由于一些体制性、机制性因素未能消除，在混合所有制企业中，所有权与经营权不分、政企不分的现象仍具有普遍性。比如，显性或隐性地赋予大型国有上市公司行政级别，把"三重一大"延伸到混合所有制企业，重大决策通过非正式渠道完成，用以规模为导向的指标进行业绩考核，直接管理高管人员的薪酬，各种审批、检查、报表、会议几乎都等同于国有独资企业。

人们所期望的混合所有制，不是停留在股权结构上的混合，而是建立现代企业制度，实现公司治理的现代化，真正深化改革，提高混合所有制企业的活力、效率和市场竞争力。

有金参与国有企业的改革实践已有20年，亲身经历过若干国有企业的投资、改制、上市和私有化，具有丰富的国企混改经验。该书作为他对国企改革实践的思考和总结，梳理了国内外国有企业改革的历史过程，回顾了我国不同历史时期的国企改革变化，分析了混合所有制经济的特点和价值，提出了新时代国企混改的历史使命和重要责任，尤其阐述了新时代国企混改如何"混"和如何"改"的两个重要命题，在现阶段防范化解重大风险的背景下讨论了国企混改与债转股和降杠杆的关系，并总结了国有企业的绩效评价指标，推出了新时代国企混改的"6+1"绩效评价模型。

中国经济正在走向高质量创新的发展阶段。在这个爬坡上坎的关键期，混合所有制改革，正是推进国有资产资本化和深化国有企业改革的一个重要突破口。

陈清泰

国务院发展研究中心原党组书记

序二

中国改革开放初期是商品市场的开放和竞争，为了提高国有企业的竞争力，商品市场的开放促使国企进行产权变革，从单一的国有产权向产权多元化转变。在中国的转轨时期，国有企业选择多元化的公司制，可以是包含国家、集体、法人、个人、外资在内的混合产权的企业，这种选择的目的主要还是适应市场的变化，提高国有企业的竞争力。

中国为什么需要混合所有制？一个基本情况是，现阶段中国的生产要素市场的竞争是不充分和不完全的，各种股权具有不同的获取生产要素的能力，不同类型的股权本身反映了不同的稀缺资源。例如，国有股权往往体现了金融资本以及各种稀缺的资源要素；私人股权体现了企业家的人力资本、相应的技术和管理等无形资本；外资股权可能体现了技术品牌要素和管理要素，或较规范的公司治理的制度要素。"一股一权最优"的结论基于资源要素市场的充分竞争，但现阶段中国资源要素市场的竞争是不充分的，例如金融资源是偏向国有企业的，因此现阶段中国的"一股一权"只能停留在字面上，这也是中国公司治理必须面对的问题。

混合所有制企业应该具有较好的绩效和发展潜力。这主要是因为产权结构比以前更加合理，国有产权往往不再具有绝对控股地位，多种所有制并存，按照市场规则来配置控制权，激励机制更好，与市场化较为兼容，混合所有制企业能够充分利用外部资源和原有的产业优势进行发展。

我国采取渐进式改革策略，比如在改革开放中，先建立深圳等经济特区，然后逐步扩展到沿海城市，再到全国各地；从农业改革出发，再到工业改革等。渐进式改革在我国取得了巨大成功，经济实现了飞跃式发展。但渐进式改革也有局限性，改革的推进由局部到整体，各种价格双轨制、产业补贴、扶持政策和税收政策都是局部性的，但是对于国家来说，问题却存在于整体之中。因此，每一步改革的非完美契合和局部性使不少结构性套利机会得以产生，进而扭曲定价体系，造成整体的不稳定性。国有企业改革在不断探索和深化，经历了放权让利、建立现代企业制度、做大做强和今天的国企混改新时代。国有企业改革取得了巨大的成绩，但同时我们也要看到，国有企业改革也是渐进式的，也存在改革局部性和整体性之间的矛盾和冲突。

人们一般会认为，过高的杠杆和金融危机有关。但是，我们必须分清这是形式上的杠杆还是真正意义上的杠杆，比如，讨论一家跨国公司的子公司的杠杆意义并不大，母公司给子公司一笔运营经费，既可以被称为股权也可以被称为债券，带有一定的任意性。同样，如果国有企业和国有银行的出资人都是财政部，那么讨论国有企业的杠杆就没有意义了。当然，实际情况会复杂些，这些年国有企业和银行进行了股份制改革，但是如何衡量国有企业真正意义上的杠杆水平的问题依然存在，同样的逻辑也可以用到地方政府的债务上。从理论上讲，杠杆水平的高低本身并不重要，重要的是杠杆对实体经济的影响。去杠杆的目标是有效促进实体经济的发展，有效的去杠杆会因好的投资项目和机会没有被放弃而让各方获利。中国企业的杠杆水平偏高，部分是由于股权融资渠道不畅通，部分是由于没有必要区分股权和债券在形式上的差别。为了避免在杠杆水平比较高的情况下丢失好的投资项目和机会，我国创造了信托及拟信托的融资模式，抓住发展机遇的同时推高了杠杆。资金投向的偏离和杠杆本身并无关系，而是由金融定价体系的扭曲造成的。如果不解决定价体系的扭曲而盲目地去杠杆，则会影响实体经济的发展，加剧定价体系的扭曲，加剧金融的不稳定。

中国经济发展已进入高质量创新发展的新时代，国有企业的混合所有制改革对推动经济结构调整和转型升级具有重要意义。上海北外滩金融研究院希望能为转型时期的中国经济提供独立和市场化的深度研究，挖掘中国经济转型和中国金融体系的真实密码，获得具有实践意义的研究结论。《国企混改新时代》一书对新时代的国有企业混合所有制改革进行了深入讨论，并得到一些有趣的结论：强调国企混改不但要重视"如何混"，更要重视"如何改"，改革才是让国有企业产生"化学反应"并实现改革目标的有效途径等。

兹为序。

何佳

上海北外滩金融研究院院长

原中国证监会规划发展委员会委员

前言

国有企业作为中国公有制经济的主体力量，与代表活力的非公有制经济共同推动中国经济取得了举世瞩目的巨大成就。经过改革开放40年左右的快速发展，目前中国经济正面临转型升级与结构调整的较大压力，处于爬坡上坎和向高质量创新发展过渡的关键时期。

但国有企业还普遍存在预算软约束、激励机制不到位、产权结构单一、公司治理形式化、借助信用扩张和盲目投资过度追求规模等情况。虽然国有企业占据着大量优质资源，但经营效用与非公有制企业相比还有差距。体制、机制等因素，导致国有企业的短期行为与经济结构调整所需要的长期化要求不匹配。因此，必须深化国有企业改革，进一步推进市场化，才能确保在中国经济走向高质量创新发展的过程中，国有资本能发挥引导作用。

中国经济进入"新常态"，中国改革进入"新时代"。国有企业是我国先进生产力、国家综合实力和国际竞争力的代表，在引领经济发展新常态、推进供给侧结构性改革中应该发挥重要的引导作用。新时代的国有企业改革，要把握两条主线：加强党建和混合所有制改革。前者保障规范操作，后者是具体突破方式。"混合所有制改革是国企改革的重要突破口"，党的十九大报告强调：深化国有企业改革，发展混合所有制经济，培育具有全球竞争力的世界一流企业。应该积极促进国有资本与非公有制资本交叉持股、相互融合，发展混合所有制经济，各种所有制资本取长补短、相互促进、共同发展。国有企业的改革目标，一是要更市场化地提高经营效率，二是要支撑和引导中国经济从重速度的高增长阶段走向重质量的创新发展阶段。

讨论国有企业改革，首先要明确企业的目标是什么，国有企业的目标与一般企业有何不同。企业的核心目标是获得盈利，并满足利益相关者的诉求。国有企业首先是企业，以追求盈利为主要目标。其次，国有企业的利益相关者的诉求更为复杂和多元，包括资本回报、就业、税收、国家经济管理工具等。

1978年改革开放后，国有企业改革也同步启动；1993年颁布《公司法》，国企改革的目标是建立现代企业制度和脱困（"抓大放小"和改制上市）；2003年国务院国资委成立后，国有企业的主要目标是做大做强，伴随信用扩张，国有企业规模迅速扩大，截至2016年年底，我国国有企业的资产总额达到154.9万亿元（不包含国有金融资产和文化类资产），进入《财富》500强的国有企业达到82家。但我们也应该看到，如国务院国资委肖亚庆主任所言，"国有企业仍然存在改革推进不平衡、体制机制不健全、布局结构不合理等问题，必须以更大的决心、更大的气力推进国有企业改革，形成更加符合中国特色社会主义新时代要求的国有资产管理体制、现代企业制度和市场化经营机制"。

新时代的国企混改，要在保持国有资本引导作用的前提下，坚定推进市场化改革，坚决去除行政化，坚持建立实质意义上的现代企业制度。短期内，要迅速形成"降杠杆、控制盲目投资、加强环境保护"等强约束机制，降低外部制度成本，建立中长期激励约束机制，降低内部交易成本，提高效率和市场竞争力，以助推中国经济实现结构调整和转型升级，从重增长速度转轨到重高质量发展。

国有经济与国家前途紧密相连，接受这个逻辑，就能更好地理解国有企业改革这个命题。国企混改的目标，就是在强调国有企业

"国有"属性的基础上，最大限度地实现市场化的"企业"属性，通过调整生产关系，再次解放和提高生产力。

混合所有制改革不是国企改革的唯一方法，也不是万能的。有些国企需要市场化，有些国企则强调国有属性，只有既需要国企属性又需要市场化的国企才应该推进混合所有制改革，解决国企与政府、员工之间有机相连的问题。

本书第一章简要梳理了国有企业的改革历程和中外混合所有制经济的发展情况。公元前3 000年两河流域产生商人和契约后，企业作为一种组织形态慢慢产生，企业与人类经济活动和国家政权紧密相连。公司起源最早可追溯到古罗马时期，在中世纪的地中海沿岸得到较大发展；荷兰东印度公司公开发行股票，成为世界上第一家公众公司；公司规模扩大后产生了公司治理，英国东印度公司规定，拥有投票权的股东可以参加股东大会，具体管理则交由股东大会遴选出来的董事会负责；1855年英国通过"有限责任法"；1862年英国通过了后来各国公司法蓝本的《公司法》，确立了现代企业制度的三个最重要的原则：独立法人地位、有限责任、股份可交易。中国的公司制度起源于"洋务运动"，1872年，陈启沅创办继昌隆缫丝厂；1873年，官督商办的轮船招商局在上海成立，成为近代中国第一家股份公司；1904年，清政府颁布《钦定大清商律》；90年后的1994年，《中华人民共和国公司法》颁布。

第二章主要讨论国有企业混合所有制改革的背景。我们主要分析国有企业在供给侧结构性改革、经济结构调整和转型升级、创新驱动的高质量发展过程中应该承担的使命，以及国企改革的挑战和重要意义。借鉴新制度经济学鼻祖罗纳德·哈里·科斯（Ronald H. Coase）1937年在《企业的本质》（*The Nature of the Firm*）中关于降低交易成本的思考，我们讨论如何降低国有企业内部的交易成本。第三章整理了国企改革的政策和文件，并进行简要分析。

第四章讨论了国企混改"如何混"。第五章讨论国企混改"如何改"。如果国企混改"混得好"的基本标准是,"能引进合适的外部投资者尤其是非国有投资者"和"管理层和员工愿意以相同定价成为股东",那么国企混改"改得好"的基本标准则包括:第一,建立科学的短、中、长期结合的激励约束机制,放弃有计划经济痕迹的工资总额管理,实行市场化的工资薪酬决定机制,置换国有职工身份,形成市场化的员工管理体制;第二,确立以董事会为核心的公司治理和决策机制,而不是按国有企业法人层级逐级上报,提高科学决策能力和决策效率;第三,形成深化改革的持续内生动力,降低经营成本和交易成本,提高经营效率至市场正常水平;第四,通过三年左右的经营改善期(一个库存周期),使混改企业的资产质量、盈利能力等各项指标能符合公开市场上市要求;第五,在持续改革的基础上实施"二次混改",国有资产实现只"管资本",国有股东、外部投资者和员工股东都能获得"资本化"的动态管理目标,通过股东会、董事会行使股东权利,所持股权成为具有流通能力的"类标准产品",增持时"买得进"、减持时"卖得出"。

第六章专门讨论了国企混改与债转股的关系。我们通常认为,中国经济的债务风险主要是国有企业债务和地方政府隐性债务,国企混改和债转股不可避免地绑在一起。中国债务问题被普遍认为是中国经济和中国金融市场的"灰犀牛"。化解中国债务风险,首先应确定如何准确计量债务水平。债务是结构性的,如何避免无效甚至盲目地去杠杆?目前的数据能真实反映中国的债务情况吗?去杠杆的目标是促进实体经济的健康发展。中国国有企业的杠杆偏高,部分是由于股权融资渠道不畅通,部分是由于没有必要区分股权和债券在形式上的差别,正如何佳教授所说,"由于我们定价体系严重扭曲,这个问题解决不了,我们这种形式上的去杠杆会影响实体经济的发展,加剧定价体系的扭曲,加剧金融的不稳定"。

第七章主要梳理有关国企改革的绩效评价指标，实证分析了五大行业进行股份制改革和上市后国有企业的绩效表现，仅仅依靠股份制改革和上市，很难实现国有企业深化改革的目标。新时代的国企混改，要与新时代的经济发展目标相结合，发挥国有资本的引导作用。加大创新投入形成高质量发展、降低成本提高效率、降低杠杆率以防范化解重大风险、加强环境保护等，应该成为新时代国企混改的重要评价指标。我们提出新时代国企混改的评价模型——"6+1"指标体系：经营效率指标，包括息税前利润（EBIT）增长率、净资产收益率；创新能力指标，包括研发投入率、毛利率；配合三大攻坚战的阶段性指标，包括杠杆率、员工薪酬福利增长率和环保指标。

国企混改没有可复制的样本，改革也从来没有最优选择。国企混改要因企制策、一企一议，衡量国企混改的好坏并不容易，不应该在静态时点做静态评价，而需要经过更长周期来观察。在现有定价体系缺失的背景下，国企混改必然会产生一些套利行为，但拉长周期来看，不改革的代价与改革的成本相比，改革是更优选择。这些改革措施，需要在加强党建的基础上实施，坚持增强活力与强化监管相结合，增强活力是管理好国有企业的本质要求，强化监管是管理好国有企业的重要保障，必须处理好两者的关系，切实做好有机统一。坚持党对国有企业的领导是重大政治原则，建立现代企业制度是国有企业改革的方向。

国企改革是充满争议的。在日常工作中，我经常接触优秀的国有企业家，深知他们具有宝贵的市场化能力和企业家精神，但释放这些头脑中的生产力，需要生产关系的调整。我决定将对国企改革的思考整理为一本书时才发现，这是一条崎岖之路，虽然我认真、谨慎，但受限于时间和精力，尤其是知识结构和认知能力不足，本书在观点、逻辑等方面可能存在不足，但希望其能给读者和业界带来一点思考和启发。感谢缘分，让我从20年前开始参与国企改革的投资实践；感谢何佳教授，14 年前鼓励我继续用金融学基本原理研究国企改革，他开创性地提出"渐进性改革与金融全局性"的矛盾关系，指出中国金融体系的主要特征是"定价体系紊乱与渐进性改革中结构性套利机会并存""中国金融稳定是在一个不稳定的体系上做稳定性控制"；感谢黄小笼博士等同事，与我共同讨论和梳理，并通过国企混改投资去检验我们的研究成果。

目录

第一章 国有企业改革从1.0走到3.0 // 1
国企改革的历史沿革 // 2
国外的国有企业改革经验 // 46
混合所有制经济 // 62
案例分析：轮船招商局百年沉浮 // 76

第二章 新时代国有企业改革的背景 // 87
中国经济进入新常态，中国改革进入新时代 // 87
国有企业深化改革的需求迫切 // 102
案例分析：华强集团——改革前沿的弄潮儿 // 119

第三章 国企混改的政策梳理 // 129
国家层面的国企混改政策 // 129
地方层面的国企混改政策 // 157
案例分析：东航物流——民航混改第一样本 // 160

第四章 国企混改如何"混" // 170
历史经验 // 171
哪些国有企业适合混改 // 186
国企混改的具体操作 // 191

案例分析：中国联通——老牌运营商的破茧之路 // 207

第五章　国企混改如何"改" // 216
优化公司治理结构 // 217
建立长期激励约束机制 // 237
防范、化解重大风险 // 248
加大研发和创新投入 // 253
加快资产证券化 // 262
案例分析：云南白药——靓女先嫁迎来新期待 // 273

第六章　国企混改与债转股 // 282
资产管理新规 // 284
政策梳理 // 285
债转股的历史 // 287
债转股与国企混改的结合 // 290
案例分析：重庆国际——世界玻纤龙头的涅槃重生 // 293

第七章　国企混改的评价体系 // 299
国有企业改革评价体系的回顾 // 299
公司治理指标：基础 // 321
经济指标："管资本"的收益 // 333
社会责任指标 // 342
构建评价体系 // 342
案例分析：中核新能源——新时代混改的排头兵 // 346

参考文献 // 353

第一章
国有企业改革从1.0走到3.0

虽然"国有企业"（简称国企）是一个被广泛使用的概念，并出现在多类规范性文件中，如《中华人民共和国企业国有资产法》《企业国有资产交易监督管理办法》等，但是在规范性文件中却缺少对它的权威定义。在实际应用中，《企业国有资产交易监督管理办法》给出的定义更被大众所接受，其第四条规定："本办法所称国有及国有控股企业、国有实际控制企业包括：（一）政府部门、机构、事业单位出资设立的国有独资企业（公司），以及上述单位、企业直接或间接合计持股为100%的国有全资企业；（二）本条第（一）款所列单位、企业单独或共同出资，合计拥有产（股）权比例超过50%，且其中之一为最大股东的企业；（三）本条第（一）、（二）款所列企业对外出资，拥有股权比例超过50%的各级子企业；（四）政府部门、机构、事业单位、单一国有及国有控股企业直接或间接持股比例未超过50%，但为第一大股东，并且通过股东协议、公司章程、董事会决议或者其他协议安排能够对其实际支配的企业。"在历史长河中，国有企业、国营企业、官营企业、官办企业、官督商办企业等不同组织形式的工商业，均在不同时期发挥了重要作用，深刻地影响着当时社会经济生活的方方面面。

"国有企业"的另一个定义是："国家对国有企业的资本拥有所有权或控制权，政府的意志和利益决定了国有企业的行为。国有企业是国民经济发展的中坚力量，是中国特色社会主义的支柱。国有企业作为一种生产经营组织形式，同时具有商业性和公益性，其商业性体现为追求国有资产的保值增值，其公益性体现为国有企业的设立通常是为了实现国家调节经济的目标，起着调和国民经济各个方面发展的作用。"

国企改革的历史沿革

国有企业的起源和早期发展

古代时期的官营工商业

虽然国有企业的概念出现较晚，但是具有类似性质的部门早已诞生。在3 500年前夏朝的二里头遗址中发现的中国最早的大型官营作坊区，由当时的统治阶级经营，主要用于生产生活器具、祭祀用品以及武器等。其产生的原因不难理解：第一，在当时恶劣的生产环境中，只有统治阶级有能力将足够的人力和物质资源聚集到一起，从而提高生产水平；第二，通过控制这些必需品的生产经营，统治阶级能进一步巩固其统治地位。

西周时期，"工商食官"的官营手工业制度已经出现。这一制度要求所有手工业者和商人必须按照官府的规定从事生产贸易，从而使官府垄断了整个工商业的发展。到了春秋初期，由于生产力的发展，私营工商业迎来了发展机会。不过，此时的官营工商业也在飞速发展。据《管子·海王》记载，桓公曰："然则吾何以为国？"管子对曰："唯官山海为可耳"。这句话的意思是：齐桓公问管仲，既然要减少征税，那么我该如何治理国家呢？管仲回答道，只有由国家经营山海资源才可以。山海资源泛指各类自然资源，在当时特指盐和铁，因此这项政策也被称作盐铁官营。

秦朝统一六国后，继续实行工商官营政策。由于秦朝统治时间太短，并未建立健全的工商官营制度。汉朝初期，统治阶级为了尽快恢复经济，提升国力，未对工商业发展进行太多限制，私营工商业迅速发展起来。随着汉武帝开始在全国范围内推行盐铁专卖制度，以盐和铁为代表的基础行业重新被政府完全垄断，政府通过设立法律来保障这一制度的实施。自此之后，官营工商业开始在中国经济的发展史上占据统治地位。

唐朝设立了多层次的行政机构来管理官营工商业，官营工商业成为封建统治阶级控制国家经济的重要工具。此时的官营工商业覆盖了各种产品，国家无偿"雇用"劳动力作为生产力来服务官营工商业，产品由国家直接支配。

进入宋朝，封建统治阶级采取官商分离政策，放宽对私营工商业的限制，通过征税来满足国家开支。当然，这种宽松政策是相对的，宋朝对传统的盐、铁等必需品继续实行严格的官营制度，对茶叶、酒等收取重税，在矿业方面实行"二八抽分"制。这一政策改善了官营手工业效率低下的状况，工商业得到迅速发展，宋朝成为中国封建社会历史中的商业繁荣时期。

明清时期，由于生产力水平的提高及商品经济的发展，私营工商业发展迅速，在纺织、制瓷等行业甚至超过官营工商业，占据了主导地位，资本主义开始萌芽。但是，统治阶级依然通过行政手段抑制其发展，官营工商业依然占据着最有利可图的行业。

近代时期的国有企业

清代末期，以曾国藩、李鸿章、左宗棠为代表的洋务派发起了以"自强""求富"为指导思想的洋务运动，希望通过学习西方技术来提升国力。当时主要有官办、官督商办和官商合办三种企业形式，其中官督商办虽然是由商人出资，控制权却掌握在清政府手中，名义上是商办，实则为官营，依然存在管理腐败和效率低下的问题。因此，洋务运动虽然在一定程度上推动了工业现代化进程，但本质上依然是官营工商业。

1911年以后，北洋政府、南京国民政府均将发展官营经济放在重要的位置。孙中山于1924年提出"新三民主义"，其中"民生主义"强调了两个原则：平均地权和节制资本，节制资本的主要内容为"凡本国人及外国人之企业或有独占的实质，或规模过大，为私人之力所不能办者，如银行、铁路、航路之属，由国家经营管理之，使私有资本制度不能操纵国民之生计"。"新三民主义"对自由资本主义持一定怀疑态度，尽管其与中国共产党倡导的民主革命纲领存在本质区别，但两者的基本原则具有一致性。

1927年，南京国民政府成立，接管了北洋政府经营的公路、铁路、邮电、银行和其他工业，同时开始直接干预经济的发展。1928年，在形式上统一全国后，南京国民政府起草了至少四个经济发展计划，但由于资金缺乏和管理混乱，经济发展计划没有得到真正落实。1932年11月，南京国民政府成立国防设计委员会，并于1935年与兵工署下的资源司合并改组为资源委员会，蒋介石担任主席，翁文灏、钱昌照分别担任正、副主任委员。资源委员会作为国民政府垄断工业的主要机构，先后隶属于军事委员会、经济部和行政院，是负责重工业发展与管理相关工矿企业的政府机构，实际上是抗战时期南京国民政府的最高经济领导部门，其不仅通过控制工业支撑了中国抗战，也为战后的中国工业现代化打下了基础。

1936年3月，资源委员会对全国各种资源开展调查，结合当时的国防抗战需求及政府经济能力，制定了《重工业五年建设计划》。这份计划强调设立钢铁、机器、电力、电料、制酸、制碱、炼油、酒精等重工业和化学工业企业，以满足国内的抗战和生产生活需求，计划总投资26 710万元（按当时国民政府发行的货币计算）。根据测算，这些企业将实现煤年产量150万吨、汽油年产量5 000万加仑、钢年产量50万吨等的目标。这项计划一经发布，便得到了蒋介石的大力支持，于当年7月获得国民政府批准并迅速开始实施。

美籍华人学者卞历南认为：日本侵华战争期间，中国面临的全面危机推动国民党政府建立了计划经济和国有企业制度。抗战时期，资金短缺，资源委员会提出"尽量利用外国资本"的倡议，财政拨款加大力度发展重工业，1936—1937年，资源委员会在湖南、湖北、江西等内陆省份相继建立了21家重工业企业。然而，随后是艰苦的全面抗战，正在建设或已经建设好的工业企业或停工或搬迁，发展并不顺利。

1938年1月，国民政府进行中央行政机构调整，资源委员会并入经济部，其功能也进一步扩大，包括创办、经营、管理基础工业等。这使其转变为南京国民政府第一个专事国营工业的机构，在后方负责工业、矿业等国营重工业的发展，为抗战提供相应的重要物资和战备支持。由于当时沿海经济发达地区都已经沦陷，后方物资供给极为紧张，国民政府提出了"抗战建国同时并行"的纲领。1939年10月，资源委员会又据其制定了"举办国营工业三年计划"，发展建设钢铁、机械、化工等行业，以满足国防工业的需求，虽然并未达到原先的预想，不过其建立起来的国营工业体系依然成了抗战时期后方的工业支柱，截至1945年抗日战争结束，资源委员会共建立工矿企业98家，所属企业员工超过6万人，抗日战争之前这两个数字分别为24家和2 000余人。

抗日战争胜利后，日本及伪满洲国抢占或建立的2 000余家工矿企业被归还给中国政府，其中大部分重要企业由资源委员会或其他政府部门经营。截至1946年年底，资源委员会在东北、华北、台湾和其他各地共接收了总价值约32亿元的292家在华大中型企业，并将这些企业重组合并为94家大型公司，这些公司共有工人20余万名，技术及管理人员约33 000名。1946年，资源委员会提出《国营工业三年建设计划》，所接收的大部分企业在一年内恢复了生产。据统计，1947年，资源委员会所管理的企业生产的39种主要产品中，有22种产品的产量较前一年增长了100%以上，且完全垄断了全国的石油、钨、锑、铜和其他非铁金属产品以及航空和铁路运输业，在钢铁、电力、水泥等工业以及金融业也占据主导地位，因此1947年被认为是战后工业发展的"黄金年代"。

1945年，解放战争爆发后，国民党政府管理的国有企业被逐步接收。虽然资源委员会成了历史，但其对中国工业体系的建设和国营经济的发展有着重要意义。1949年5月，中国人民解放军解放上海，陈毅同资源委员会的高级管理人员谈道："我们共产党在政治军事方面是行家，但在经济建设方面还得依靠你们这些人。"后来的事实的确如此，当时90%以上隶属于资源委员会的工程师、技术人员、工人和高级管理人员，选择留在大陆协助解放军接收企业，他们在资源委员会多年的工作经验，潜移默化地影响了中华人民共和国成立初期国营企业的工作模式。

现代国有企业的形成与探索（1949—1978年）

过渡时期（1949—1958年）

1949年中华人民共和国成立，我国由新民主主义革命阶段转为社会主义革命和建设阶段，开始积极推进生产资料公有制。根据第一次全国资产核查的结果，国营企业（不包括文委、军委、军工及地方国营企业）的固定资产折旧后净值达158.9亿元，成为建国初期国有经济最重要的组成成分。这时的国有资产主要来源于三部分。

第一部分是在抗日战争及解放战争时期，在革命根据地创办起来的公营企业。虽然其规模较小，并且以技术水平较低的轻工业为主，但这是我国社会主义公有制的最早形态。

第二部分也是最主要的一部分，占比超过七成，来自接收的国民政府资源委员会下属的企业和没收的官僚资本家的资产，包括各类工厂、矿厂、银行、商店、铁路、船舶等。当时接收的企业主要有：金融方面包含中央银行、中国银行、交通银行、中国农业银行、中央信托局和国民政府地方银行系统共计2 400多家银行，还有当时官商合办银行中国民政府所占的股份；工矿企业方面包括资源委员会控制下的各种重工业企业，如中国纺织建设公司、国民党兵工系统以及军事后勤系统所建立的后勤企业等；交通运输方面包括国民政府交通部、招商局等所属的全部交通运输企业；商业方面包括中国茶叶、中国石油、中国盐业、中国蚕丝、中国进出口、长江中美事业等十几家垄断性的贸易企业。按当时的资产价值计算，大约有150亿元，这也成为当时国民经济的命脉。

第三部分则是来自对资本主义工商业的社会主义改造。1953年6月，毛泽东主席提出："党在过渡时期的总路线和总任务，是要在十年到十五年或者更多一些时间内，基本上完成国家工业化和对农业、手工业、资本主义工商业的社会主义改造。"此时主要采取和平赎买的政策，先将民族资本主义经济改造为国家资本主义经济，待有条件后再将其转变为社会主义国营经济。国家资本主义是指在工业方面主要采用公私合营、加工订货（或统销包销）和收购经销三种形式，在商业方面则采用公私合营、代购和代销三种形式。截至1956年三大改造基本完成时，工业（不包括手工业）总产值中，国营工业占67.5%，公私合营工业占32.5%，基本不存在私营工业。

1949—1956年，对国有经济发展影响最大的事件，必然是第一个五年计划（"一五"计划）。虽然直到1955年7月30日，"一五"计划才由全国人大一届二次会议审议并正式通过，不过早在1951年，毛泽东主席就已经提出"三年准备，十年计划经济建设"的思想，这也是中央首次明确提出要制定国民经济发展计划。时任中央人民政府政务院财经委员会主任的陈云接手了这个任务，开始编制《中华人民共和国发展国民经济的第一个五年计划》，并计划于1953年开始执行。1952年7月，《第一个五年计划轮廓（草案）》诞生，其中主要包括钢铁、有色金属、机器、汽车、船舶、电器、化学、建筑材料、电力、煤矿、石油、纺织、轻工业、交通、邮电等发展计划。同年8月，周恩来率领由30多名专家组成的政府代表团前往苏联寻求意见与支持，苏联成为推动中国"一五"计划发展的重要力量。"一五"计划是以边计划、边执行、边修正的方式全面展开的，1953年5月，苏联的援助协定终于确定，之后我国集中主要力量，围绕苏联援助中国的156个建设项目开始进行工业建设。

工业建设在"一五"计划的推动下快速推进，汽车厂、飞机制造厂、大型发电设备生产厂等各类新工业企业迅速在神州大地上建设起来。由于我国选择与苏联相近的工业化道路，发展重工业成为该阶段的核心，国有重工业企业的发展尤为迅速，鞍山钢铁公司、沈阳第一机床厂、长春一汽等陆续建成投产。1956年，"一五"计划提前完成，国有企业固定资产原值从1952年的240.6亿元增长到1957年年底的522.9亿元，工业总产值也较1952年增长了128.5%。集中统一的国有经济管理体制在"一五"计划时期逐步建立起来。

首先，确立了主管国有企业的部门，《中华人民共和国中央人民政府组织法》指出："财政经济委员会指导财政部、贸易部、重工业部、燃料工业部、纺织工业部、食品工业部、轻工业部、铁道部、邮电部、交通部、农业部、林垦部、水利部、劳动部、人民银行和海关总署的工作。"1952年8月，为了进一步加强和细化管理，对相关机构进行调整，政府将重工业部进一步细分为第一机械工业部、第二机械工业部、建筑工程部和地质部。1952年11月，国家计划委员会（简称国家计委）成立，负责编制国民经济发展计划。至此，我国基本确定了由国家计委负责投资立项、财政部门负责拨款和主管部门负责经营管理的国有企业管理框架。

其次，对国有固定资产投资实行集中统一管理。1952年1月，财政经济委员会推出了《基本建设工作暂行办法》，其中第五条要求中央各主管部门、事业管理总局、大行政区财政经济委员会、大行政区专业部及各所属管理局、各企业，凡有基本建设工作者，均应视工作之需要设立基本建设的专责机构,负责领导基本建设的设计、施工、计划等工作,若上述基本建设的设计及施工是委托给设计公司及包工公司进行者,则基本建设机构的任务是对此项工作进行监督与检查。同时,对于各类投资项目分为甲、乙、丙、丁四级,必须要有严格的计划任务书进行辅助说明,并根据每一级设立不同的审批制度,但主要权利基本都集中在国家手中。由于大量资源集中在经济发达的城市地区,这使大部分企业建设也分布在这些区域;较落后的乡县地区的国有工业基本处于空白状态,地区间的发展不平衡逐渐加剧。之后,随着投资项目的增多及规模的增大,中央开始将项目审批权限适当下放至地方,但是中央集权的体制并未改变。

最后,对生产资料及产品进行计划调拨、统一分配。这主要是因为中华人民共和国成立初期延续了之前革命根据地实行的供给制,同时也受苏联统一集中管理思想的影响。从1950年开始,我国对钢铁、木材、水泥等8种物资实施按计划调拨,之后这个覆盖名单不断扩大,1953年时达到227种,1957年时达到532种,物资计划管理体制几乎完全转变为单一的计划调拨,自由市场几乎不再存在。在这种制度下,虽然企业名义上实行的是经济核算制,但仅仅停留在核算上,企业并不自负盈亏,所以核算结果对企业经营几乎没有影响。从短期来看,在当时物资短缺的情况下,这种模式的确对经济的恢复和发展发挥了积极作用,对重工业从无到有的快速发展也发挥了很大推动作用;但从长期来看,这必然会影响企业的生产积极性,最终限制整个社会生产力的发展水平。

曲折探索时期 (1958—1966年)

(1) 管理权下放。

1958年,中共八大二次会议正式通过了"鼓足干劲、力争上游、多快好省地建设社会主义"的总路线。在总路线的指引下,"大跃进"运动随之席卷全国。这期间,为了实现工业产值的高速增长，国有企业第一次尝试了管理权下放。

这次尝试主要是在毛泽东主席的积极推进下进行的，他在1958年视察天津时指出："地方应该想办法建立独立的工业体系。首先是协作区，然后是许多省，只要有条件，都应建立比较独立的，但是情况不同的工业体系。"

1958年4月11日，中共中央及国务院发布的《中共中央国务院关于工业企业下放的几项规定》指出："国务院各主管工业部门，不论轻工业或者重工业部门，以及部分非工业部门所管理的企业，除开一些主要的、特殊的以及'试验田'性质的企业仍归中央继续管理以外，其余企业，原则上一律下放，归地方管理。"同时还细化了几个问题，如先轻工业后重工业的下放步骤，企业下放后中央各主管部门依然不能放弃对企业的管理责任，职责转变为掌握管理不下放的大企业以及帮助地方管理下放的企业，下放的企业在超额完成国家计划后，所在地方可获一定分成等。此举在当时被认为可以减少国有企业发展所受的约束和限制，并且通过给地方分成激励其生产热情，从而实现"大跃进"的目标。同年6月2日，更加细致的《关于企业、事业单位和技术力量下放的规定》指出："轻工业部门所属各企业、事业单位除四个特殊纸厂和一个铜网厂外全部下放。重工业部门所属各企业、事业单位大部分下放，下放的单位约占全部的60%～70%。各工业部门下放的单位和产值，除军工外，均占全部的80%左右。铁道部所属工程局、管理局，实行中央和地方双重领导。农垦部除直属三个地方的国营农场外，其他国营农场均交地方管理。粮食、商业部门所属加工企业全部下放。银行所属钞票厂、铸币厂、油墨厂不下放。商业、银行、外贸三个系统还有一些管理权限需要下放，以后另作规定……"如此激进的政策，使中央管理的国有企业从1957年的9300多家，仅过了一年就锐减到1200多家，下放比例达到87%，如此大规模、短时间的改革调整也为后来的管理混乱埋下了伏笔。

除了管理权,制定生产计划和决定投资建设的权限也下放给地方,地方可以在一定范围内自主决定项目建设,有的甚至不需要审批,只需进行备案。然而,地方获得的权力过大,同时在管理经营方面缺少经验,许多地方政府为了自己的利益进行了盲目扩张,不仅使计划外投资大量增加,同时导致了重复建设,人力物力财力不足,浪费严重,投资效果大幅度减弱。

与此同时,企业自我管理的权利范围也进一步放宽。1958年5月22日,由国务院发布的《关于实行企业利润留成制度的几项规定》中指出:"确定中央经济各部所属企业实行利润留成制度,将企业实现的利润,按照一定的比例留给企业,由企业在规定的范围内,自行安排使用。企业留成所得应当根据大部分用于生产,同时适当照顾职工福利的原则。"后来证明这项措施的确起到了一定的积极作用,第一年企业留成利润达到29亿元,第二年增加到49亿元,第三年增加到75亿元,超过计划近三倍。不过,在这个过程中也相应出现了诸如盲目扩大生产、挪用资金、截留利润等问题。

从第一次下放管理权的实际结果来看,这次调整总的来说是不成功的,尤其是将一些不适合地方政府经营的企业也下放了,例如铁路、交通、邮电、电网、商业及一些骨干企业、全国重点工程等,由于地方政府缺少管理经验和统筹能力,企业之间原有的良好协作被打破,这反而使企业效益下降。同时,过于分散的管理也影响了国家对部分国有重点企业的建设步伐,打乱了原有的发展计划。虽然对于零售业、手工业、轻工业以及部分中小型重工业来说,此次下放效果良好,但是从总体上看,这次调整是不成功的。

(2)上收管理权。

为了及时调整战略上的失误,1961年,中共中央决定上收一批不适合下放的企业。当年1月20日,中共中央发布《关于调整国家管理体制的暂行决定》,决定规定:一是将经济管理大权重新集中到中央、中央局和省三级,过去下放的国防工业企业重新上收,并统一由国防工委直接领导，全国的铁路运营也交由铁道部统一管理。二是将决定投资建设的权限上收，改由中央财政直接拨款，加强对项目建设的审批机制，严格限制部门和企业的新增投资资金。三是上收物资管理权，恢复对物资的集中管理，增加集中管理物资的种类，解决权限下放带来的物资供应渠道紊乱问题。四是上收之前给予企业的自主管理权限，如中央国有企业的行政管理、生产指挥、物资调度、干部安排权，统归中央主管部门。五是要求财权必须集中，降低了企业利润留成的比例，并要求各级应保持收支平衡，不许搞赤字预算等。随着这一系列措施的实施，到1965年，中央国有企业数量从1959年的2 400家增加到1965年的10 533家，产值占到全国工业总产值的42.2%，我国国有经济体制又重新恢复到中央高度集中统一管理的体制。

（3）企业管理体制的探索。

1961年9月16日，中共中央在庐山工作会议上通过《国营工业企业工作条例（草案）》（"工业七十条"）。该条例是我国根据当时已有的国有企业管理经验，系统总结出的一项企业管理规章制度。条例提出了整顿国营工业企业、改进和加强企业管理工作的一些指导原则，并对计划管理、技术管理、劳动管理、员工工资和生活福利、经济核算和财务管理、协作、责任制度、党委领导下的厂长负责制、工会和职工代表大会以及党的工作共十个方面做出了详细的规定，对以后国有企业管理制度的建立有很大的参考意义。在这一阶段，我国不仅在尝试关于国有企业管理权限的调整，也开始对企业管理体制进行探索。

（4）试办工业、交通托拉斯。

1958年开始的"大跃进"严重影响了我国的经济建设与发展，原有经济管理体制的弊端也暴露出来，尤其是过多运用行政手段干预经济发展带来了一系列问题，如何通过改革解决这些弊端便成为一个亟待解决的问题。试办工业、交通托拉斯便是一次尝试。

托拉斯是英文 trust 的音译,是垄断组织的一种形式。关于托拉斯的第一次尝试发生在烟草行业,当时为解决下放后烟草行业中存在的争夺原料与市场的问题,中央决定对烟草行业进行集中管理,成立中国烟草工业总公司,这是中国第一个具有托拉斯性质的联合企业。后来,中央又批准了华东煤炭工业公司作为托拉斯联合企业进行试点。经过反复的讨论研究之后,中央认为托拉斯是"按照经济原则实行科学的高效率的集中统一领导,免除工业管理机关化和官僚主义、分散主义流弊"的一种好的组织管理形式,准备开始进一步的推广试行。1964 年 8 月 17 日,中共中央和国务院批转了《国家经委党组关于试办工业、交通托拉斯的意见的报告》,正式决定:"除已建立起来的烟草工业公司、盐业公司和华东煤炭工业公司完全按照托拉斯的办法进行管理之外,再行试办汽车工业公司、拖拉机内燃机配件公司、纺织机械公司、制铝工业公司、橡胶工业公司、医药工业公司、地质机械仪器公司、京津唐电力公司、长江航运公司九个托拉斯。"

经过一年多的实践,试办托拉斯获得了较好的经济效果,尤其是在专业性强的行业。不过,试办工业、交通托拉斯本质上依然是一种强化计划经济体制的措施,虽然其解决了分散经营带来的分散性和盲目性,但依然存在一些问题:在计划经济体制下,这种模式只会使企业的管理权进一步集中,企业依然不需要自负盈亏,行政手段依然是管理经济的主要手段。这种情况在当时是无法改变的,这也注定试办托拉斯的改革不可能取得最后的成功。1966 年 5 月,随着"文化大革命"在全国的开展,这一工作中断了。

"文化大革命" 时期 (1966—1976 年)

1965 年,我国国有企业的固定资产总额达到 1 446 亿元,占国民生产总值的 53% 左右,国民经济逐渐好转。但是,1966 年,我国开始进入"文化大革命"时期,经济陷入停滞状态。尤其是 1967—1968 年,国家经济建设基本处于瘫痪状态,1967 年的国民经济计划难以贯彻实施，1968年甚至因为缺少相关统计资料而没有制定计划，导致国民生产总值出现负增长。

1968年年底，各地相继成立了"革命委员会"，动乱局面基本结束，经济重新回到发展道路上来。在此期间，中央又尝试对国有企业进行第二次下放改革。促使此次改革的原因主要有两个：一是中央对当时的国际环境做出了过于悲观的判断，认为世界大战一触即发，各地需要尽快建立起各自的国防工业体系；二是追求高速度、高指标的"左倾"思想又开始出现，而高速发展在当时的中央管理体制下被认为是难以实现的。

1966年3月，毛泽东主席在政治局工作会议上提出了"虚君共和"，认为之前的收权只是为了摆脱经济困难的不得已手段，依然在试图打破现有的过度集中的计划经济体制："中央还是虚君共和，中央只管虚，只管政策方针，不管实际，或少管点实际。中央部门收上来的厂多了，凡是收的都叫他们出中央，到地方去，连人带马都出去。"1969年，他就亲自指示将鞍山钢铁公司下放给辽宁省。

1969年2月，全国动乱的局面基本结束，周恩来总理指示国家计委组织召开全国计划座谈会，主要讨论国民经济计划的编制和体制改革问题。会议上印发了三个文件：《中央各部关于企业管理体制下放的初步设想》《关于改革财政管理体制的初步意见（草案）》以及《关于改革物资管理体制的初步意见》，从三个方面对改革提出了相应的意见与要求，这成为后来改革的纲领性文件。

《中央各部关于企业管理体制下放的初步设想》主要从企业的管理权入手，提出国有企业应以地方管理为主，冶金、煤炭、石油等19个部委对其所属企业的管理体制也提出了新的改革意见，并制定了详细的下放名单。1970年3月5日，国务院拟定出《关于国务院工业交通各部直属企业下放地方管理的通知（草案）》，要求国务院工业交通各部的绝大部分国有企业要下放给地方管理；同日，中共中央决定将大庆油田、开滦煤矿、吉林化工等共计2 600多家中央直属国有企业下放给地方管理。国家计委生产组于1970年9月25日发布的《工作情况汇报》显示，截至1970年9月，中央直属的国有企业只剩下700家左右，这个数字在1965年曾达到10 533家，且主要集中在铁道部和水电部。

《关于改革财政管理体制的初步意见（草案）》主要是针对中央财税、计划等经济管理权限的下放。随着国有企业管理权的下放，中央和地方财政的收支划分也随之加以调整。除中央直接管理的企业收入、银行收入、关税收入归中央财政所属外，其他收入包括地方企业收入划归地方财政，除国防战备费、对外援助支出、国家物资储备支出以及中央直接管理的基建投资、流动资金、行政事业等支出由中央财政负责外，其他支出包括地方基建投资、流动资金、新产品试制费、支援农业资金以及文教、卫生事业费和行政费等归地方财政负责。中央对地方只在总额上进行要求，具体实施办法交由地方政府制定，实施财政收支大包干。在此之后，中央又相继批准了《关于下放工商税收管理权的报告》《关于实行财政收支包干的通知》，分别给予地方更大的减税、免税批准权，进一步推进"定收定支，收支包干，保证上缴（或差额补贴），结余留用，一年一定"的财政体制的落实。

《关于改革物资管理体制的初步意见》认为，过去集中管理的物资制度破坏了"统一认识、统一政策、统一指挥、统一行动"的原则，约束了生产力的进一步发展，提出了尝试推进大包干的分配制度、扩大地方管理权限的解决办法。首先，要减少中央统一管理和调拨的物资种类，物资从1966年的579种减少到1972年的217种。之后，中央在统一计划下，实行地区平衡、差额调出调入的物资分配制度，由地方根据当地供应和需求的实际情况，安排对负责企业的物资分配和供应，从而更好地适应企业的发展。

这次管理权的下放，在一定程度上调动了地方的生产积极性，但是也带来了不少新的问题，例如下放的速度过快，地方和企业没有做好准备，同时也欠缺发展计划，导致企业的生产经营混乱，出现各地自成体系、盲目建设的现象。这最终造成了当时被称作"三突破"的大混乱，即基本建设投资、工资总额、商品粮销售突破了原来的控制线，造成经济发展的不平衡。1973年，部分国有企业又被收回中央，不过大部分依然留在了地方。自1971年开始实行的"收支包干"体制在后来又被陆续修改，但是大体格局基本延续下来。

国企改革1.0阶段（1978—1992年）

1978年确定改革开放之后，政府的工作重点从阶级斗争转向经济建设，国有经济是当时国民经济的主力部分，如何改革和发展国有企业成为亟待解决的重要问题。

1978年4月，《关于加快工业发展若干问题的决定（草案）》（简称"工业30条"）要求各级部门督促国有企业的生产和发展，该文件成为指导国有工商业恢复正常发展的重要文件。之后，在全国财贸工作会议上，"发展经济、保障供给"的方针被重新提出，中央鼓励国有企业通过按劳分配、建立奖金机制等办法来提高职工的生产积极性。在恢复国有企业正常运营、实验性地进行"物质刺激"两项措施的推动下，1978年我国工业总产值达到4 231亿元，增幅达到13.5%。

1978年7至9月，国务院召开务虚会，总结了中国前三十年经济建设的经验、教训，研究了国外的成功经验，着重讨论了中国下一步经济建设的方向。部分参会人员开始呼吁，中国的经济建设需要逐步引入市场机制，尊重价值规律，但当时认知不统一，争议非常大，会议未形成最终决议。不过，李先念代表中央所做的总结报告已经体现出一定的政策趋势，为经济建设中的改革开放埋下了伏笔，报告指出："（实现四个现代化）这场革命既要大幅度地改变目前落后的生产力，就必然要多方面地改变生产关系中不适应生产力发展的部分，改变上层建筑中不适应经济基础变化的部分，改变一切不适应生产力发展的管理方式、活动方式和思想方式，使之适应于现代化大经济的需要。"

放权让利

1978年12月，十一届三中全会召开，会议确定将党的工作重心从"以阶级斗争为纲"转向"以经济建设为中心"，并正式提出经济管理体制的改革。会议公报中写到，目前我国经济管理体制的一个严重缺点是权力过于集中，为了充分发挥中央部门、地方、企业和劳动者个人四个方面的主动性、积极性和创造性，应该有领导地大胆下放，让地方和工农业企业在国家统一计划的指导下拥有更多的经营管理自主权，同时减少各类行政机构，将企业的管理权交还给企业。

1980年5月，国务院设立了经济体制改革办公室，后改名为国家经济体制改革委员会（简称国家体改委），国家体改委成为研究、协调和指导经济体制改革的综合性专门机构，在随后20年的经济改革中发挥了重要作用。

在十一届三中全会召开前，四川省根据务虚会的思想，率先在四川化工厂、重庆钢铁厂等六家企业进行改革试点，试点的主要举措是放权让利，放权是指给予企业更多的自主经营权，让利是指根据企业的经营情况给予相应的留存利润，用于员工福利以及投资建设。这些举措在本质上是由当时商品供给远小于市场需求的环境决定的，要想尽快缓解这种市场矛盾，提高企业的生产力，最直接的方法是放权让利，允许企业根据市场需求自主决定生产规模和产品价格，增加的利润也主要留存于企业。这些措施虽然缺乏整体性和连贯性，但实用性强，效果立竿见影。1978年年底，四川省委、省政府在试点经验的基础上，制定了放权让利的十四条办法，分别对计划、财务、外贸、劳动工资及人事管理等进行了详细规定，有计划、有限制地扩大了国有企业的自主权。后来，四川省在100家国有企业推广试点的结果也证明了该办法的有效性，这些企业在当年1至7月份实现产值同比增长15.6%，利润同比增长25.0%，远远超过未进行试点的企业。

四川省的成功经验加快推动全国的改革步伐。1979年7月，为了在全国范围内推进和规范放权让利改革，国务院颁发了《关于扩大国营工业企业经营管理自主权的若干规定》和四个配套文件：《关于国营企业实行利润留成的规定》《关于提高国营工业企业固定资产折旧率和改进折旧费使用办法的暂行规定》《关于开征国营工业企业固定资产税的规定》《关于国营工业企业实行流动资金信贷的暂行规定》。1980年8月，国务院批转了国家经委《关于扩大企业自主权试点工作情况和今后意见的报告》。与地方政策相比，这些文件更系统地规范了改革方向，包括但不局限于"给予企业自主生产经营的权利""全面实行利润留成制度"和"有限制地给予企业人员管理权"三个方面。在中央文件的指导下，许多地方出台了各种具体政策，放权让利改革迅速在全国范围内推广开来。截至1979年年底，全国实行改革试点的企业达到4 200家，半年后进一步增加到6 600家，虽然试点企业在数量上只占16%，但是在产值上却占60%，在利润上更是占到70%，这次试探性改革对国民经济的影响可见一斑。

但放权让利的过程不是一帆风顺的。由于影响到相关部门的利益，某些地方改革受到了主管部门的阻挠，企业未能获得足够的自主经营权。在这样的改革环境中，1984年5月，国务院颁布《关于进一步扩大国营工业企业自主权的暂行规定》，明确了企业在生产经营计划、产品销售、产品价格、物资选购、资金使用等十个方面的权利，这是中央第一次以明文规定的方式，明确了赋予企业的自主权范围，从而推动了改革的真正落实。

数据表明，放权让利对当时国有企业生产积极性的提高起到了巨大作用。国家统计局资料显示，1978—1982年，我国主要工业产品，如布、纱、洗涤剂、糖之类的生活必需品以及洗衣机、电视机等新出现的产品，都实现了产量的迅速上升，尤其是洗衣机的产量，从400余台上升到253万台，电视机的产量也从51万余台上升到近600万台，极大地改善了人们的生活质量。产品供给的显著增加，使得物资供应制度发生改变，例如从1954年开始实行的布票制度，随着供需逐渐平衡，到1983年被废除了。国有企业的迅速发展，促进了职工收入的快速提高。据统计，在这五年间，国有企业职工的年平均工资分别为644元、705元、803元、812元、836元。同时，激励奖金也迅速增长，全国奖金发放总额从1978年的10.8亿元增加到1984年的485.8亿元，国家甚至不得不出台相应政策，以限制奖金过快的增长速度。

企业生产力的快速提高，使计划经济体制的广泛性存在失去了必要性，计划经济体制进一步松动。自1982年开始，国家开始减少指令性计划产品的种类，1984年指令性计划产品的种类减少到123种，1984年出台的《关于改进计划体制的若干规定》，将其进一步减少到60种。

部分小型国有企业的经营体制和所有权结构在这次改革中发生了变化，部分小型商业类国有企业改制为集体所有制，或者租赁承包给个人经营。所有权结构的探索性改革，让这部分企业拥有了更多的经营自主权，更重要的是，企业经营者有了更多的经营利润分配权。经过改革尝试，这部分企业的总产值增长了21.9%，几乎超过全民所有制企业产值的一倍。针对这一现象，1985年9月的"七五"计划第一次提出"将小型国有企业转为集体和个人经营"的建议。

1984年10月，中共中央十二届三中全会通过《中共中央关于经济体制改革的决定》，涉及国有企业改革的内容包括"建立合理的价格体系""实行政企职责分开""建立多种形式的经济责任制"等，其中最重要的是正式提出"两权分离"理论——"所有权同经营权适当分开"，这是在保障国家所有制与活跃国有企业经营之间寻找平衡点的探索，国家不再干预企业的经营活动，也不再无条件地承担企业的经营亏损，力图让国有企业真正实现自主经营和自负盈亏。

在《中共中央关于经济体制改革的决定》的指引下，我国国有企业改革进入以"两权分离"为核心的新阶段，国有企业的特征开始慢慢从"国营"向"国有"转变，其中以厂长负责制和承包制为典型代表。之前，国有企业普遍实行的是党委领导下的厂长负责制，企业内部决策到底由谁来决定的国家层面的法律或规定。十二届三中全会提出的厂长负责制迅速在全国推广开来，进一步强化了放权让利改革阶段赋予厂长的企业经营自主权，并开始逐步影响国有企业的实际控制权。

1986年9月，中共中央、国务院颁发《全民所有制工业企业厂长工作条例》，进一步细化厂长负责制的规范，强调了国有企业领导体制从党委领导下的厂长负责制到厂长负责制的转变，明确了厂长的各项权利，厂长作为企业法定代表人，对企业经营全面负责。

当然，各地在推进厂长负责制的实际工作中，遇到了很多棘手的问题。由于厂长拥有经营管理中的决策权、干部任免权和职工奖惩权，对传统经营管理体制造成了冲击，对基层职工和中层干部的影响更大，产生了很多矛盾，很多地方政府实际上更倾向于渐进式改革，以减少改革阻力。

在这期间，发生了武汉柴油机厂聘请"洋厂长"的事件。1984年8月，德国专家格里希（Glitsch）来到武汉柴油机厂担任技术顾问，当时武汉柴油机厂仍然是国营"大锅饭"，生产设备落后，生产效率低下，产品质量不高。到工厂一个月后，格里希给出了近十万字的《关于整顿武汉柴油机厂的计划方案》，提出一百多条改进建议，但未得到厂领导的真正重视。无奈之下，格里希说："如果我是厂长，柴油机的产量和质量都会提高。"这话传到了时任武汉市市长吴官正耳中,于是武汉市大胆决定聘请这位德国专家担任厂长。格里希担任厂长期间,严抓工厂管理,两年后,工厂年产柴油机量从1.83万台增加到6万台,柴油机使用寿命从1 000~1 500 小时增加到6 000~8 000小时,从年亏损500万元到年盈利600万元。此事当时在国内引起了极大反响,在厂长负责制的机制下,一个能力突出的厂长几乎改变了工厂的命运,为国家创造了较好的效益。

同期,承包制也开始进入人们的视野。承包制最早出现在乡镇企业,由于当时乡镇企业的规模较小,乡镇政府精力有限,便通过承包或租赁的方式将乡镇企业交给经营者,但所有权仍为集体所有。经营者获得高度经营自主权,促进了乡镇企业的迅猛发展,同时期国有企业的发展逊色不少,这使承包制和租赁制开始逐渐扩展到国有企业中。

在社会舆论或实际效果的推动下,1986年12月,《国务院关于深化企业改革增强活力的若干规定》出台,明确指出"推行多种形式的经营承包责任制,给经营者以充分的经营自主权"。1988年2月国务院发布的《全民所有制工业企业承包经营责任制暂行规定》明确指出:"实行承包经营责任制,按照包死基数、确保上交、超收多留、欠收自补的原则,确定国家与企业的分配关系"。在推广承包制的过程中,招标承包和风险抵押承包成为大多数地方采取的主要方式。招标承包是指进行公开招标,只要投标人能拿出优秀的承包方案并且有能力完成方案,就可以在公平公开的竞争中胜出。风险抵押承包是指承包人需要先缴纳一定的承包风险抵押金,抵押金是否退还要根据承包任务完成情况决定。

随着承包制的不断深入发展,尤其是1990年第一期承包合同到期、第二期承包合同签订后,承包制的弊端开始暴露出来:

- 即使企业产生亏损,大部分情况下承包人也没有实力承担,最后还是由政府买单,"盈亏自负"成为"盈自负亏不自负"。

- 承包合同期限大多为 3～4 年，经营者更注重合同期内的经济效益，而较少考虑企业的长远发展。
- 由于承包人更了解企业发展的真实状况，在承包合同签订过程中，双方信息不对称，增加了交易成本。

这些弊端最终导致承包制没落，1993 年国家财政和税收体制改革后，承包制逐步退出了历史舞台。

利改税

在放权让利改革过程中，人们发现一个操作难题，即很难对需要上交的利润数额进行科学规定。1981 年年初，山东省首先在部分国有企业试行将利润留成制度改为盈亏包干制度，要求国有企业必须先完成利润上交任务，剩余部分再按比例分配，这一经济责任制度迅速被中央认可。同年 10 月，国务院批转了《关于实行工业生产经济责任制若干问题的暂行规定》，在全国范围内推广实行经济责任制，规定指出："经济责任制是在国家计划指导下以提高经济效益为目的，责、权、利紧密结合的生产经营管理制度。"从此，国企改革开始探讨如何处理责、权、利三者关系，这对后来的改革方向产生了重要影响。

但随着经济责任制的推广，越来越多的问题开始出现。首先，效益好的企业被要求上交的利润多，经营不好的企业反而可以与政府进行谈判并减少上交的利润，出现了负激励效用；其次，核定企业的利润上交数额是一项繁杂的工程，操作成本高，也难有科学标准，需要复杂的谈判，导致政府与企业之间的交易成本增大。为解决这些问题，财政部于 1983 年 4 月颁布了《关于国营企业利改税实行办法》，规定实行所得税制，停止实行利润分配制度。凡有盈利的国营大中型企业（包括金融保险机构），根据利润按 55% 的税率缴纳所得税，剩余部分按一定比例留给企业；对凡有盈利的国营小型企业,根据利润按八级超额累进税率缴纳所得税,交税后自负盈亏。

这就是利改税改革,改革主要分两步进行:第一步,从1983年6月起,根据企业的不同情况采取不同的缴税政策,同时还允许少数企业继续实行利润包干。第二步,完全以税代利,从1984年9月开始实施,此阶段将原来的工商税按照纳税对象划分为产品税、增值税、盐税和营业税,同时增加了资源税、城市维护建设税、房产税等税种,并对税率确定给出了更加详细的规定。

此次利改税从1983年延续到1986年,其存在的缺陷有:不同企业采取不同的缴税政策,没有解决经济责任制中操作过程繁杂、成本高的缺点;较高的所得税率使企业获得的利润分成明显减少,企业生产积极性受到打击,造成财政收入并未因税率高而增长的尴尬局面。

20世纪80年代中期,部分私营企业、外资企业和乡镇企业开始迅速发展,国营企业在市场中的地位逐渐受到冲击,部分国营企业再次陷入发展困境。

拨改贷

为了调整国营企业和国家之间的利益关系,中央提出了"拨改贷"政策。1979年8月,国务院批准国家计委、国家建委、财政部的《关于基本建设投资实行贷款办法的报告》和《基本建设投资贷款试行条例》,其中规定:凡实行独立核算、有还款能力的企业进行基本建设所需的资金,交由建设银行根据建设计划进行贷款的发放,将投资效果的好坏直接同企业职工的经济利益联系起来,从而增强企业的投资效果,并先在部分地区进行试点。截至1980年年底,中央已经对数十个行业的600多个项目实行了拨改贷,贷款金额达到当年基本建设拨款的3.4%。

1980年11月,《关于基本建设拨改贷的报告》出台,进一步扩大拨改贷的适用范围。1983年6月,《关于国营企业流动资金改由人民银行统一管理的报告》发布,指出将国有企业流动资金改由中国人民银行统一管理,企业新增流动资金需要申请贷款或自筹。1984年12月,《关于国家预算内基本建设投资全部投拨款改为贷款的暂行规定》出台,指出要从1985年起全面实行拨改贷,并实行差别利率机制。1985年,在386亿元的国内投资预算中,有368亿元被改为贷款,占95.3%。

拨改贷政策培养了国营企业的资金成本意识,使国营企业在扩张建设方面更加严谨,但也导致大量国有企业后来背上了沉重的负债。

破产法

国营企业向国有企业的过渡,其实主要是解决所有权和经营权的"两权分离"问题,并由此提出了自负盈亏的概念,其中"盈"容易处理,但如何自负"亏"呢?随着企业改革的推进,"破产机制"被引入以解决自负"亏"的问题。十二届三中全会提出了企业破产试点方案,武汉、重庆、太原先后开始试点,截至1986年年底,共有8家国有企业收到破产警戒通告。

1986年12月,为进一步规范和推广破产机制,面向国有企业的《企业破产法(试行)》通过并开始实施,其中规定:"企业因经营管理不善造成严重亏损,不能清偿到期债务的,依照本法规定宣告破产。"这是我国首次明确提出国有企业可以破产,初步建立起退出机制。事实上,之后很少有国有企业照此法破产,主要是因为当时缺少财产清偿以及职工安顿等配套政策,这反映出中国当时缺乏基本的商法框架。

进入20世纪90年代后,在激烈的市场竞争中,越来越多的国有企业陷入常年亏损的状态。许多没有生存能力和竞争力的国有企业,通过行政性关闭或政策性破产的方式退出了市场。

企业法

1988年4月,《全民所有制工业企业法》(简称《企业法》)颁布,这是我国第一部关于企业的法律,全民所有制企业是指依法自主经营、自负盈亏、独立核算的社会主义商品生产和经营单位。其中明确说明:"企业的财产属于全民所有,国家依照所有权和经营权分离的原则授予企业经营管理权。企业对国家授予其经营管理的财产享有占有、使用和依法处分的权利。"《企业法》的主要内容集中于六个方面:企业的设立、终止和变更,企业的权利和任务,厂长的产生与地位,职工和职工代表大会的作用,企业和政府的关系,相关法律责任。

《企业法》从法律上正式确立了"两权分离"制度,明确了国有企业的管理体制。

股份制实验

前面介绍的这些举措大多是实用性改革,能解燃眉之急,但往往是解决了一个问题,又会带来新的问题。政府和民间都开始思考,如何从根本上解决国有企业的这些问题。

当时的主流思想认为,如果国有企业的产权制发生变化,就会引发一个复杂的政治话题:中国是否偏离了社会主义的本质。

在20世纪80年代改革开放的大潮中,我们有越来越多的机会可以了解国外的产权制度。其中,国有企业的改革经验,促使中国的国有企业改革逐渐触及产权制度方面的认知、尝试和改革。

1984年7月,北京天桥商场首先尝试,改制为股份制企业,国有股占50%,依然保持控股地位。1984年11月,上海飞乐电声总厂首次尝试通过公开发行股票的方式改制为股份制企业。

随着改革的深入,国家对股份制逐渐理解并接受。1987年10月,党的十三大明确提出:"改革中出现的股份制形式,包括国家控股和部门、地区、企业间参股以及个人入股，是社会主义企业财产的一种组织方式，可以继续试行。一些小型全民所有制企业的产权，可以有偿转让给集体或个人。"随后，浙江、江苏、广东、云南等地纷纷推行股份制改革试点，截至1992年年底，试点企业达3 700多家。

这期间的股份制改革整体上是一种尝试和探索，并尽量避免触及所有权问题，但其事实上为1993年正式推出的《中华人民共和国公司法》（简称《公司法》）奠定了良好的试验和实践基础。

1993年《公司法》推出后，我国经济体制和国有企业改革发生了深刻变化。

国企改革2.0阶段（1993—2005年）

1992年10月，党的十四大召开，明确提出我国经济体制改革的目标是"建立社会主义市场经济体制"，市场化程度成为衡量国有企业的重要标准，国企改革迈入了新的历史阶段。

公司化改造

1993年11月，十四届三中全会通过《中共中央关于建立社会主义市场经济体制若干问题的决定》，将"进一步转换国有企业经营机制，建立适应市场经济要求，产权清晰、权责明确、政企分开、管理科学的现代企业制度"作为建立社会主义市场经济体制的首项内容，现代企业制度成为社会主义市场经济体制的基础。在关于现代企业制度基本特征的阐述中，"产权清晰"被解释为"企业中的国有资产所有权属于国家，企业拥有包括国家在内的出资者投资形成的全部法人财产权"，这意味着政府已经实际接受了涉及国有企业产权制度的改革。

1993年12月29日，第八届全国人大常委会第五次会议正式通过《公司法》，《公司法》规定："公司是企业法人，有独立的法人财产，享有法人财产权。公司以其全部财产对公司的债务承担责任。"《公司法》是我国现代商法体系的核心，国有企业要在符合《公司法》要求的基础上，建立财产权清晰的现代企业制度。

具体措施迅速开始落地。1994年，国务院批准了100家大中型国有企业以及2 343家地方企业进行现代企业制度试点，试点的主要内容包括：完善企业法人制度，在清算评估的基础上明确国有企业的法人财产权；明确国有资产的投资主体；试点企业按照《公司法》改造，改变其原有组织形式；建立新的更合适的财务会计制度、人事制度以及组织管理体系等。

同时，试点企业主要按照有限责任公司、股份有限公司和国有独资公司等进行改制。虽然大多数试点企业完成了公司化改造，但这种改造主要体现在法律形式上，即之前根据《企业法》登记，现在根据《公司法》登记，企业的股权结构本质上并未发生改变，依然以国有独资为主。据统计，截至1997年年底，100家试点企业中有79家被改造为国有独资公司，11家被改造为股份有限公司，6家被改造为有限责任公司；2 343家地方试点企业中，有909家被改造为国有独资公司，540家被改造为股份有限公司和有限责任公司。

整体而言，公司化改造对我国资本市场的发展和现代企业制度建立起到很大的促进作用。当时公开发行股票并上市的745家企业中，由国有企业改造而来的股份有限公司占多数。

1997年，党的十五大提出，要力争三年后在大多数国有大中型骨干企业中初步建立现代企业制度。根据国家统计局的数据，截至2001年年底，4 371家重点企业中已有3 322家实行了公司制改造。

"抓大放小"

"抓大"是指重点发展掌握着国民经济命脉的大型国有企业，进一步提高其竞争力，继续保持其国有性质；"放小"是指对中小型国有企业，国家通过出售等方式实现部分或整体退出，实行非国有化和市场化，进一步解放其生产力。

早在1992年，山东省诸城市就开始试行"抓大放小"战略，不过由于"无大"可抓，主要是"放小"，诸城市当时有150多家市属国有企业，其中103家处于亏损状态，平均资产负债率超过80%。在时任诸城市委书记陈光的带领下，诸城市决定将这些中小型国有企业的产权大规模出售，最初是将诸城电机厂全部出售给该企业职工。截至1994年7月，全市288家乡镇以上企业中有272家实现私有化改制，陈光被人戏称为"陈卖光"。这就是著名的"诸城模式"。

1994年，重庆市正式尝试实施"抓大放小"战略。当时，重庆市实力最强的50家国有企业在数量上只占0.7%，但其利税总额占比达到了90.6%，国有企业的亏损面达55.7%。为解决这一困难，重庆市决定将效益不好的中小型国有企业出售（小部分关闭），重点发展大型国有企业。

1995年9月，中共中央《关于制定国民经济和社会发展"九五"计划和2010年远景目标的建议》明确指出，"重点抓好一批大型企业和企业集团，以资本为纽带，团结和带动一批企业的改组和发展，形成规模经济，充分发挥它们在国民经济中的骨干作用。区别不同情况，采取改组、联合、兼并、股份合作制、租赁、承包经营和出售等形式，加快国有小企业改革步伐"。这是中央第一次提出"抓大放小"战略，进一步促进了"抓大放小"战略在全国范围内的实施。当时国家统计局的数据显示，在其调查的5万多家国有企业中，已有22%的小型国有企业完成改制，接近30%的国有企业正在改制。

员工持股和管理层收购

员工持股

员工持股是指企业内部员工认购公司股权，成为公司股东的行为。员工持股的目的是增强员工的主人翁意识，降低委托代理成本，将原本简单的雇佣关系转变为新的利益关系，将员工利益和企业利益结合起来，形成长期激励约束机制，以此提高员工的自我管理和自我激励能力。员工持股制度起源于19世纪末期，劳动骑士团（Knights of Labor）是美国第一个工会联盟，其核心思想是工人所有制，自此员工持股的萌芽出现。

在国有企业开始实行股份制改革试点的过程中，员工持股行为开始出现。根据当时的政策规定和改革意识，这种持股行为早期主要被称为职工持股，以对应干部和职工的这一特定关系，但本质上，国有企业的干部和职工都是员工，后期逐步统一为员工持股。我们所指的员工包括普遍员工、核心员工和经营管理层。员工持股的关键要素包括持股员工的范围、持股数量、持股主体、股份来源、股份价格和资金来源等几个方面。

党的十三大明确提出职工入股企业是社会主义财产的一种组织形式。截至1991年年底，3 220家各类股份制试点企业中有80%以上实行了职工持股。

在1992年5月颁布的《股份制企业试点办法》和《股份有限公司规范意见》中，我国首次承认员工持股的法律地位。1993年7月，《定向募集股份有限公司内部职工持股管理规定》对股份公司发行内部职工股的操作问题做出详细规定。1998年5月，《关于国有企业改革中登记管理若干问题的实施意见》颁布，确立了公司工会代持股份和职工持股会的法律地位。1998年11月25日，中国证监会颁布《关于停止发行公司职工股的通知》，规定股份公司公开发行股票时不允许再发行职工股。2000年12月11日，中国证监会对北京市中伦金通律师事务所《关于职工持股会及工会能否作为上市公司股东的复函》中明确指出，不允许通过职工持股会和工会持有公司股票，职工持股会和公司工会代持股份的做法被禁止。

员工持股在国有企业改革过程中发挥了重要作用，虽然因定价的合理性和资金来源等了引发了若干讨论，但整体上为我国国有企业改革，尤其是置换国有职工身份和降低委托代理成本等提供了非常好的改革方案。

管理层收购

管理层收购（MBO）是指公司经营管理层以合法资金购买公司股权并获得实际控制权的行为，是杠杆收购的一种形式。管理层收购最早出现在英国，是上市公司管理层为获得公司控制权而采取的股权收购行为。管理层收购对改善公司治理、提高公司价值有正面作用，且高风险债券市场能为管理层的杠杆收购行为提供资金，因此，管理层收购在欧美地区得到迅速发展。

在20世纪90年代初期国有企业改制的过程中，中小型国有企业和集体企业中出现了大量的职工持股案例。但全体职工持有小部分股权，导致很多企业的股权过于分散，出现新的"大锅饭"现象，长期激励和约束作用均受到影响。90年代末期，管理层获得企业实际控制权的持股现象开始出现。

国有企业一直受所有者缺位问题的困扰，管理层收购可以有效地解决这一问题，经营者成为企业的实际控制人后，绝大部分企业的发展情况较好。2002年，财政部发布的《关于国有持股单位产权变动涉及上市公司国有股性质变化的有关通知》、2002年中国证监会颁布的《上市公司收购管理办法》《上市公司股东持股变动信息披露办法》以及2002年11月的十六大报告，都为国有企业产权结构调整中的管理层收购提供了依据和路径。2003年12月，国务院国资委在《关于规范国有企业改制工作的意见》中明确表示，管理层收购是国企改制的一种方式。

在欧美国家，管理层收购的对象大多为公众公司，管理层以公允价格从二级市场买入股份，不存在内部人定价问题，收购完成后，公司通常会退市。中国的管理层收购有其特殊性：首先，管理层大部分是由国家任命而非通过市场选拔出来的，管理层获得收购机会的合理性受到质疑；其次，国有企业的资产评估和定价等存在道德风险，在收购过程中容易受到管理层的内部人控制，甚至出现恶意做差公司业绩以降低净资产的现象；再次，出现了不少利用公司信用及现金流直接或间接帮助管理层获得收购资金的现象。

管理层收购是一种积极的国有企业改制行为。实际上，有意愿、有决心举债收购公司的管理层，通常具有较强的企业家精神；在企业经营过程中显示出极强的市场竞争力。大部分国有企业在进行管理层收购后获得了较好的发展：国有股权的绝对收益不降反升，员工收入、就业人数、税收等都提高了。

美的集团起源于1968年的乡镇集体所有制企业，1992年改组为股份公司，是我国第一家乡镇企业上市公司。何享健是美的集团的创始人，在他的领导下，美的集团从一个乡镇小厂发展起来，2017年年底，集团收入达2 500亿元，净利润达200亿元，市值超过4 000亿元。分析美的集团的发展历史可以发现，20世纪90年代启动并基本完成的产权改革和管理层收购，是其发展过程中最重要的正确选择。通过员工持股和管理层收购，美的集团优化了公司治理结构，理顺了产权关系，建立了长期经营理念。

分拆重组上市

中国资本市场开端的标志是，1990年11月26日中国人民银行批准的上海证券交易所的成立。1990年12月1日，深圳证券交易所试营业。1999年7月1日，《中华人民共和国证券法》（简称《证券法》）正式生效，奠定了我国资本市场的基本法律基础。股份制改革成为市场化和公司化的重要手段之一。20世纪80年代后期，各地积极探索股份制改革，截至1993年年底，国内已有3 261家股份有限公司。

当时的上市制度规定，由国务院证券管理部门将上市指标分配给中央行业主管部门和地方政府，所以当时大多数的上市指标由公司化改造后的国有企业获得，早期资本市场的上市融资基本以服务国企的融资脱困为主要目标。为了符合上市的基本要求，分拆重组上市成为当时的普遍做法。分拆重组上市是指国有企业将盈利资产和有相对竞争力的市场化业务分拆出来，组成一个控股子公司，由这个子公司公开发行股票并上市交易；母公司持有上市公司的控股权，同时承担全部不符合上市条件的业务。

分拆重组上市并不是国有企业的专有做法，直到今天，包括成熟资本市场在内，仍存在这种做法。但在当时，其客观上为国有企业脱困尤其是融资做出了重大贡献，使国有企业获得了大量资金，但也带来了很多复杂的问题。

- 若干已上市的国有控股企业，从本质上说并不是一个独立的经营主体，受母公司干涉、控制极其严重。
- 其通过公开发行股票融来的资金甚至也被控股股东大量占用，成为控股股东的"提款机"，侵占了小股东的利益。
- 因人员、资产、业务不独立，关联交易和同业竞争严重。
- 公司治理中，权力制衡机制失效，问题频出。
- 国有控股上市公司大股东的股权在法律上为国有法人股，不具备流通权，客观上，大股东的正常股东权利也受到严重限制。

2003年9月，中国证监会发布《关于进一步规范股票首次发行上市有关工作的通知》，通知规定："发行人申请首次公开发行股票并上市，应当自设立股份有限公司之日起不少于三年。但国有企业整体改制设立的股份有限公司、有限责任公司依法整体变更设立的股份有限公司可不受此规定期限的限制。"在这之后，监管机构对关联交易的要求趋于严厉，政府开始鼓励国有企业通过将母公司的业务注入上市公司等多种方式实现整体上市。2005年，股权分置改革完成后，国有法人股通过赎买获得流通权，进一步缓解了分拆重组上市的后遗症。

三年脱困攻坚

20世纪90年代中后期，我国经济整体上从粗放型增长逐渐转向集约型增长，市场供求关系逐渐发生变化，外资和民营企业的竞争力逐步提升，国有企业却因公司治理、激励机制、经营效率等问题而陷入困境之中。1997年，国有大中型企业的亏损面达到近40%，1998年更是创下了国有企业最高亏损额的纪录。

1997年7月，国务院副总理朱镕基明确强调要用三年时间帮助大多数国有企业走出困境。1997年9月，党的十五届一中全会正式提出"三年脱困改革攻坚计划"，计划主要包括大力推进产业结构调整、实行职工下岗分流制度、实施债转股以及下放企业等措施。

- 调整产业结构，强调通过资产重组等方式，集中力量发展有优势的重要国有企业，提高国有经济的控制力和带动力，但在判断哪些国有企业重要或有优势时，中央没有明确具体的标准。因此，被强调需要集中力量发展的国有企业几乎都是规模大、盈利能力强、对国民经济和军事工业有重要支撑作用的企业。
- 职工下岗分流的形式包括停薪留职、买断工龄、国有身份置换等。
- 债务负担重的国有企业，如果不是"僵尸企业"，应积极实施债转股。这是中国第一次非系统性地通过降杠杆来缓解企业的财务压力。当然，在实践中，债转股也使不少没有竞争力的国有企业得以喘息，在一定程度上违背了市场化改革的原则。
- 对于不需要国有资本控股的中小型国有企业，积极实施管理层收购或员工持股，通过各种灵活的方式改制，盘活发展了一大批企业。但由于内部人控制或道德风险等，后来被诟病严重的国有资产流失,主要集中在这一方式中。
- 积极引进外资和民营资本进入国有企业,形成多种所有制并存、投资主体多元化的产权结构。
- 再次下放了一部分国有企业。
- 剥离不良资产,引进战略投资者。2002 年成立的四家资产管理公司(AMC),专门处置银行等金融机构的不良资产。
- 继续推动国有企业改制重组上市。

1999 年 9 月,十五届四中全会通过《中共中央关于国有企业改革和发展若干重大问题的决定》,指出要从战略上调整国有经济布局,明确需要国有资本控制的行业和领域,强调可以通过资产重组和结构调整,集中力量发展国有企业。鼓励通过股份制等方式吸引更多社会资本,但也强调国有资本的控制力、影响力和带动力。

"三年脱困改革攻坚计划"一直持续到 21 世纪初。2001 年,中国正式加入 WTO。在这一轮全球化浪潮中,国际产业转移、人口和土地等低成本要素资源、粗放的环境管理、勤劳的中国人等,使包括国有企业在内的中国企业获得了重大发展机会,中国企业迅速在全球市场中崛起,这从客观上帮助国有企业阶段性地完成了脱困目标。

总结与思考

在国企改革 2.0 阶段,主要的改革路径可以归纳为:

- 公司化改造和股份制改造。
- 员工持股和管理层收购。
- 积极引进外资和民营资本,投资主体多元化。
- 重视资本市场,积极推进改制重组上市。
- 实施债转股,剥离不良资产。
- 实行职工下岗分流制度。

然而，这个时期的国企改革也带来很多争议。一方面，数量庞大的下岗职工对中国社会经济产生了深刻影响。有些国有企业下岗职工通过自身努力获得了成功，但更多下岗职工生活困难，影响了看病就医和子女教育，形成复杂的社会矛盾。另一方面，这个时期的国企改革被认为导致了大量的国有资产流失。其在资产评估、产权交易等过程中，流程不够透明，存在内部人控制等，有人故意将国有资产的价值估低，甚至通过虚假破产等形式窃取国有资产等。

国企改革2.5阶段（2006—2015年）

国有资产管理体制改革

在国企改革，尤其是尝试股份制合作或国企私有化过程中，存在资产评估结果被操纵或国有产权交易过程不严谨、不透明等问题，这容易导致国有资产流失。早在放权让利的改革时期，这类问题已经冒头。

在政企分开的情况下，为了对国有资产进行有效管理，深圳市于1984年率先成立了深圳市投资管理公司，这是全国第一家专业化国有资产管理机构。1988年，国家成立国有资产管理局，主要负责国有资产的清算和评估等，当时，国有资产管理局对国有资产拥有的权利和义务并不明确，也无法律法规的明确支持。

1991年，《国有资产评估管理办法》实施。1992年，《国有资产评估管理办法施行细则》出台。1998年，国有资产管理局撤销，其职能并入财政部。1999年，党的十五届四中全会提出："要继续推进政企分开，按照国家所有、分级管理、授权经营、分工监督的原则，积极探索国有资产管理的有效形式"，为国有资产管理体制改革指明了方向。2002年11月，党的十六大报告中进一步提出："国家要制定法律法规，建立中央政府和地方政府分别代表国家履行出资人职责，享有所有者权益，权利、义务和责任相统一，管资产和管人、管事相结合的国有资产管理体制。"

2003年3月，十届全国人大一次会议通过了《国务院机构改革方案》，决定设立国务院国有资产监督管理委员会（简称国资委），代表国家履行出资人职责；并立刻联合其他部门出台《国有企业清产核资办法》《关于规范国有企业改制工作的意见》《企业国有产权转让管理暂行办法》《企业国有产权向管理层转让暂行规定》《企业国有资产评估管理暂行办法》等规章，全方位对国有资产和国有企业进行管理。

2003年5月，国务院颁布《企业国有资产监督管理暂行条例》，明确了国有资产监督管理机构的主要职责和义务，同时给予其管理企业负责人、企业重大事项、企业国有资产以及监督国有资产的权力，尝试建立起适应社会主义市场经济需要的国有资产监督管理体制。

2003年8月，上海市国有资产监督管理委员会成立，这是第一个地方性国资委，此后各地纷纷成立地方国资委，从而组建起从中央到地市的国有资产监督管理机构。2008年10月28日，十一届全国人大常委会第五次会议通过《中华人民共和国企业国有资产法》。至此，执行至今的国有资产和国有企业监督管理的法律框架基本成形。

中央和地方国资委的成立，明确了国有资产的出资人，使国有资产多头管理的问题得到初步解决，国有企业的发展进入一个快速增长时期。中央国有企业主营业务收入从2003年的4.47万亿元增加到2006年的8.14万亿元，同期，净利润从3 006亿元增加到7 547亿元。

混合所有制改革

2003年，党的十六届三中全会通过了《中共中央关于完善社会主义市场经济体制若干问题的决定》，将股份制确立为公有制的主要实现形式，鼓励发展国有资本、集体资本和非公有资本等参股的混合所有制经济。

早期的混合所有制改革（简称混改），主要是通过与民营企业合资、与中外合资企业合作、管理层收购、员工持股、上市证券化等实现投资主体多元化，整体上看是摸着石头过河，有成功案例，但失败教训也不少。

TCL集团的改制，是早期股份制改革的成功案例之一。1996年，在李东生接手TCL集团时，TCL集团还是广东省惠州市一家名不见经传的地方国有企业，李东生与惠州市政府就五年"增量转股"的改制方案达成一致，约定将TCL集团年净资产增长率超过10%的部分，按一定比例转为股份，奖励或以优惠价出售给以李东生为首的管理层。这个方案既防止了存量国有资产流失，又实现了股份制改革的目标，在国有资产出资人利益、企业利益、管理层和员工利益三个方面达到了很好的平衡。1997—2001年，TCL集团销售收入增长3倍，净利润增长2倍，国有资产增长率达到261.73%，TCL集团一跃成为行业的领先企业。惠州市政府的持股比例从100%下降到58%，其余42%全部由管理层和员工持有。在李东生的推动下，进一步的改制计划阿波罗计划出台：2002年4月，TCL集团股份有限公司正式成立，惠州市政府持股40.97%，管理层持股25%，新增战略投资者持股18.38%，TCL集团正式从一个地方政府100%控股的国有独资企业转变为地方政府相对控股的混合所有制企业。TCL集团的成功改制，使TCL集团的公司治理结构更加完善，投资主体实现多元化，兼顾了地方政府、外资、管理层、员工和渠道商的利益，对公司的长远发展非常重要。后来的事实证明，TCL集团的阿波罗计划帮助TCL集团多次渡过经营难关，使其实现了长远发展。

截至2012年年底，在378家中央企业及其控股的上市公司中，非国有股权的比例已经超过53%，在681家地方国有控股上市公司中，非国有股权的比例已经超过60%。

截至2015年年末，全国国有企业的总资产达119万亿元，其中，中央企业的总资产达48.6万亿元，全球500强企业中中国上榜公司有106家。经过10年的发展，我国国有企业走上了做大做强的道路，资产总量大幅提升，公有制经济的主体地位得到巩固。但同时，国有经济快速发展的步伐也带来了争议。一方面，在涉及国家安全或关系国计民生的支柱性产业中，国有企业占据了绝对的优势地位，几乎没有给民营企业留下生存空间。另一方面，在新兴行业或民营企业原本具有竞争优势的行业，也出现了国有企业扎堆进驻的现象。由于我国社会制度的特殊性，国有企业往往能优先享受货币政策和财政政策的红利，相比民营企业有天然优势。国有资本规模的快速扩大压缩了民营企业的发展空间，降低了资源配置效率，使我国经济发展偏离了市场化的道路。国有资本和非国有资本之间资源配置的不均衡，加剧了我国金融市场体系的不稳定性和脆弱性。

国企改革3.0阶段（2015年至今）

通过前10年做大做强国有企业，我国国有经济的带动和引导作用显著加强，社会主义市场经济中公有制经济的主体地位迅速强化，产生了一大批在全球范围内有影响力的大型国有企业。在取得巨大成绩的同时，我国国有企业也遇到了新的深层次问题：

- 在垄断领域强化垄断地位，在部分竞争领域也形成垄断。
- 在社会主义市场经济中，国有企业的市场化属性降低。
- 金融、财政、土地、特许经营权等资源大量集中在国有企业，但发挥的效用不高，资源配置效低，有关"国进民退"的争议较多。
- 国有企业领导干部的行政身份与市场身份模糊，人员管理不能市场化。
- 国有企业内部员工工资总额管理、限薪等与企业长远发展不

- 相适应。
- 加强党建与优化公司治理、提高运营效率等还处于探索阶段。
- 国有企业与地方政府的过度合作，与去杠杆和防范系统性风险不相适应。
- 原本希望通过以国有企业为主体的公有制经济避免经济波动，但国有企业的市场化属性不足反而加剧了经济体系的不稳定性。

中国的经济建设和改革开放进入了新的时期，国企改革已进入深水区。新时代的国企改革，就是在加强党建的前提下，因企施策、分类推进混合所有制改革，在公有制经济和市场化中间寻找均衡点，既发挥国有企业的经济主体作用和引导作用，又充分释放国有企业作为企业的市场化属性。通过发展混合所有制经济，实现国有企业短期发展与长远发展的有机统一，实现预算硬约束，降低系统性风险。

坚持党对国有企业的领导不动摇

2016年10月，习近平总书记在全国国有企业党的建设工作会议中指出：坚持党的领导、加强党的建设，是我国国有企业的光荣传统，是国有企业的"根"和"魂"。新形势下，国有企业坚持党的领导、加强党的建设，总的要求是坚持党要管党、从严治党，紧紧围绕全面解决党的领导、党的建设弱化、淡化、虚化、边缘化问题，坚持党对国有企业的领导不动摇，发挥企业党组织的领导核心和政治核心作用，保证党和国家方针政策、重大部署在国有企业贯彻执行；坚持服务生产经营不偏离，把提高企业效益、增强企业竞争实力、实现国有资产保值增值作为国有企业党组织工作的出发点和落脚点，以企业改革发展成果检验党组织的工作和战斗力；坚持党组织对国有企业选人用人的领导和把关作用不能变，着力培养一支宏达的高素质企业领导人员队伍；坚持建强国有企业基层党组织不放松，确保企业发展到哪里、党的建设就跟进到哪里、党支部的战斗堡垒作用就体现在哪里，为做强、做优、做大国有企业提供坚强组织保证。

坚持党对国有企业的领导，加强党的建设，通过党委决策前置程序，将党建工作与经营工作有机统一，防止国有企业经营和改革过程中出现道德风险和法律风险。

深度推进国企改革

2013年11月，十八届三中全会通过《中共中央关于全面深化改革若干重大问题的决定》，这是新一轮国企改革的纲领性文件。决定指明了国有企业下一步的改革方向：

- 继续推进混合所有制经济的发展，鼓励更多国有企业向混合所有制企业转变，鼓励推行员工持股以及非国有资本参股投资国有资本投资项目。
- 进一步完善国有资产管理体制，实现向国有资本出资人的转变，防止国有资产流失，明确国有资本的投资方向是与国家安全、国家重要经济紧密相连的领域。
- 推动国有企业进一步完善现代企业制度，健全公司法人治理结构。
- 根据不同行业对国有企业提出不同的要求，加大对公益性企业的投入以提供更好的公共服务，对自然垄断行业依然保持控股经营等。

针对以上四个改革方向，2014年7月，国务院国资委宣布在六家央企开展"四项改革"试点工作，具体包括：发展混合所有制经济试点，派驻纪检组试点，董事会行使高级管理人员选聘、业绩考核和薪酬管理职权试点，以及改组国有资本投资公司试点。2016年2月，国务院国资委在之前试点的基础上进一步推进十项改革试点，具体包括：推行职业经理人制度试点、企业薪酬分配差异化改革试点、国有资本投资和国有资本运营公司试点、部分重要领域混合所有制改革试点、混合所有制企业员工持股试点等。

同时，为了统一领导国企改革，2014年10月，国务院设立国企改革领导小组，由国务院副总理马凯任国企改革领导小组组长，国务委员王勇任小组副组长。成员单位包括中组部、国资委、发改委、工信部、财政部、人社部、人民银行、证监会、银监会等，办公室设在国资委。该小组的主要职责是贯彻落实党中央、国务院关于国企改革的工作部署，加强对国企改革的组织领导和指导把关，统筹研究和协调解决改革中的重大问题和难点问题，跟踪督促国企改革进展情况，及时提醒国企改革中需要注意的问题。2018年7月，由国务院副总理刘鹤出任国企改革领导小组组长，国务委员王勇仍兼任小组副组长一职。

为继续推进国有企业改革，2015年8月，《中共中央、国务院关于深化国有企业改革的指导意见》（以下简称《意见》）发布，为新时代的国有企业改革指明了具体方向。《意见》对国企改革的成果提出了明确目标，要求到2020年，"公司制改革基本完成，发展混合所有制经济取得积极进展，法人治理结构更加健全，市场化机制更加完善"。同时，《意见》也明确了分类推进国有企业改革的中心思想，根据企业的不同类别制定相应的改革措施，以更好地服务企业发展和国家战略。在该文件的指导下，各部门、各地方相应出台了具体的改革文件，形成了"1+N"的改革政策文件体系，新时代国企改革的制度框架初步建立起来。

进一步发展混合所有制经济

在"四项改革"试点中，发展混合所有制经济试点包括中国医药集团总公司（简称国药集团）和中国建筑材料集团公司（简称中国建材集团）。现以国药集团的"重组+混改"为例：在改革试点之前，国药集团面临的主要问题是集团内上市公司之间的同业竞争。国药集团旗下共有六家上市公司，其中国药控股和国药股份在药品分销流通方面的同业竞争问题尤为严重。根据国药集团提交的改革方案，国药股份通过发行股份的方式购买整合国药控股旗下的四家医药商业公司，该问题得到解决，为再融资和混合所有制改革打下了基础。之后，国药股份通过非公开发行的方式向平安资管、长城国融、上汽投资等八家投资者共募集资金10.3亿元。截至2017年年底，国药集团内混合所有制企业的数量已经达到660家，营业收入占集团营业收入的90%以上。

2015年9月，国务院发布《国务院关于国有企业发展混合所有制经济的意见》，要求分类、分层次地推进国有企业的混合所有制改革。分类，即根据国有企业所处的不同行业采取不同的措施，对处于竞争行业的国有企业稳妥推进，对处于重要行业的国有企业鼓励有效探索，对公益类国有企业规范引导。分层，即混合所有制改革分子公司层面和集团层面，现阶段依然以子公司层面为主。同时，鼓励各类资本，尤其是非公有资本积极参与国有企业的混合所有制改革，探索实行员工持股机制。

2015年10月，《关于鼓励和规范国有企业投资项目引入非国有资本的指导意见》出台，对引入非国有资本提出了"要有利于改善国有企业投资项目的产权结构，提高项目的管理水平和资金使用效率；要有利于国有资本放大功能、保值增值、提高竞争力；要有利于各种所有制资本取长补短、相互促进、共同发展"的要求，并对相关程序做出规范，进一步推动了非国有资本参与混合所有制改革的积极性。

2016年，《国有科技型企业股权和分红激励暂行办法》和《关于国有控股混合所有制企业开展员工持股试点的意见》相继颁布，对国有企业的股权激励和长期激励机制进行了详细规定，员工持股逐渐在国企混改中扮演越来越重要的角色。

完善国有资产管理体制

为进一步解决国有资产管理体制中政企不分和国有资产监督机制不完善的问题，2015年10月，国务院通过了《关于改革和完善国有资产管理体制的若干意见》，进一步明确国有资产监管机构作为出资人的地位，维护企业的经营自主权，还提出对国有资本授权经营体制进行改革，主要方式是组建国有资本投资公司和国有资本运营公司。

2014年推进的"四项改革"试点中，改组国有资本投资公司试点首先在国家开发投资集团有限公司（简称国投）和中粮集团进行。以国投为例，在改革试点过程中，国投提出了"四个试"的改革要点：试方向（解决国有企业干什么的问题）、试机制（解决怎么干的问题）、试管理（解决怎么管理的问题）、试监督（解决监督体系的建立问题）。同时，国投在引领混合所有制改革方面也发挥着积极作用。通过股权投资基金的形式，国投与非国有资本积极合作，带动相关企业投资。2015年，国投组建国投高新产业投资公司，布局具有战略价值的高新技术产业。

在国投和中粮集团的示范作用下，2016年，改组国有资本投资公司试点进一步扩大到神华集团、宝武集团、中国五矿、招商局集团、中交集团和保利集团六家央企。

除此之外，试点企业新增了诚通集团、中国国新两家国有资本运营公司。国有资本投资公司以投资融资和项目建设为主，通过投资实业拥有股权。国有资本运营公司以经营国有资本为主，不投资实业，主要"战场"在资本市场。两家试点企业均成立了规模庞大的投资基金，帮助中央企业进行产业结构调整。诚通集团主导设立了中国国有企业结构调整基金，规模为3 500亿元；中国国新主导设立了中国国有资本风险投资基金，规模为2 000亿元。截至2017年8月，在仅仅1年的时间内，诚通集团管理的中国国有企业结构调整基金参与了中国联通、中粮资本、中国中冶、中国国航、洛阳钼业等共 16 个项目，实现浮盈 50 亿元左右，在引导国有资本结构布局方面发挥了积极作用。

2017 年 10 月，《国务院国资委以管资本为主推进职能转变方案》出台，明确了监管机构作为出资人的职能，强化了完善规划投资监管、突出国有资本运营以及强化激励约束 3 项管资本职能，精简了 43 项监管事项，赋予了企业更多权力，第一次从细节上推进了向管资本为主的国有资产管理体制的转变。

国有企业的功能定位

为落实分类推进国有企业改革的中心思想，需要对国有企业进行功能界定和分类，只有解决了这个问题，因企施策的改革定位才可能实现。

2015 年 12 月，国资委、财政部、发改委联合印发《关于国有企业功能界定与分类的指导意见》，根据企业的主营业务，将国有企业划分为商业类国有企业和公益类国有企业，又将商业类国有企业划分为"主业处于充分竞争行业和领域"的国有企业和"关系国家安全、国民经济命脉的重要行业和关键领域、主要承担重大专项任务"的国有企业两类。意见依据此分类标准对不同企业分别提出了推进改革、促进发展、实施监管以及定责考核的具体措施。

2016 年 8 月，《关于完善中央企业功能分类考核的实施方案》颁布，作为落地方案，该实施方案使对中央企业的分类考核工作有序、科学地开展起来。各地国资委也根据中央政策，结合本地实际情况，普遍开展了企业功能分类考核工作。

进一步完善现代企业制度

现代企业制度的核心是建立产权归属明细、产权结构多元化的现代产权制度；规范公司治理结构，确保股东会、董事会、经营层、监事会、党委会等机构之间合理制衡，管理国有企业风险点，建立科学合理的激励约束机制，发挥各自作用，提高企业经营效率。

我国国有企业有其鲜明的个性特征。2016年10月10日，习近平总书记提出，我国现代国企的治理要发挥企业党组织的领导核心作用和政治核心作用，简称"两核"作用。

2016年，国资委党委在《求是》杂志发文谈国企改革中的党建工作，提到企业重大决策必须先由党委（党组）研究提出意见建议，涉及国家宏观调控、国家战略、国家安全等的重大经营管理事项，必须经党委（党组）研究讨论后，再由董事会、经理班子做出决定。

2017年2月6日，中共中央国务院印发《关于深化国有企业改革的指导意见》，明确国企要发挥四个作用：党组织领导核心作用、党委政治核心作用、党支部战略堡垒作用、党员先锋模范作用。

由此可见，我国国有企业建立现代企业制度的一个重要的核心是，如何将党的领导融入企业制度的各个方面。具体表现在，党委会和董事会、股东会、监事会之间如何协作管理企业，是否能够做到组织之间职责明确，使党组织在企业决策时起到规范、指引和监督作用。在此前提下，要解决董事会、监事会人员构成不科学、不规范，董事会内部人控制和关键人决策，以及监事会难以发挥监督作用的问题。企业可以利用市场化力量，选聘来自市场的高级管理人员并使用市场化的薪酬制度。

2013年颁布的《中共中央关于全面深化改革若干重大问题的决定》明确指出，完善现代企业制度的重要标准之一是健全协调运转、有效制衡的公司法人治理结构。2014年的"四项改革"试点工作，要求在新兴际华集团、中国节能环保公司、中国医药集团、中国建筑材料集团四家央企开展董事会行使高级管理人员选聘、业绩考核和薪酬管理职权试点，这四家中央企业通过市场化方式选聘了1名总经理及13名副总经理，同时也带动多家央企在子公司层面试行市场化选聘经理人。

2014年8月，《中央管理企业负责人薪酬制度改革方案》出台，在完善制度、调整结构、加强监管、调节水平、规范待遇五个方面规范了央企负责人薪酬制度。各地也根据实际情况制定了相应的地方国有企业负责人薪酬制度。

2017年4月，国务院办公厅颁布《关于进一步完善国有企业法人治理结构的指导意见》，从理顺出资人的职责、落实董事会的职权、维护经营自主权、完善问责机制以及坚持党的领导五个方面提出了具体要求，同时提出"在2017年年底前公司制改革基本完成，到2020年国有独资、全资公司全面建立外部董事占多数的董事会"的目标。

国外的国有企业改革经验

国有企业改革是在国有经济和私有经济之间寻求平衡的一种外在体现。20世纪80年代以来，世界各国都进行了不同程度的国有企业改革，也就是我们常说的"私有化"浪潮。

中国实行以公有制为主体的基本经济制度，国有企业是公有制经济的重要实现形式，在国民经济中发挥着主导作用。国有企业改革并非中国特有，我们不能简单照搬国外的国企改革模式，但也要从世界范围内汲取经验。

国有企业不是中国独有的企业形态，也不是社会主义和计划经济的必然产物。第二次世界大战（简称二战）期间，西方资本主义国家建立了大量的国有企业，这些企业多是为战争服务的。二战结束后，随着第三次科学技术革命的推进，资本主义国家开始逐渐加大对经济的干预，世界各国加快了国有企业的建设步伐。

国有企业在解决就业、提供国家福利支持、发展公益事业等方面发挥了重要作用，但随着经济的发展，国有企业普遍暴露出效率不高、业绩不好、竞争不公平等问题，这增加了政府的财政负担。各国的国有企业改革由于国情和企业状况不同，改革方式和模式也不尽相同,但基本目标主要有两个:降低政府财政负担和提高经济效率。从西方企业的演变历程来看,随着自由竞争市场经济向二十世纪七八十年代强调政府干预经济的转变,企业产权形式大体经历了从私人企业为主向国有企业与私人企业并存的发展历程。目前,世界各国国有企业已经或正在发生重大变革,改革的基本方向是私有化或社会化,其中股份制改革是国有企业改革的主要途径。

国外的国有企业改革

美国:逐步私有化

美国国有企业的发展及改革历程

美国是自由市场经济最发达的国家之一,美国国有企业数量不算多,所涉及领域也比较少,但其在满足社会福利需求、缓解财政压力、补充和调控市场方面却发挥着重要作用。这从侧面说明,美国国有企业的运营效率相对较高,国有企业的发展和改革是动态共存的。

作为发达资本主义国家,美国的国有企业大都是在特定时期为解决特定问题而产生的,比如满足战时需求、解决经济危机等。1904年建立的巴拿马铁路和1915年美国政府获得阿拉斯加北方铁路公司的所有权,象征着美国国有企业开始突破慈善领域的限制。第一次世界大战(简称一战)期间,为了满足军事需求,美国紧急建立了船运公司、美国谷物公司、美国住宅公司、战争金融公司、斯普鲁斯生产公司、蔗糖分配公司等,同时铁路、船运等逐渐被置于国家的垄断经营之下。1929—1933年,为了应对战后的经济危机,罗斯福总统实行"新政",由国家建立财政公司、信贷公司、进出口银行、农作物保险、联邦保险公司等和国计民生紧密相关的企业,其中广为人知的田纳西流域管理局,主要负责全面治理和综合开发超过 10 万平方千米的田纳西河流域。

二战期间，美国国有企业再次迎来繁荣期。据统计，仅在战争期间，美国政府就利用预算资金建立超过 2 600 家大型工业企业，这其中包括国防公司、橡胶开发公司、石油储备公司和美国商用公司等。战后，美国政府创办了一些基于基础设施和高新技术产业的企业，这其中就有圣劳伦斯航道开发公司和空间通信卫星公司。同时，美国把为满足战争需求而建立的与军工相关的国有企业出售给私人集团。截至 20 世纪 70 年代末，除邮政和部分电话、铁路行业由国家垄断经营以外，其他行业几乎都由私人经营。

美国在 20 世纪 70 年代进入经济的滞涨期，国家财政压力不断增大，政府财政赤字增加。国有企业拥有天然的垄断优势，他们享有一般私人部门所不具备的资源和政策优势，但缺少激励机制，这使得经营者丧失了有效利用资源的积极性，经营效率低、持续亏损、腐败等问题逐渐暴露出来。因此，国有企业改革是这一时期美国经济状况以及经济矛盾的必然结果。从 20 世纪 80 年代开始，美国正式开始进行以私有化为主要形式的国有企业改革。

措施及成效

（1）改革措施。

在美国国有企业的改革中，政府采取了各种各样的措施，但私有化一直是最主要的内容。美国国有企业的私有化改革不仅包含国有产权私有化，还有垄断经营权私有化和管理权私有化。

国有企业的产权私有化：在国有企业中引入私人股东，或者直接将国有企业出售给私人所有，具体可以通过国有企业的股份制改革，向私人转让部分或全部股权。这样做的结果是，缩小了国有经济的规模，实现了部分国有资本的退出，退出的国有资本可以用作其他用途，在一定程度上缓解了国家的财政压力。

垄断经营权私有化：允许私有经济进入原先由政府部门垄断的行业，削弱或去除国家政策对国有企业的倾斜优势，在国有企业和私营企业之间打造一个市场化的竞争环境。这样做可以对原国有企业施加压力，从而调动其积极性，在充分的竞争机制下达到优胜劣汰的目的。

管理权私有化：对于某些非营利性的行业，即使政府允许公平竞争，私人资本依然没有进入的动力，或者容易形成私人资本垄断经营从而降低社会福利。管理权私有化如同承包制，政府和私人签订合同，将国有企业的管理权交给私人，所有权仍归政府，在调动管理者积极性的同时，政府依然保留对特定领域的控制权，政府可根据管理者的表现实行奖励或惩罚。

在上述措施中，最简单直接的就是出售国有企业产权。国有企业常常在政府活动中扮演重要角色，或作为政府影响市场的工具，或垄断某些和国家安全相关的行业。但也并非国有企业所在的每个领域都具有这种属性，例如，和国家安全相关的通信企业，其中的技术研发部门和市场拓展部门与国家安全并不存在直接联系，从而可以将国有企业中的非特殊部门进行市场化改造。

（2）改革成效。

美国国有企业改革使得政府直接经营管理的企业数量大大减少，政府对企业的干预也减少了，市场竞争机制进一步完善。改革后的经营者增加了节约成本和提高效益的动力，虽有小部分国有企业改革后因失去政府支持而破产，但整体来看，在充分的市场竞争机制下，企业经营绩效大大增加，政府税收也增加了。

经验总结

从美国国企改革的路径来看，改革方式主要是逐渐缩小国有经济比重，将经济职能和部分政治职能商业化、市场化；核心思想是培育均衡的市场经济环境，最终实现降低成本、提高经济效率和居民福利水平的根本目标。

美国国企改革中值得中国学习的地方，主要在于：国企改革不能一概而论，对于在国民经济或者社会福利方面起着关键作用的产业，如邮政、供水等，可以由国家垄断经营，对于竞争性的国有企业，可以出售给私人经营。在国企改革中，应针对不同类型的国有企业出台不同的改革方案。

韩国：保留特定领域的控制权

韩国在经济发展上取得了骄人的成绩，根据2014年世界各国GDP总量排名，韩国以14 112亿美元排名第11，在亚洲仅次于中国、日本和印度。

韩国国企的类型和发展历程

按照韩国政府对国有企业控制程度的强弱，韩国的国有企业大致分为以下四类。

- 政府拥有全部所有权的企业。这类企业主要集中在铁道、邮政、物资、粮政等有关国民经济命脉的行业，但数量不多。企业没有自主经营权和决策权，完全受政府有关部门控制。
- 政府持股比例超过50%的企业。政府对这类企业拥有绝对控制权，但允许私人资本存在，这是韩国国有企业最重要的组成部分。
- 政府持股比例低于50%的企业。政府仍然是第一大股东，对这类企业的控制程度不如前面两者强，但依然掌握着控制权。
- 由政府投资公司投资组建的公司。这类公司是国有企业中受政府控制程度最弱的公司，受母公司控制，但通常不受政府部门直接领导。

韩国国有企业的产生，可以追溯到19世纪后半期。国有企业的发展过程大体上可以分为三个时期。第一个时期为19世纪后半期到1945年日本殖民统治结束，韩国政府以铁路、邮电、专卖业为主，创办和经营了为数不少的国营企业。第二个时期为1945—1961年，即经济起飞前,1948年韩国宪法规定"矿物及其他地下资源、水产资源、水力和经济上可利用的自然资源为国有","重要的运输、通讯、金融、保险、电气、水利、供水、煤气及具有公共性的企业为国营或公营",1954年宪法删去国有或国营的内容,明确规定除法律特别规定外,禁止将私营企业转为国有,但国有企业仍有发展。除铁路、邮电、专卖业继续作为政府企业之外,电力、矿业等日本投降时留下的企业共9家收归国有,另外,韩国政府新创办能源、运输、化工、金融、建筑等国营企业9家。第三个时期为1962年到现在,韩国先后创办了20多家政府投资企业,其中有的独立或转为民营,其他国营企业有:政府企业4家,政府出资企业6家,政府投资企业出资的子公司90家,地方国营企业180家,共304家。

改革措施

随着经济的发展,韩国国有企业的弊端逐渐凸显,国有企业的经营效益落后于私营企业,主要原因有两个:一是政府的过度保护使国有企业丧失了自主经营的竞争意识,竞争力弱;二是国有企业管理层出现了大量腐败现象。为此,韩国政府进行了一系列国有企业改革。

(1)第一次私有化改革。

1968年,韩国政府对六家国有企业进行了私有化改革,六家企业分别是大韩通运、大韩造船公社、仁川重工业、大韩机械工业、大韩海运公司和大韩铁矿开发。上述企业多分布于重工业领域,并具有垄断地位。当时韩国的重工业在国民经济发展中扮演着重要角色,且这些公司业绩表现良好,由此可见,韩国在国企改革中的决心是非常坚定的。随后,韩国政府放开了对这些行业的管制,允许民营企业进入,目的是营造均衡的竞争环境。改革之后,有些企业不适应市场竞争,但更多企业实现了效益增长,提高了市场竞争力。

(2)第二次私有化改革。

到了20世纪80年代,韩国政府开始主张经济模式由国家主导型向私营主导型转变，突出表现为韩国政府对四家国有银行进行了私有化改革，分别是第一银行、汉城信托银行和朝兴银行、韩一银行。随后，在世界范围内私有化浪潮的影响下，韩国推出了更多的私有化改革政策，并决定出售韩国电力、浦项钢铁、国民银行、外汇银行等一大批国有企业的股份。

（3）第三次私有化改革。

1993年，金泳三执政后，韩国政府宣布在1998年之前将大部分国有企业私有化，涉及61家国有企业，占到韩国国有企业数量的45%。这次国企改革的基本方针是：提高经济效益，将国有企业的经营权转让给私人企业；不能延迟国有企业的私有化；遵守竞争原则，采用出卖证券、场外交易、一般竞争投资等多元化的转让方式；通信产业和电力产业不在私有化范围之列；考虑国有企业私有化后对工人的安置工作。

但这次改革没有达到预期的效果。截至1996年，只有16家国有企业完成了政府股份的出售目标，其中经营权完全移交的只有韩国化肥、大韩重工业等5家企业。政府持股比例超过50%以上的4家企业中没有1家完成私有化。

（4）第四次私有化改革。

1997年亚洲金融危机之后，韩国从国际货币基金组织获得了210亿美元的援助。随后不久，韩国政府颁布新的国有企业改革方案，宣布将韩国通信公司、韩国重工业公司、煤气公社和烟草人参公社、浦项钢铁等大型国有企业列为私有化对象。

1998年，韩国政府先后公布了两个国企私有化方案，先后对26家母公司和82家子公司进行私有化改革或内部结构调整。主要方式为国有股的直接出售和投标竞争出售等。

韩国国企改革的经验借鉴

（1）保留特定领域的控制权。

国有企业改革的目的并非简单地引入私人资本，而是提升国有企业的运营效率，增强国有企业参与市场竞争的能力。韩国进行国有企业改革的同时，仍然保留国家对特定领域的控制权：有关国民经济命脉的部门，如金融、铁道干线、邮电通讯、军工、核工业等；非国有企业暂时不愿进入的基础设施领域，如公路和大型桥梁建设、市政建设、能源和原材料的生产等；非国有企业短时间内无能力进入的高精尖技术生产领域，如航空、航天、新材料、精密机械等；国家财政的重要来源；某些特殊商品的销售和流通渠道；铁路、公路运输和水运。

（2）调整国有企业的经营范围。

除了和国家基础产业设施、国家安全、社会福利及非营利性行业等相关的领域外，国有企业逐步退出。国家能否通过国有企业实现国有经济的职能，并不取决于国有资本存量的多少，关键在于国有资本的控制力如何。缩小国有企业的经营范围，将会大大减少国有企业数量，一方面有利于政府对国有企业进行有效管理和监督，另一方面能够使国家集中精力"办大事"，把资本和精力放到对国民经济发展意义重大且投入不足的领域。

（3）国有企业的产权多样化。

在国有企业改革中，引入多元化的产权结构，对于需要国家控股的行业，在保留国家控股的前提下，应将更多股份转让给私人资本；对于无须国家控股的国有企业，政府可采取参股的形式；对于有些行业，国有资本则可以完全退出。

新加坡：三级管理、无为而治

新加坡曾是世界上经济发展最快的国家之一，在各国国有企业发展不景气的几十年中，新加坡国有企业却取得了良好的效益。新加坡国有企业的发展大致分为两个阶段：第一个阶段是1961—1985年，在此期间，新加坡政府建立了大量国有企业；第二个阶段是1985年至今，国有企业进行私有化改革。

改革背景

新加坡于1959年脱离英国的统治，并于1965年宣布独立。独立初期，新加坡经济处于崩溃边缘，政府不得不直接参与经济活动，为发展经济而采取一系列措施，大量国有企业应运而生。1961年，新加坡政府投资建立了大众钢铁公司和白龄面粉厂，其成为新加坡第一批国有企业。1965年，政府开始在基础工业部门投资建立国有企业，当时新加坡所有的造船厂，除1家为私人企业，其余均由政府控股。从1968年开始，政府开始大量投资，截至1986年，新加坡3家政府控股公司下共有538家国有企业。1972年，政府部门的投资开始向高新科技领域拓展，其间建立了国有航空公司、新加坡国有科技公司，国有企业的数量不断增加，所涉及的领域和经营范围也不断扩大。

随着国内外经济环境的变化，尽管国有企业的经营效益远远好于其他国家，新加坡政府仍从1985年开始对国有企业进行私有化改革。国有企业具有天然垄断性，国有企业管理层由政府指派，手里握着远比私人企业更丰富的政治和经济资源，政府在制定相关政策时也会向国有企业倾斜，这种不平等导致私人企业的发展空间受限，几乎无法与资金力量强大、背景雄厚的国有企业相抗衡。另外，随着经济全球化的推进，使国有企业参与到国际市场的竞争中至关重要，尤其是对于新加坡这样国土面积小的国家。

新加坡的国有企业改革主要有两个特点：一是减少国有企业的垄断，营造公平的市场竞争环境；二是为新加坡国有企业参与国际竞争铺平道路。

私有化改革

新加坡政府于1985年公布了《公共部门私有化报告》，拉开了国有企业私有化的帷幕，这一文件成为日后新加坡国有企业改革的纲领性文件。

新加坡国企改革的原则是：尚未上市的国有公司，只要条件成熟，都应该在证券交易所挂牌上市，让国家独资或者占有多数股权的公司出售国有股份；已经上市的国有公司则进一步抛售国有股份。对于对国家利益至关重要的公司，政府将保留控制权，但也将通过证券交易所向公众出售部分股份。具体来看，新加坡国有企业私有化的方式有四种：其一，部分私有化，即政府依然保持对企业的控制权，只出售小部分股份；其二，实质私有化，即把管理权转让给私人，国家变成小股东；其三，进一步私有化，即进一步降低国有股份的比重；其四，全部私有化，即国家股份完全退出。

自1986年12月新加坡国企开始进行私有化以来，截至1993年，已有30家国有企业参与了私有化。其中，15家企业是新挂牌上市的，20家企业全部出售国家股权成为私有企业，国家收益不少于70亿新元。

新加坡国有企业改革的力度不可谓不大，就连新加坡电信公司也进行了私有化，截至目前，新加坡的国有企业不足20家。

经验借鉴

（1）私有企业不一定优于国有企业。

提起国有企业，人们就会想到业绩差、效率低，这是长期以来人们形成的关于国有企业的思维定式。人们认为只有私有企业才能具有高效率。但从新加坡的国有企业和国有企业改革后的经营状况来看，并非如此，有一些国有企业通过优化管理也能经营得很好。1989年，关于新加坡500家大型企业的调查显示，国有企业、跨国公司和本地私有企业的平均利润率分别是28.8%、7.3%和2%。

（2）健全的社会保障制度是国企改革的基础。

新加坡很早就建立了完善的社会保障体系，无须国有企业承担过多的社会责任。新加坡颁布了多部法律来规范国有企业的管理，建立了完善的激励约束机制，把企业长远利益和个人利益较好地结合起来，极大地调动了经营者的积极性。相对来说，在完善的社会保障体系的基础上，新加坡的国有企业管理和国企改革的成本较低、阻力较小。

俄罗斯：从混乱到有序

俄罗斯的国有企业改革可以分为两个阶段，一是苏联计划经济时期的国有企业改革，二是苏联解体后俄罗斯经济转轨过程中国有企业的私有化改革，在这里我们主要讨论第二个阶段。

20世纪70年代，苏联经济几乎停滞，80年代开始下滑，政治危机和经济危机都达到了顶峰。1990年3月11日，立陶宛的独立拉开了苏联解体的序幕。1990年6月12日，俄罗斯独立，这一天也是俄罗斯民主改革的起点。1991年6月，叶利钦当选俄罗斯第一任总统。1991年12月，叶利钦签署的《俄罗斯国有和地方私有化纲领基本原则》成为国有企业私有化改革的临时纲领，启动了极具争议的俄罗斯国有企业私有化运动。

有巨大争议的国企改革

1987年，苏联批准《国有企业法》，给予国有企业经营自主权；1988年通过《合作企业法》，允许建立合作企业；1990年通过了《公司法》；1990年8月，私有化的合法性被确认；1990年12月，《俄罗斯企业和企业行为法》实施，允许各种类型的企业并存。

上述法律确立了私人经济的合法地位，增加了企业的自主权和管理层的权力，部分国有企业领导人开始利用这一机会，通过建立新公司、赎买或租赁等方式，将国有企业的财产变为私人财产。当时是国家体制转型的特殊时期，国有资产私有化过程不透明，导致大部分国有资产落入小部分权贵阶层和内部人手中。这加剧了贫富分化，争议极大，甚至被认为是一场对国有资产的盗窃。

私有化改革的转折点

1991年，叶利钦总统批准《俄罗斯国有和地方企业私有化纲领基本原则》。刚开始，国有企业的私有化以小型企业为主。小型国企私有化的主要方式有财产租赁、拍卖、投标、建立股份制企业等，其最大的特点是资金门槛比较低，社会矛盾小，不易引起激烈冲突，进展较为顺利。截至1993年，有将近70%的俄罗斯小型国有企业变成了私人企业。

1992年6月30日，俄罗斯政府通过了《深化经济改革纲领》，改革开始进入激烈阶段。纲领明确提出了进一步私有化的目标，即私人掌握的生产资料占据国民经济全部资产的比重，到1993年、1994年和1995年分别不低于30%、50%和60%。这就要求国企私有化改革必须开始覆盖大中型国有企业。

1992年7月~1994年6月，大中型国有企业的私有化主要以证券化的方式进行，通过发放私有化证券的方式无偿转让私有化企业资产，公民可以用私有化证券购买公司股票，或者以私有化证券入股投资基金股份，也可以通过直接出售私有化证券获取现金。这一阶段，政府考虑的主要是民间资本有限，私人资金不足以支撑起国有资产的出售。但是，由于这一时期俄罗斯货币币值不稳定，资产定价失灵，加上无偿发放私有化证券的方式没能给国家带来任何财政收入，效果并不好，这一方式于1994年6月被废除。

1994年7月~1997年7月，国有企业私有化以货币私有化的方式进行，即按照市场价格出售国有资产，将私有化和投资活动结合起来，修复了上一阶段私有化的弊端，为政府增加了财政收入，同时达到了促进企业投资的效果，使私有化走上了股份制的规范化道路。

从1997年开始，俄罗斯政府开始有选择地针对大型国有企业进行私有化改革，包括通讯、石油和航空等。截至1998年8月，俄罗斯私有经济成分的比重首次超过国有经济。到1999年，国家保留的国有经济主要是军工系统。

2000年3月，普京成为俄罗斯总统，进一步加大了私有化的力度。2001年，普京签署《关于国家及地方资产私有化联邦法》。此后，俄罗斯的私有化开始进入稳定、有序的阶段。

经验总结：不可忽略的国有资产流失问题

俄罗斯国有企业私有化改革过程中出现了严重的国有资产流失问题。从表面看，国家规定人人均有机会，但在实际操作中，大部分职工和公民手中的权利被少数权贵和内部人以极低成本获取，使得贫富两极分化加剧，社会矛盾尖锐。

拉美：法律制度的有力支撑

20世纪70年代之前，拉美国家建立了大量的国有企业，通过对国有企业的掌控，建设了大量基础设施，促进了经济的繁荣与发展。70年代后，随着新自由主义的兴起，拉美国家先后进行了经济改革，其中以国有企业私有化改革为主。

改革过程

智利是第一个进行国有企业私有化改革的拉美国家，紧随其后的有墨西哥、阿根廷、巴西、哥伦比亚、委内瑞拉和秘鲁等国家。这些国家在私有化改革之前，国有企业数量多、规模大、涉及领域广，普遍存在着国有企业效率低下和亏损严重的问题，并且伴随着政府的巨额赤字。之后，各国根据各自的国情，进行了形式多样的私有化改革。

为了保障私有化改革顺利进行，拉美各国通常采取两种措施：通过媒体进行大量前期宣传，营造私有化改革势不可挡的局面；修改宪法或者颁布新的法律，赋予政府改造国有企业的权力。经过近30年的国有企业改革，拉美各国的国有企业业绩普遍得到改善，产量和效益增加，劳动生产率提高，政府财政好转，赤字大幅缩小。但与此同时，私有化改革也增加了失业率，加剧了社会的不公平。

经验总结

（1）避免垄断。

拉美国家私有化改革的最大成果就是，促进了市场竞争，从而提高了企业效益。

（2）防止国有资产流失。

拉美国家在面临国有资产流失问题上主要采取了两种措施：一是通过完善定价机制，合理评估国有资产的价值；二是提高交易的透明度，国有产权转让主要通过公开市场进行交易。

（3）没有妥善解决失业问题。

拉美国家国有企业改革以发展私有经济为主要方向，在效率与公平上更加注重效率，出现了经济复苏但失业率更高的现象。联合国国际劳工组织的报告显示，拉美国家2016年的失业率为8.1%，总失业人数达2 500万。拉美国家原本就存在失业率过高的问题，国有企业私有化以后，新的企业为了提高生产效率，进行大批量的裁员，加重了失业问题。

英国：政治强人推动

作为现代资本主义和国有企业的发源地，英国的国有企业发展主要分为两个阶段：一是20世纪初到20世纪70年代末的国有化运动；二是20世纪70年代末到20世纪末的国有企业私有化改革。

撒切尔夫人 "导演" 的私有化改革

1979年，撒切尔夫人率领的保守党获得执政地位，从此开展了一场规模巨大的私有化运动。该私有化运动大概可以分为三个阶段。

1979—1983年，私有化改革率先从竞争性领域和营利性优质国有资产入手，主要通过出售对应公司的股票和资产，完成国有经济向私人经济的过渡，这一过程并没有太大的难度。

1984—1993年，私有化改革开始涉及垄断部门和亏损企业，英国钢铁公司、造船公司和车辆制造公司先后被出售，之后又逐步完成了电信、航空、燃气、自来水和电力等行业的私有化。

1994—1997年，英国针对难度最大的三个行业进行了私有化改革，分别是煤炭、核能、铁路，政府出售了铁路路网公司和铁路运输公司。至此，英国第一轮私有化运动落幕。

此后，英国并没有停止私有化进程。英国原有的国有企业目前仅剩三家，分别是英格兰银行、BBC公共频道和英国皇家邮政，后两者一直受到私有化的舆论压力。

经验总结

（1）政府明确支持国企改革且不反复。

国有企业改革牵扯到多方利益，国家和政府的支持态度必须明确且不反复，否则改革的难度和不确定性会显著增加。

（2）先易后难的改革顺序。

国有企业改革应当先从竞争性领域和经营良好的企业入手，先易后难，减少阻力，积累经验，逐步进入改革深水区。

（3）确保交易过程透明。

国有企业改革牵扯到相关财产的再分配，必须确保交易过程公开透明，对国有资产合理定价，增加投资者对国企改革的信心。

东欧国家：区域性、多路径改革

东欧国家国企改革的方式是多种多样的，具体有以下几种。

直接出售

波兰、匈牙利等国家在国有企业私有化的初始阶段，均选择将前景良好的国有企业以拍卖、招标的形式出售。这借鉴了英国开创的最为直接、有效的私有化模式。

票据私有化

票据私有化是东欧国家首创的私有化方式，即在国有企业进行股份制改造后，将其平均分配给全体公民或全体成年公民，有的通过成立基金来管理国有企业，然后将基金份额分配给公民。与直接出售的方式相比，票据私有化的方式受到公民的广泛欢迎。但这种方式不能为国家带来财政收入，并且无法引进新的战略投资者，没有从根本上改善国有企业的处境，因此很多国家提前放弃了这种方式。

员工持股

很多东欧国家允许企业员工集资购买企业全部或部分股权,国家通过廉价出售或者提供贷款等方式激励员工购买企业股票。这种方式同样受到公民的广泛支持,在获得一定财政收入的同时,员工持股有利于建立长期激励机制。

外国国有企业改革对中国的启示

国有企业改革需要有法律保障

依法改革首先要有法可依,法律保障是国有企业改革的基础。国企改革的顶层设计,要考虑到政策的连贯性,不宜反复调整政策,从而导致改革走走停停,形成大量改革套利机会。

执法必严也同样重要,国企改革要严格依照法律和政策的要求,确保国有资产的评估合理合法,交易的过程透明合法。

营造公平的市场竞争环境

国有企业最典型的问题是,国有企业获取了大量优质资源,但未充分发挥这些资源的价值,资源配置效率低,形成了社会资源的浪费。也就是说,国有企业生产关系的调整不到位,限制、影响了国有企业的生产力水平。国企改革,不仅要调整好国有企业内部的生产关系,也要营造公平的外部市场竞争环境,通过市场化力量帮助国有企业优胜劣汰,增强企业竞争力。

建立以员工持股为核心的长期激励机制

国有企业大部分的有形资产或无形资产,均可以通过资产评估确定其价值。但国有企业中的优秀人力资本是被低估的,无论是国企员工在企业发展过程中做出的贡献,还是国企员工未来对企业的重要性，均没有一定的科学标准来衡量。

建立以员工持股为核心的长期激励机制，是国企改革中非常重要且敏感的核心环节之一。针对不同类型、不同规模的国有企业，其长期激励机制的方案是不同的，有的可持真实股权，有的可持虚拟股权，有的可持分红权，还有的可持股票期权。

从长周期角度评估国企改革的成败

世界各国的国企改革有成功经验，也有失败教训，不过从整体来看，国有企业改革是利大于弊的。从微观角度来看，并非所有参与改革的国有企业都能实现效用最大化，部分企业在改革后被市场淘汰，也有一些国企改革存在违法违规行为，这些都是改革中的正常现象，不能因为出现了问题就否定国企改革的重要性和必要性。

国有企业是我国社会主义市场经济的重要组成部分，是公有制的主要实现形式。国有企业改革，事关经济体制改革的成败，只要国企改革的方向是正确的，国企改革的决心是坚定的，国企改革的作用就是正面的。在国有企业改革的过程中，要有"不怕牺牲"的精神，剜除"毒瘤"的过程难免会经历短暂的阵痛。国有企业的改革与国家发展紧密相连，只要相信国家能发展好，就可以相信国有企业通过改革也一定能发展好，但评价国有企业改革的得失，不应以一时一点为评判标准，需要通过较长的历史周期来衡量。

混合所有制经济

混合所有制经济，是指财产权分属于不同性质的所有者的经济形式，包含两方面的含义。一方面是，就整个国民经济而言的所有制结构，以及由此决定的社会经济基础和形态。另一方面是，就企业个体而言的产权结构，以及相应的公司治理结构。前者从宏观上决定社会经济制度的性质和根本特征；后者从微观上决定企业的产权性、质利益、责任及风险的制度安排。混合所有制经济结构是个体企业可以采用混合所有制产权结构的前提和制度基础，个体企业的混合所有制则是形成混合所有制经济结构的重要方式和必然逻辑。考察混合所有制经济，可以从宏观和微观层次展开，但不应将两者割裂开来，无论是宏观层面，还是微观层面，混合所有制经济本身既是经济制度的实现形式，又是一定历史条件下社会经济制度的本质特征。

混合所有制经济的主要性质，由其控股主体的所有制形式来决定。混合所有制突破了公有制和私有制的界限，公有制的国有资产和非公有制的私人资产，都已融合为企业的法人财产权。通过现代企业制度的法律形式，各利益主体之间构成一种混合的、复杂的产权制度安排。

在科学社会主义的实践历史中，苏联和中国都曾采用过不同程度和形式的混合所有制经济。但它们只是一种暂时的过渡，随着斯大林模式的确定、我国社会主义公有制改造的基本完成，新经济政策就被取消了。现在我们所说的混合所有制经济，是针对传统计划经济体制下的所有制结构而展开的改革形态，主要是指改革开放后以明晰产权为标志的经济所有制结构。

从宏观上看，我国混合所有制经济的探索大体上经历了四次大的演变，这些变化以党的代表大会和全国人民代表大会所做出的决议以及相关的法律规定为标志。

一是承认个体经济。1982年，中共十二大决议中肯定了存在的个体经济。1982年12月，第五届全国人大修改了《宪法》，明确了城乡个体经济是社会主义公有制经济的有益补充。

二是进一步承认私营经济的存在和发展。1986年，中共十二届六中全会的决议中，首次明确提出在社会主义公有制为主体的条件下发展多种经济成分，首次承认了混合所有制结构。1988年4月，第七届全国人大修改《宪法》，明确允许发展私营经济，并且把私营经济作为社会主义经济的有益补充,国家保护其合法权利,同时予以引导和监督。

三是肯定非公有制经济是我国社会主义市场经济的重要组成部分。1992年,中共十四大决议确立社会主义市场经济体制,并指出在所有制结构上,应以公有制为主体,个体、私营、外资为补充,多种经济成分长期共同发展。中共十五大决议则进一步明确,公有制为主体、多种所有制经济长期共同发展,是社会主义初级阶段的一项基本制度,进而把混合所有制结构的形态概括为社会主义初级阶段的基本制度特征。

四是进一步强调坚持混合所有制结构。2002年,中共十六大强调"两个毫不动摇",即毫不动摇地巩固和发展公有制,毫不动摇地鼓励、支持、引导非公经济发展。2004年3月,十届人大二次会议修改《宪法》,承认私有财产不受侵犯,在肯定、保护公有财产的同时,第一次明确保护私有财产权和继承权。2007年3月,十届人大五次会议通过《物权法》,进一步细化保护公有财产权和私有财产权。

经过上述四次大的演变,现阶段我国的混合所有制经济结构,在理论和法律制度上被正式确定下来。

混合所有制经济的起源与发展

混合所有制经济的发源地——英国

公私合作模式起源于英国。19世纪,英国工程师查德威克(Chadwich)提出在地方污水处理和卫生服务方面,可以采用特许经营的方式改进效率。这被视为公私合作模式的雏形。

英国政府于1992年提出了公私合作的融资模式,即政府部门根据社会对基础设施的需求,提出需要建设的项目,通过招投标,由获得特许经营权的私营部门进行共有基础设施项目的建设与运营,并在特许经营期结束时将所经营的项目归还政府,而私营部门则从政府部门或接受服务方收取费用以回收成本。这种模式是现代公私合作模式诞生的标志。

英国混合所有制经济的发展历程

英国先后经历了自由资本主义、垄断资本主义和混合市场经济三个阶段。二战之后,英国出现了国有和私有并存的混合经济形态,此后混合所有制经济在英国快速发展。至今,英国已形成国有经济和私有经济并存的经济格局。英国混合所有制经济的发展可以概括为四个阶段:第一阶段发生于1945—1978年的工党执政时期,第二阶段发生于1979—1996年的保守党执政时期,第三阶段发生于1997—2010年的工党执政时期,第四阶段发生于2010年至今的保守党执政时期。

第一阶段,国有化

二战之前,英国经济已经出现国有化的痕迹,如18世纪建立的皇家兵工厂和皇家船舰修建所。但真正大规模的国有化,是从二战后接替丘吉尔(Churchill)担任英国首相的艾德礼(Attlee)开始的。

民主社会主义产生于一战后,在二战后广泛传播于西欧国家,其主张在不改变资本主义政治和经济制度、不触动资产阶级根本利益的前提下,通过选举,使社会主义者进入议会和政府机构,实现社会主义,制定发展公共经济的政策,使资本主义经济变为公私混合经济。

艾德礼是凯恩斯主义的坚定拥护者,也是民主社会主义的代表人物之一。他执政后开始在英国进行社会主义实验,先后颁布了各种法律来实行国有化改革,拉开了英国国有化运动的序幕。接下来一段时期的国有化,促进了英国混合所有制经济的形成与发展。

1945年,工党发布《让我们面对未来》的竞选纲领,宣称自己是社会主义政党,并击败长期执政的保守党。1946年3月,政府把英格兰银行（如今的英国央行）收为国有。随后，英国政府通过了《煤炭法》《运输法》《民航法》《电力法》，并在相关领域建立了国有企业。电信公司、天然气公司以及大量钢铁公司也在这一时期实行了国有化。以上措施的目的部分是解决战后的就业问题，当时很多企业面临破产危机。截至1951年，英国国有经济的占比达到20%，政府对基础设施领域的控制力度大大加强。

艾德礼执政时期的国有化方式主要有：通过收购把私人企业收为国有；由国家出资建立新的国有企业；国家出资参股私人企业；与私人资本联合投资新企业。这些措施并没有改变私营经济主导市场的格局，却使英国向混合所有制经济迈出了一步。

艾德礼离任之后的相当一段时期，执政权都掌控在保守党手中，国有化告一段落，直至哈罗德·威尔逊（Harold Wilson）带领工党再次击败保守党竞选成功，但已经时隔13年。

1965年，英国政府通过了新的国有化法案，1968年通过《运输法》，对机场、港口和部分货运公司进行了国有化改造。这是一场小规模的国有化运动，其突出特点是政府财政帮助私营企业发展。

在接下来的几年里，工党和保守党交替上台。1976年4月5日，詹姆斯·卡拉汉（James Callahan）代表工党上台执政，国有化运动的浪潮再次升起。卡拉汉执政期间成立了英国石油公司，并将港口和运输进行了国有化改造。20世纪70年代末，英国政府在铁路、煤炭、邮政等领域基本实现了国家完全垄断，在航空、钢铁、汽车等行业，国有化比例超过50%。

英国国有化浪潮在这一时期达到顶峰，混合所有制经济的地位已经相当牢固。但是，即将到来的私有化运动将推翻工党的执政理念，民主社会主义岌岌可危。

第二阶段，私有化

1979—1997年，保守党迎来了长达18年的稳定执政时期，新上任的撒切尔夫人显然对社会主义政党的执政理念不满,她甚至公开宣称,要埋葬工党的社会主义。

值得注意的是,在艾德礼至卡拉汉时期,保守党的执政时间比工党还要长,他们有足够多的机会破坏工党的社会主义蓝图。但那时的保守党和工党之间达成了共识,这种共识建立在凯恩斯主义的基础上,即保守党不会推进激烈的国有化运动,但是他们也不会公然和工党对着干,而是选择默认工党的执政理念。从本质上看,国有化是战后英国经济恢复的一种重要手段,符合当时的英国国情。

随着国有化的推进,国家过度干预经济的弊端逐渐凸显,国有经济的地位逐渐降低,并且,1979年的英国正在经历一场经济危机。因此,撒切尔被迫抛弃和工党的友好共识,也放弃了工党的社会主义理想,摒弃了凯恩斯主义,转而信奉货币主义,开始推崇以弗里德曼(Friedman)为代表的新自由主义,推行一套以现代货币主义和新自由主义为核心的经济政策。

出售英国石油公司,是英国私有化的开场曲。1981—1983年,英国政府出售了英国宇航公司、英国石油公司和英国联合港口的股份,并把无线电公司和国际航空公司全盘私有化。1984年,英国政府出售英吉利海峡轮渡公司和美洲虎汽车公司。1986年,英国政府出售英国电讯公司和英国天然气公司。1987年,英国政府出售英国航空公司和英国宇航公司近一半的股份。1988年,撒切尔政府第一次向公众表示,私有化无禁区,将私有化进程推向电力、供水、天然气等国有垄断企业。

英国政府实行私有化的方式很多,其中有一种方式值得注意,即在整体出售某些特殊行业的国有企业时,政府采用黄金股(特权优先段)的形式保留对企业的最终控制权。黄金股是英国私有化改革过程中的发明。英国政府在转让国有股份的同时,发行由政府或财政部持有的黄金股,黄金股的特权是即使将国有企业的股份完全出售给私人,政府仍然可以通过持有的黄金股在一定范围内对企业进行管理和控制。除此之外，私有化改革方式还有私人承包、公私合营、管理层收购、员工持股和放松管制等。虽然私有化改革使原来处于劣势的国有经济成分的比重进一步降低，但也创造出新的混合所有制企业，使国有资本和私人资本之间的关系更加错综复杂，混合所有制经济的特征更加明显。

第三阶段，混合所有制经济

1997年，工党重新获得执政权，托尼·布莱尔（Tony Blair）担任首相。时代在进步，工党的执政理念也在进化，重新掀起国有化浪潮和遵从保守党的私有化方针，似乎都不是一条最好的道路。于是，英国社会主义政党提出了具有英国特色的社会主义理论体系，修改了党章，并由此开启了英国的新混合经济时代。

新混合经济不再一味地强调国有化或私有化，而是主张在两者之间寻求一种平衡，这是一种既认可政府管制，又认同自由经济的理念。首先，工党放弃全面推行国有化的政治主张，寻求管理与放任之间的一种平衡。其次，工党设立政府引导基金，用于推动中小企业发展和鼓励创新创业，设立基金的方式极大地撬动了民间资本，进一步促进了英国混合所有制经济的发展。

第四阶段，大社会

2010年5月，保守党领袖戴维·卡梅伦（David Cameron）执政，此时的英国刚刚经历了2008年的金融危机，经济剧烈下滑并产生了巨大的财政赤字，为此卡梅伦政府发起了"大社会"计划，将更多的权力和资金下放给社区、慈善机构和公众，以进一步提高公共服务的效率和水平。

"大社会"的概念是卡梅伦在竞选宣言中首次提出的，他主张给民众和地方政府更多权力，让他们承担更多责任，建立一个"更大、更强的社会"，"大社会"计划在发展经济上主要包括两个方面。一方面，走发展绿色混合所有制经济的道路。2010年10月，英国政府成立绿色投资银行，这是一家由政府完全持股的企业。绿色投资银行成立后，投资了很多绿色企业和项目，激发了社会资本的投资热情，促进了公私资本的融合，推动了混合所有制经济的发展。另一方面，下放权力和资金，精减政府审批程序，提高了决策效率，有利于企业的自主经营管理。

整体来看，在英国工党和保守党轮流执政过程中形成的混合所有制经济，在国有资本和私人资本的相互混合过程中，得到了较快发展。英国混合所有制经济的发展史也是世界混合所有制经济格局形成的一个缩影。

世界混合所有制经济格局的形成

即使在以私有经济为主的国家，混合所有制经济的发展也和国有企业密不可分。19世纪后半叶，国有企业的存在多是为了满足自由市场条件下服务公用事业的职能。此后，随着资本主义的发展，国有企业在经济活动中服务私人资本的作用越来越明显，19世纪末，在资本主义从自由竞争向垄断发展时，国有企业起到了辅助和引导私人资本发展的作用。

在两次世界大战期间，国有企业作为服务战争的工具大量涌现。此外，1929—1933年的大萧条，首次暴露了资本主义的内在矛盾，这使国家干预经济成为资本主义经济发展的内在需要。此后，国有企业作为政府干预经济的手段，在西方国家发挥了重要作用。二战之后，西方资本主义国家在新科技革命浪潮的推动下，生产规模日益扩大，市场自由调节的缺陷逐渐显现，政府不得不介入生产活动进行调控，一些国家开始把掌管国家经济命脉的部门和企业收归为国家所有，还新创办了一些国有企业。

战后的国有企业在恢复被战争摧毁的生产力上发挥了重大作用，西方发达国家的国有经济比重上升，国有化涉及的范围日趋广泛。但是，到了20世纪80年代，恢复生产力的需求逐渐减少，国有企业开始暴露出效率低下的问题，私有化浪潮出现。在国有企业经历的兴盛与衰退中，世界各国的混合所有制经济得到发展，其间也形成了一批混合所有制企业。

同时，发展中国家为了摆脱发达国家的牵制，振兴本国经济，也积极发展国有企业，并推动了历史上两次重要的国有化浪潮。发展中国家的国有企业，除了受经济、政治和社会发展因素的影响，大多还受之前殖民主义的影响，国有企业承担着发展国民经济的重任，通过发展国有企业使独立国家尽快走上经济增长、民族繁荣的道路。

随着时代的发展，经济的市场化和全球化使各国、各种所有制之间的经济融合程度不断提高。世界大部分国家根据各自的国情以及经济发展特点进行了所有制结构调整，放弃了单一的所有制形式，同时发展私营经济和国有经济，实现了多种所有制形式并存、不同所有制相互融合的混合所有制经济，从而走上了发展混合所有制经济的道路。

中国的混合所有制经济

发展混合所有制经济和改革国有企业的混合所有制，是在党的十一届三中全会决定实行改革开放政策的历史大背景下同时展开的。也就是说，我国的国企改革和混合所有制经济结构改革，真正起步于1978年的改革开放，国有企业的改革进程就是混合所有制经济结构的形成过程。

混合所有制改革进程

1982年9月，中共十二大报告提出："生产资料公有制是我国经济的基本制度，决不允许破坏。"个体经济是公有制经济必要的和有益的补充，"决不允许任何方面对它们排挤和打击"。

1987年10月，中共十三大报告提出："除了全民所有制、集体所有制以外，还应发展全民所有制和集体所有制联合建立的公有制企业，以及各地区、部门、企业互相参股等形式的公有制企业。"

私营经济"是公有制经济的必要的和有益的补充","对于城乡合作经济、个体经济和私营经济,都要继续鼓励它们发展"。

1992年10月,中共十四大报告提出:在所有制结构上,以公有制(包括全民所有制和集体所有制)经济为主体,个体经济、私营经济、外资经济为补充,多种经济成分长期共同发展,不同经济成分还可以自愿实行多种形式的联合经营。国有企业、集体企业和其他企业都进入市场,通过平等竞争发挥国有企业的主导作用。这是我国第一次提出"联合经营"的概念。

1993年11月,中共十四届三中全会通过《中共中央关于建立社会主义市场经济体制若干问题的决定》,提出:在积极促进国有经济和集体经济发展的同时,鼓励个体、私营、外资经济发展,随着产权的流动和重组,"财产混合所有的经济单位越来越多,将会形成新的财产所有结构"。

1997年10月,中共十五大报告指出:"公有制经济不仅包括国有经济和集体经济,还包括混合所有制经济中的国有成分和集体成分。"这是我国第一次正式提出混合所有制经济的概念。

1999年9月,中共十五届四中全会通过的《中共中央关于国有企业改革和发展若干重大问题的决定》提出:"国有大中型企业尤其是优势企业,宜于实行股份制的,要通过规范上市、中外合资和企业相互参股等形式,改为股份制企业,发展混合制经济。"这是我国第一次提出发展混合所有制经济。

2002年10月,中共十六大报告提出:"除极少数必须国有独资的企业外,积极推行股份制,发展混合所有制经济。"

2003年10月,中共十六届三中全会通过的《中共中央关于完善社会主义市场经济体制若干问题的决定》提出:"进一步增强公有制经济的活力,大力发展国有资本、集体资本和非公有资本等参股的混合所有制经济。"这是我国第一次明确界定混合所有制经济。

2007年10月,中共十七大报告指出:"以现代产权制度为基础，发展混合所有制经济。"

2013年11月，中共十八届三中全会通过的《关于全面深化改革若干重大问题的决定》提出："积极发展混合所有制经济。国有资本、集体资本、非公有资本等交叉持股、相互融合的混合所有制经济，是基本经济制度的重要实现形式，有利于国有资本放大功能、保值增值、提高竞争力，有利于各种所有制资本取长补短、相互促进、共同发展。允许更多国有经济和其他所有制经济发展成为混合所有制经济。"

2014年3月，李克强总理在十二届全国人大二次会议《政府工作报告》中提出："加快发展混合所有制经济"，推进国企、民企的进一步融合，激发经济活力。

2015年3月，李克强总理在十二届全国人大三次会议《政府工作报告》中指出："有序实施国有企业混合所有制改革，鼓励和规范投资项目引入非国有资本参股。"

2015年9月，中共中央、国务院发布《关于深化国有企业改革的指导意见》，提出：推进国有企业混合所有制改革。以促进国有企业转换经营机制，放大国有资本功能，提高国有资本配置和运行效率，实现各种所有制资本取长补短、相互促进、共同发展为目标，稳妥推动国有企业发展混合所有制经济。

2015年9月，国务院发布的《关于国有企业发展混合所有制经济的意见》指出："发展混合所有制经济，是深化国有企业改革的重要举措"。"国有资本、集体资本、非公有资本等交叉持股、相互融合的混合所有制经济，是基本经济制度的重要实现形式。"

2016年3月，李克强总理在十二届全国人大四次会议《政府工作报告》中指出：要以改革促发展，坚决打好国有企业提质增效攻坚战。推动国有企业特别是中央企业结构调整，创新发展一批，重组整合一批，清理退出一批。推进股权多元化改革，开展落实企业董事会职权、市场化选聘经营者、混合所有制、员工持股等试点。

2016年6月，国务院决定在电力、石油、天然气、铁路、民航、电信和军工七大领域加快推进混合所有制改革，选择一批国有企业开展混合所有制改革试点示范。

2016年9月，国家发改委召开专题会研究部署国企混合所有制改革试点工作，将东航集团、联通集团、南方电网、哈电集团、中国核建、中国船舶等中央企业纳入七大领域中的试点企业。

2016年12月，中央经济工作会议强调，混合所有制改革是国企改革的重要突破口，要求在电力、石油、天然气、铁路、民航、电信、军工等领域迈出实质性步伐。

2017年12月，中央经济工作会议提出，要"推动国有资本做强、做优、做大，完善国企国资改革方案，围绕管资本为主加快转变国有资产监管机构职能，改革国有资本授权经营体制。加强国有企业党的领导和党的建设，推动国有企业完善现代企业制度，健全公司法人治理结构。要支持民营企业发展，落实保护产权政策，依法甄别纠正社会反映强烈的产权纠纷案件。全面实施并不断完善市场准入负面清单制度，破除歧视性限制和各种隐性障碍，加快构建新型政商关系。"

2018年3月，十三届全国人大一次会议的《政府工作报告》指出："首先，推进国资国企改革。制定出资人监管权责清单。深化国有资本投资、运营公司等改革试点，赋予更多自主权。继续推进国有企业优化重组和中央企业股份制改革，加快形成有效制衡的法人治理结构和灵活高效的市场化经营机制，持续瘦身健体，提升主业核心竞争力，推动国有资本做强、做优、做大。稳妥推进混合所有制改革。落实向全国人大常委会报告国有资产管理情况的制度。国有企业要通过改革创新，走在高质量发展前列。其次，支持民营企业发展。坚持'两个毫不动摇'，坚持权利平等、机会平等、规则平等，全面落实支持非公有制经济发展的政策措施，认真解决民营企业反映的突出问题，坚决破除各种隐性壁垒。构建新型政商关系，激发和保护企业家精神，增强企业家信心，让民营企业在市场经济浪潮中尽显身手。再次，完善产权制度和要素市场化配置机制。产权制度是社会主义市场经济的基石。要以保护产权、维护契约、统一市场、平等交换、公平竞争为基本导向，完善相关法律法规。"

2018年4月，习近平总书记在博鳌亚洲论坛2018年年会的开幕式上指出，要继续扩大开放。

2018年4月，中央政治局会议强调"深化国企国资、财税金融等改革，尽早落实已确定的重大开放举措"。

截至目前，我国大部分省、市、自治区都制订了有关国有企业改革的方案和政策，对国企混合所有制改革提出了具体要求。上海、云南、新疆、吉林等地提出积极推进省（市）属企业上市及资产证券化；福建、北京、青海、四川、天津等力推员工持股试点。混合所有制改革已成为国企改革的重要突破方式。

我国混合所有制经济的现状

随着改革开放的不断深入，从20世纪90年代的股份制改革开始，混合所有制企业获得了快速发展，已经初具规模。要摸清混合所有制经济的发展现状，可以看两个指标：一是其占国民经济的比重，二是其对经济发展的贡献。

从比重来看，混合所有制经济规模大约占我国经济总量的1/3。据统计，中央企业及其子公司引入私人资本形成的混合所有制企业，已占总企业户数的52%。目前，90%的国有企业已实现了股份制改革，中央企业净资产的70%在上市公司。截至2012年年底，在中央企业及其控股的上市公司中，非国有股权比例已超过53%；在地方国有控股上市公司中，非国有股权比例已超过60%。有学者预测，按1992年以来我国混合所有制经济快速发展的趋势推算，到2020年，混合所有制经济占我国经济的比重在40%以上，将成为我国社会主义市场经济的重要微观主体。

从贡献率来看，混合所有制经济对国内生产总值、税收、就业的贡献率达到一半以上。数据显示，1999—2011年，混合所有制经济对全国税收的贡献率是逐年提高的，1999年占11.68%，2005年占36.57%，2011年占48.52%。目前，非公有制经济对国内生产总值的贡献率已超过60%，对税收的贡献率超过70%，对就业的贡献超过80%。

但是，在混合所有制经济发展过程中也暴露出一些问题。一是经营良好的国有企业没有接纳民营资本的动力和意愿，即便国有企业迫于压力接纳了民营资本，习惯于逢低吸纳的民营资本也很难接受国有企业的价格供给。二是经营不善的国有企业愿意和民营资本融合，但是民营资本不愿意进入。三是国有资产流失问题。大多数国有企业在当前严防国有资本流失的大环境下，对民营资本存在防范抵触情绪，观望意识浓厚。四是民营资本的保护问题。在实践中，要么是产权保护制度设计不合理，要么是产权保护法律难以落实，在执法和司法实践中往往走样，引发了诸多错判案件和群体事件。在强调国有资产保值增值、防止国有资产流失的同时，同样要严格保护民营资本的产权。五是关于混合所有制企业的实际融合问题。非公有资本与国有资本应该发挥各自优势，通过股东会、董事会和党委会的有机配合，实质改善公司治理结构。

中国发展混合所有制经济的意义

当前，中央再次提出大力发展混合所有制经济，表明其在经济发展和国企改革中具有重要意义。

第一，实践表明，混合所有制企业是能够适应社会主义市场经济制度的重要组织形式和实现形式。明确混合所有制经济的作用，为改革中大量出现与存在的混合所有制企业提供了制度合法性。

第二，混合所有制经济能帮助国有资本放大引导作用。比起国有独资企业，混合所有制企业可以只用一定量的国有资本吸收、带动其他非国有资本去扩大原有企业的生产经营、投资和技术创新，从而放大了国有资本的功能与力量。

第三，可以提升经济运行效率和活力。2010年、2011年、2012年，全国规模以上工业企业的资产利润率分别为4.9%、5.4%、4.6%，国有及国有控股企业的资产利润率分别为6.6%、8.4%、7.6%，说明混合所有制经济的效益较高。同时，发展混合所有制经济，有利于打破国有资本在一些行业中的垄断，可以为非公有制经济的发展提供新的空间，真正实现"国民共进"，使经济运行更有活力。

第四，有利于改善国有企业公司治理结构。混合所有制企业是按《公司法》建立的多元投资主体的股份制企业，具有更加规范的公司治理框架，同时，社会资本尤其是机构资本的加入，有利于改善一股独大带来的内部人控制和监管失效等问题。

三 案例分析：轮船招商局百年沉浮

145年前，轮船招商局在追求民族独立的时代浪潮中诞生，拉响了中国民族工商业崛起的第一声汽笛，揭开了中国近现代化建设的大幕。轮船招商局从洋务运动中走来，是中国近现代化的重要开启者，为中华民族"站起来"进行了艰辛探索。轮船招商局在改革开放中崛起，是发展市场经济的先行者，在"富起来"的过程中参与推动了许多重大变革。轮船招商局向实现中华民族复兴的伟大梦想迈进，努力成为社会主义现代化建设的新标兵，将在"强起来"的过程中发挥积极的作用。

1872年12月23日，曾国藩的爱徒李鸿章向清朝宫廷奏呈《试办轮船招商所》，同时向总理衙门奏请设局招商。三天后获准，轮船招商局在上海正式成立，总部设于上海外滩，成立之初，轮船招商局仅拥有3艘轮船，和当时雄霸黄浦江的英美轮船公司相比相形见绌。

轮船招商局是洋务运动中最浓墨重彩的一笔。轮船招商局作为

第一章　国有企业改革从1.0走到3.0

我国最早的股份制企业，在其后的一百多年里成长为民族工业的先锋，对中国近现代经济史、社会发展史、航运史和金融史有非常重要的意义。

轮船招商局在这百年中几乎经历了所有可能的所有制形式，如官督商办、全部商办、收归国有、有限公司、国营企业，最终在1978年迎来了改革开放的春风，作为改革开放的领军企业，迎来了崭新的篇章。今天的招商局集团是我国驻港大型企业集团，香港四大中资企业之一，总部设在香港，是中央直接管理的国有重要骨干企业。2017年，招商局集团各项经济指标再创新高：实现营业收入5 844亿元，同比增长18%；利润总额为1 271亿元，同比增长14.3%，在央企中排名第二；截至2017年年底，集团总资产为7.3万亿元，同比增长7.8%，规模在央企中排名第一。就金融机构资产规模而言，招商局集团以69 403亿元的总规模高居榜首，在所有央企中可谓一览众山小。排第二位的华润集团，旗下金融机构的总资产为9 674亿元，仅是招商局集团的零头。

背景介绍

鸦片战争后，《南京条约》《北京条约》等一系列丧权辱国的不平等条约给已经满目疮痍的晚清中国带来的冲击不仅是失去了宝贵的土地和白花花的银两，打开国门后，大量外国资本侵蚀民族产业，本就羸弱的经济基础受到了重创，每年外国列强从中华大地攫取大笔财富。加上太平天国农民起义，交战消耗军费甚巨，清政府的财政情况已经岌岌可危。此时，兴办企业以开财源是迫切需要。

清朝时期，南方的粮食运往北方大多用一种特殊的中国旧式帆船——沙船运输，仅上海经营粮食运输的沙船就有5 000余艘。随着清政府签署的一系列不平等条约，外国轮船进入中国航运业，由于其航程更远、效率更高、成本更低，给当时国内沙船运输以致命打击。到1860年前后，国内沙船运输几乎破产，外国洋船几乎以碾

77

压形态垄断了中国全部的航运。李鸿章曾这样表述："各国通商以来，中国沿海沿江之利，尽为外国商轮侵占。"如何解决漕粮北运的问题，是清朝政府关注的焦点。因此招商局的创立被视为"经国宏谟"，被寄予厚望。招商局没有辜负历史的期望，为推动中国近现代化的进程做出了积极贡献。

成立

开办企业，第一要务就是筹措资金，创办初期李鸿章坚持官办，招股之路遇到很大困难，有经济实力的商人担心资金落入官办企业手中，政府干预经营，风险不可控制。1873年，李鸿章转换思路，将官办转为官督商办，开始新一轮募集资金。所谓官督商办，是指企业没有政府股份，不承担企业风险，但政府以借贷资本的形式垫付了大量的款项以资助企业初期的建立，不论企业盈亏，都以官利的形式按期付息；另外，界定了经营管理原则和政府组织大纲方针，盈亏由商人负责，经营管理权掌握在代表政府的洋务派手中。李鸿章希望通过这种特殊的企业经营形式，在保留中国传统商号经营形式的同时引入西方先进的股份公司制度，与洋务运动的主导精神"师夷长技以制夷"一致。

清朝政府对官督商办的创新形式一直存在不同的声音，认为商办形式给商人太多管理权，朝廷丧失了主动权。国子监祭酒王先谦弹劾上海轮船招商局"归商不归官，局务漫无钤制，流弊不可胜穷"，要求朝廷把该企业完全收归官办。除了面临清朝政府施加的压力，轮船招商局还面临欧美轮船公司的激烈竞争。成立之初的几年，轮船招商局的处境十分艰难，外国公司具有先发优势，更在舆论上施压发表不利言论，低价倾销，通过打价格战的方式，企图将轮船招商局扼杀在成立之初。这里不得不提的是，在如此不利情形下力挽狂澜，将轮船招商局形势逆转的除了李鸿章，还有两位主管经营的"经理人"——唐廷枢和徐润。

1873年，唐廷枢和徐润走马上任，他们作为真正的"职业经理人"给招商局带来了西方全新的公司管理制度，也带来了雄厚的资金。他们坚持"局务由商任不便由官任"，按"买卖常规"即市场经济原则进行招股，招商局的股票在市场上引起了热烈反响，加上唐、徐二人和亲友的认购，股票供不应求。

发展

李鸿章坚持"商为承办，官为维持"的原则，并在经济力量和政策扶持方面给予轮船招商局有力支撑。一方面调拨官银，减缓支付官银利息，降低企业资金成本；另一方面将漕粮运输分配给轮船招商局，增加业务收入。清政府的支持加上唐、徐两位大买办商人的用心经营，轮船招商局很快扭亏为盈，摆脱了破产危机，甚至在与欧美航运公司的竞争中占据优势地位。1877年轮船招商局自筹100万两白银，向官方借款100万两白银，收购了美国旗昌轮船公司，自此轮船招商局在黄浦江上的航运份额占比过半。

然而，随后轮船招商局的官办势力逐渐占据主导地位，将唐、徐二人排挤出局，官方行政干预企业经营的情况愈发严重。1885—1911年，在盛宣怀主持经营工作期间，轮船招商局业绩下滑，政府及官员各方势力瓜分企业盈利，每年分配盈利的九成以上，留存企业发展的资金少之又少。

即便如此，轮船招商局仍然是同期最为成功的商办企业。清廷户部高度评价轮船招商局的经营成果："谋深虑远，实为经国宏谟，固为收红海之利，以与洋商争衡，转贫为富，转弱为强之机，尽在此举。"据统计，1884—1911年，轮船招商局和电报局报效官府白银350万两，占两局股本总额的六成。轮船招商局的成功让当时的中国社会看到了民族产业的希望，后续出现了一轮投资民族产业的热潮，矿务局、电报局、纺织织布局等官督商办企业相继创立。李鸿章曾经如此评价："招商轮船，实为开办洋务四十年来最得手文字"。

衰落

1911年清政府倒台，轮船招商局重新选举董事会，进入完全商办时期。

1927年南京国民政府成立，国民政府有意全面接管轮船招商局，以"整理清查"的名义派驻专员进入轮船招商局，受到当时董事会的坚决抵制。然而在强权之下，斗争以失败告终。

1930年，国民政府将轮船招商局全部收为国有，并更名为国营招商局。

抗日战争胜利后，轮船招商局迎来了发展历史上的小高潮，接收敌伪船舶2 000多艘，接手码头、仓库、地产和造船厂等，并不断开辟新航线，将经营范围扩展到印度洋、太平洋和大西洋。截至1947年，轮船招商局共有船舶246艘，吨位合计25.7万吨，约占全国船舶总吨位的40%，成了当时中国最大的航运企业。

1948年10月，轮船招商局完成股份制改造，制为招商局轮船股份有限公司（简称招商局）。同年，招商局在日本东京设立分局，在横滨、神户设立办事处，积极开拓中日航运业务。

1950年，香港招商局在中华人民共和国成立后，在面对抉择的历史时刻，高举爱国主义旗帜，宣布起义回到祖国母亲的怀抱。香港招商局的回归给刚刚成立的新中国带来了船队和数百名船员，为新中国航运事业打下了坚实的基础。

复兴

回归时的招商局相对其巅峰时期已经大大衰落，在新中国成立初期也难以得到发展，1956年之前只能靠国家补贴来维持。在经历了三年国民经济恢复时期之后，随着第一个五年计划的开始，我国的外贸及航运事业开始恢复和发展，招商局的作用也开始凸现出来，尤其是在航运事业上。1956年，招商局进出口代理及中转量为

180 056 吨，到 1978 年，这一数字增加到 2 891 739 吨，增长了整整 15 倍。不过这只是一些小打小闹，1978 年的改革开放才是招商局发展过程中的分水岭。

1978 年 10 月 9 日，交通部向党中央国务院报送了《关于充分利用香港招商局问题的请示》，三天后获批。百年企业招商局重新焕发青春，迎来了新掌门人袁庚，他用 24 个字的经营方针"立足港澳、背靠国内、面向海外、多种经营、买卖结合、工商结合"为招商局设计了宏伟蓝图。

袁庚在经过深入的考察之后，认为只有在临近香港的广东沿海地区建立工业区，才能同时利用国内廉价的生产成本和国际资金及先进技术两方面的优势，最终这一地区被选在了深圳蛇口。1979 年 1 月 31 日，建立蛇口工业区的设想获国务院副总理李先念、谷牧批准，招商局蛇口工业区由此创立，这一天被蛇口人认为是蛇口工业区的诞生日。袁庚主张按经济规律办事，在这里尝试推行了多种新的措施去管理企业发展，例如率先打破"大锅饭"的分配制度，实行超产奖励制度和基本工资加岗位职务工资加浮动工资的工资改革方案，从而与市场经济的发展相适应。同时，蛇口工业区是最先实行劳动合同制的地区。干部调配制度被放弃，实施公开自由招聘，这一措施创造了大量的机会，从而吸引了大批人才来到蛇口参与经济建设。另外，蛇口工业区也是最早实行住房制度改革的地区，实施职工住房商品化，从而实现了职工住房的良性循环。经济制度上的改变并没有使袁庚得到满足，他认为改革开放的核心问题是实行社会主义高度的民主。1985 年 4 月 24 日，通过无记名民主选举，蛇口工业区产生了当地最高管理机构——蛇口工业区管理委员会，这在新中国历史上还是首次。

在袁庚的积极推动下，蛇口工业区还诞生了多家拥有"第一"头衔的公司。

1982 年 6 月，香港招商局、中海油、广东省、深圳市、华润及黄振辉投资有限公司六家股东共同出资设立了中国第一家中外合资股份制企业——中国南山开发股份有限公司，其中招商局占股40%。从开发经营赤湾港口、石油基地起步，中国南山开发集团现已发展成为一家以港航运输、海洋石油服务和物流后勤服务、房地产开发、集成房屋体系为核心业务的综合性大型企业集团。

1986年，袁庚提出创立一个由蛇口工业区负责、不引入国家投资的商业银行的设想，于是在当年5月份蛇口工业区向中国人民银行提交了关于成立招商银行的申请报告并得到批准。1987年4月8日，以蛇口工业区内部结算中心为基础，新中国第一家股份制的商业银行——招商银行正式成立，并在之后先后完成了四次增资控股，不过招商局一直保持着控股地位。目前，招商银行已经发展成为拥有多牌照以及商业银行、金融租赁、基金管理、人寿保险、境外投行等控股子公司的银行集团。

据涂俏的《袁庚传》一书统计，仅在1979—1984年的六年间，蛇口就创造了24项全国第一。1985年11月，《关于香港招商局集团董事会调整的请示》获国务院批准，招商局集团有限公司（简称招商局集团）正式成立，成为交通部直属一级企业。1988年国务院领导视察蛇口工业区期间，同意把蛇口经验称为"蛇口模式"。蛇口工业区成为具有中国特色的经济特区的雏形，招商局在其中发挥着不可磨灭的作用，同时蛇口工业区也促使招商局逐步发展成为综合性的大型国有企业集团，袁庚也因此被誉为中国改革开放实际运作第一人。

成就

2001年2月，秦晓出任招商局集团董事长，他更加强调整合的意义。

为实现集团的长期稳定发展，招商局确定了其"重组调整纲领"：重点发展战略性产业，改善集团财务状况，加大资产重组力度，调整组织架构，实现扁平化管理，加强内部管理并改善激励约束机制。在此之前，招商局集团涉及航运、地产、港口、物流、旅游、酒店、科技、贸易、通讯、工业等17项业务，最终确定三大核心业务——交通运输及基础设施、金融服务、房地产开发与经营，欲将集团资源集中于发展这三大业务，其他业务则维持运营或伺机退出。

截至2003年年底，此次重组已经基本完成，各业务内子公司之间形成内部协同关系，并在集团内部实现了金融和实业版块的结合发展。在随后的2004—2006年，招商局集团多项财务指标增长100%以上，提前实现了"再造一个招商局"的目标。

如今招商局集团旗下拥有多达25家上市公司，几乎覆盖了招商局集团的战略性产业布局。

交通运输及基础设施业务主要包括公路、港口、航运以及物流四个子业务。公路业务以招商公路为核心，其收费公路项目覆盖18个省、自治区和直辖市，总里程达到8 354公里，招商公路成长为中国投资规模最大、覆盖区域最广、投资经营里程最长的全产业链综合性收费公路公司。港口业务以招商局港口为核心，招商局港口在全球20个国家和地区拥有52个港口，已经初步建立起较为完善的海外港口、物流、金融和园区网络，成为国家"一带一路"倡议的重要推动者。同时，招商局港口在内地和香港也占据着重要地位，所投资或投资并拥有管理权的码头遍及国内主要集装箱枢纽港，招商局港口成长为中国最大、世界领先的港口开发、投资和营运商。航运业务以招商轮船为核心，截至2017年年底，招商轮船拥有总运力3 295万载重吨，排名世界第三，超大型油轮和超大型矿砂船的规模均排世界第一。物流业务以物流航运事业部为核心，其拥有完善的物流服务网络，业务范围覆盖全球主要的贸易国家和地区。

在金融业务上，构建银行、证券、保险、基金以及租赁、资管等牌照在内的"4+N"金融布局，基本实现了打造全功能、全牌照综合金融服务平台的战略构想。银行业务包括中国领先的零售银行——招商银行以及永隆银行、招银国际等；在证券业务上则以招商证券为核心，构建起国内国际一体化的综合证券服务平台；保险业务成功复牌"仁和保险"；在基金业务上，成立了招商局资本，推进内部基金整合，同时旗下还有博时基金以及招商基金，基金管理总规模均超过1万亿元。另外，又相继成立了招商局融资租赁公司、深圳市招商平安资产管理有限责任公司以及专注于VC风投的招商局创新投资管理有限责任公司等，扩展了业务范围。在直投和资管领域，招商局集团近年来逐步发力，重点投资与招商局集团现有产业板块相关的行业以及互联网、新能源、新材料、医疗健康等创新行业，为集团带来新的发展机遇。

在房地产开发与经营业务上，招商局集团以招商蛇口、漳州开发区等主体为核心，提供城市及园区综合开发和运营服务。2017年招商蛇口年度销售业绩突破千亿，在前海蛇口自贸片区等片区综合开发项目上取得突破性进展。

除以上核心产业外，招商局集团在工业、贸易等领域实力雄厚。其拥有世界上最大的集装箱及机场设备制造商中集集团，香港最大规模的修船厂、在中国交通海事贸易领域经验丰富的招商海通等。

基于以上三大核心产业，招商局集团聚焦于基础设施与装备制造、物流航运、综合金融、城市与园区综合开发四大板块的发展，并正在实现由三大主业向实业经营、金融服务、投资与资本运营三大平台的转变。

经过几年的发展，集团的硬实力、软实力都得到有效提升。在经济环境错综复杂、市场下行压力较大的形势下，招商局集团持续保持双位数增长，资产总额突破7万亿元，进入全球为数不多的千亿级利润企业的行列。在国家诸多重大战略实施中都能看到招商局集团活跃的身影，招商局集团得到社会广泛认可，品牌认知度、美誉度不断提升,企业影响力显著增强。

启示

关于轮船招商局的经济性质,各有争议。但笔者认为,这是一种特殊的混合所有制。其创办资金来自清政府和民间。管辖企业的政府官员和民间聘请的职业经理人同时入股,似乎又有管理层收购和员工持股的影子。轮船招商局的成功,有几个重要因素,唐、徐二人作为"职业经理人"熟悉西方企业制度和先进的管理理念,能够做到在商言商,以市场经济原则经营企业,与商相关;李鸿章的鼎力支持,使轮船招商局获得清政府财力和政策支持,与官相关。当时的国家财力,不足以支撑完成工业化进程,而民间资金信心不足,官办企业如何能够调动民间资本的投资积极性是关键所在。官方的介入让企业能够得到资源支持和政策优惠,但官僚习气会给企业健康经营带来障碍。民间资本支持和商人主导的经营方式对企业经营绩效有利,但无法避免会遭到官方敲诈和地方黑社会的阻挠。因此,李鸿章提出"由官总其大纲,察其利弊,而听该商董等自立条议,悦服众商",实则是在平衡各方利益的基础上,集合了官商双方优势的新版企业。政府代表李鸿章和后来入主的盛宣怀以及"职业经理人"唐、徐二人对企业的入股,使企业与管理者利益相关,调动了管理者经营企业向好的积极性。这几点对于百年后新时期的国有企业混合所有制改革,仍然是值得探讨的珍贵经验。

我国迈入改革开放时期后,正是招商局集团身先士卒,用敢为天下先的精神,突破制度桎梏,创新机制,将蛇口打造成为我国改革开放的排头兵。37年前,蛇口还只是个人丁稀少的小渔村,如今已经成为世界重要的集散中心和中转口岸。招商局是中国最早的民族企业,某种意义上来说也是我国最早的国有企业,晚清的轮船招商局背负的是振兴民族工业的历史使命,改革开放初期的招商局肩负着引领改革之风,开拓创新之路的国家使命。从百年招商局的发展历程中，我们不难看到，在国有企业的改革中，重要的是，企业经营遵循市场化方向，机制灵活，在治理结构、选用人才、资源配置、创新转型等方面要敢于突破。百年前的轮船招商局如此，百年后的招商局集团亦是如此。

第二章
新时代国有企业改革的背景

中国经济进入新常态，中国改革进入新时代

1978—2018年，中国年均GDP实际增长率接近9.5%，如果考虑通货膨胀，则名义GDP年均增长近15%。1978—2018年M2（广义货币供应量）的平均增速也是15%。连续几十年的经济高速增长，将中国打造为一个总量巨大的经济体，创造了世界最长周期的大国经济增长奇迹。同时，高速增长也带来了结构、质量、效用、环境等方面的问题，中国经济进入增长速度换挡、增长方式换挡、增长动力换挡的经济新常态。

2014年5月，习近平总书记在河南考察时第一次提出新常态的概念，他指出："中国发展仍处于重要战略机遇期，我们要增强信心，从当前中国经济发展的阶段性特征出发，适应新常态，保持战略上的平常心态。"2014年11月，在亚太经合组织（APEC）工商领导人峰会上，习总书记首次系统地阐述了新常态的特征，以及新常态下的新机遇、新问题、新矛盾。

经济新常态中的"新"意味着与过去不同，"常"意味着是一种相对稳定持续的状态。新常态归纳起来就是不同以往且相对长期

稳定的状态，这种状态是一种趋势，也是一种不可逆的发展状态。中国经济新常态，表明中国经济已经进入一个不同于过去高速增长的中高速或中低速的常态化增长阶段。经济发展具有周期性，通常会经历繁荣、衰退、萧条和复苏四个阶段，中国经济在经历了40年的高速增长后，必然会减速调整，经济增长速度的换挡，是由经济发展的客观规律决定的，是经济新常态的基本特征。

支持中国经济高速增长的人口红利和全球化红利在逐渐消退，"三高式"的粗放式增长也使环境承载能力达到或接近上限。从其他国家和地区的经济发展历程来看，经济在经历过高速增长之后都会出现增速换挡的现象，根据世界银行的统计，二战之后连续25年GDP增长率保持在7%以上的国家和地区只有13个。1950—1972年，日本GDP的年均增长率为9.7%，1973—1990年下降至4.26%，1991—2012年再次下降到0.86%，2013—2016年回升至1%。1961—1996年，韩国GDP的年均增长率为8.02%，1997—2012年仅为4.07%，2013—2016年继续下降到3%。从以上经济体的发展情况来看，经济增速都从8%以上直接切换到4%左右甚至更低，中国经济目前还有接近7%的增速极不容易。

国有企业为中国经济的发展做出了巨大贡献。2017年年底，国有资产总额为1 517 115.4亿元，实现净利润28 985.9亿元，税收贡献42 345.5亿元，成为社会主义市场经济中公有制经济的主体力量。但是，我国国有企业发展不均衡、不充分的问题仍然普遍存在，主要体现在以下几个方面：一是国有企业间、产业间的发展不均衡，国有经济结构和产业结构还需调整优化；二是不少国有企业存在明显的发展短板和困难，资产质量和效益急待提升；三是研发创新投入急需提升和加强，科技创新能力有待增强；四是国有企业的运行活力还不强，体制改革、机制创新需要尽快加强。中国经济进入新常态，中国改革进入新时代，国有企业改革需要面对新的机遇与挑战。

第二章　新时代国有企业改革的背景

供给侧结构性改革

2017年10月18日，习近平总书记在十九大报告中指出，要深化供给侧结构性改革。供给侧结构性改革，是从提高供给质量出发，用改革办法推进结构调整，矫正要素配置扭曲，扩大有效供给，提高供给侧对需求侧变化的适应性和灵活性，提高全要素生产率，更好地促进经济社会持续健康发展。

根据经济学总需求和总供给理论，总需求主要包括投资、消费、出口三驾马车，总供给主要取决于劳动力、土地、资本、制度、创新等要素。在亚洲金融危机之后，我国为了降低出口下降对经济的不利影响，宏观经济政策主要是通过积极财政和货币政策，加大投资力度，通过信贷等经济杠杆启动消费市场，拉动经济增长，即扩大内需。这些政策的确促进了经济的平稳较快增长。2015年，钢铁、煤炭、水泥、玻璃、石油、石化、铁矿石和有色金属等几大行业的亏损面已经达到80%，企业利润下滑，产能过剩严重。中国的供需关系正面临着严重的结构性失衡，供需错位已成为阻挡中国经济持续增长的最大障碍：一方面，过剩产能已成为制约中国经济转型的大包袱；另一方面，中国的有效供给与需求侧严重不配套，总体上是中低端产品过剩，高端产品供给不足。

为了维持经济平稳增长，政策需要更加地注重从生产端、供给端入手，调整供给结构。从2015年开始，以"去产能、去库存、去杠杆、降成本、补短板"为重点的供给侧结构性改革，经中央经济工作会议定调后，正式拉开大幕。

国有企业作为我国经济的中坚力量，在我国经济中具有引导作用，供给侧结构性改革给国有企业带来大量的发展机会。

供给侧改革将有利于国有企业去产能、去僵尸，加快国有企业的结构调整。目前，我国国有企业的经济布局表现出两个主要特征：国有企业资金主要投资在基础设施建设和大型重工业行业；国有企业的大量资产沉淀在落后的过剩产业，经济效益较差。在去产能过程中，大量小、散、乱的中小型国有企业以及民营企业被关停并转，具有龙头地位和规模优势的国有企业受益很大，竞争格局发生变化。

降杠杆是推动国有企业降低风险的重要措施。国有企业的负债率在各种经济所有制中最高，而且大量平台类的国有企业其实代表着地方政府的债务数据统计。截至2016年年底，我国国有企业的资产负债率达66.4%，外资企业为53%，民营企业为51%，国有企业资产负债率高于外资企业13.4个百分点，高于民营企业15.4个百分点。国务院国资委确定了中央企业降低财务杠杆的目标和任务：加强负债规模和资产负债率的双重管控；严格控制与主业无关的贸易业务，严禁开展融资性贸易和空转贸易；严格控制高负债国有企业的新增投资。

通过降成本提高国有企业的经济效益。企业成本主要包括原材料、税费、物流、能源、资金、人工和制度性交易成本，其中国有企业在能源、土地、资金和制度等成本上比非国有企业更有优势。更重要的是，一般所说的成本（劳动力等显性要素成本）优势正在消失，被忽略的是体制成本在高速增长。1995—2012年，中国名义GDP增长8.6倍，但全国工资总额涨了8.8倍，税收涨了16.7倍，政府除税收外的收入增长18.8倍，法定的"五险一金"增长了28.7倍，土地出让金涨了64倍。中国经济改革是渐进式改革，好处是震荡小，但渐进式改革的难点是维持渐进，所以容易导致体制成本高。国企改革，就是希望在国有企业和国有资产层面降低体制成本。

国企改革与供给侧改革是一种相辅相成的关系，有紧密的内在联系，深化国企改革对推进供给侧改革具有重要意义，在某种程度上，供给侧改革是国企改革的一个重要组成部分，或者是一项重要的改革内容。推进供给侧改革，前提是要深化国企改革，因为国有企业在我国社会经济发展中发挥着十分重要的引导作用，是实现供给侧改革的重要动力源。但不论是国企改革，还是供给侧改革，改革的目的都是促进经济高质量发展。

经济增速换挡

2018年是改革开放40周年，中国已成为世界第二大经济体，创造了人类经济史上罕见的"中国奇迹"。但是，在进入"十二五"以来，资本、劳动力、土地、环境等要素资源都在发生深刻变化，再加上全球化趋势发生变化，美国、欧盟等相继提出"美国优先""再工业化""2020战略"等措施，对我国的经济发展形成了巨大压力，支撑中国经济高速增长的内部和外部环境发生了巨大的变化。这些影响使得我国宏观经济增长面临巨大挑战，经济增速呈现逐级放缓的态势。2003—2007年，我国经济年均增长率为11.6%，2008—2011年年均增长率下降到9.6%，2012—2014年年均增长率为7.5%，2015—2017年年均增长率维持在6.7%~6.9%。

虽然增速换挡，但2017年国内生产总值达到827 122亿元，如此庞大的基数，每增长1个百分点所代表的绝对增量都不可小觑。即使是6%的中速增长，无论是速度还是绝对量，我国在全球主要经济体中也是名列前茅的。问题在于，在目前的内外环境下，要想继续保持这个量级的增长，依靠要素资源的粗放投入已经无以为继，效用持续走低。

国有企业是中国经济的主要力量，是中国社会主义市场经济的公有制主体。但国有企业在过去的发展和巨大成绩，更多是依靠对土地、资金等要素资源的较大投入获得的，当经济以较高速度粗放增长时，国有企业因以低成本占据优势资源而获得较好的发展。当经济增速换挡，从高速增长向中低速增长，尤其是向高质量增长转变后，国有企业的一些不足就体现出来，如果不对国有企业进行深层次改革，继续依靠传统方式对国有企业投入要素资源，则国有企业所获得的边际效用会越来越低。

如果没有供给侧结构性改革、去产能和环保风暴来压制部分中小型国有企业和民营企业的产能供给，可以预见，国有企业前两年的数据不会如此亮眼。推动国有企业改革是必需的，通过体制改革促成机制调整，激发国有企业活力，进而提高国有企业的资源配置效率。

经济结构调整与产业转型升级

在经济增速换挡的背后，我国产业结构从中低端水平向中高端水平调整是重要的原因之一。这既是新常态下经济的外在表现形式，又是内在要求。习近平总书记指出："新常态下，中国经济结构优化升级，发展前景更加稳定"。产业结构是经济发展的重要载体，产业结构的优化将保障经济发展可持续、高质量和高收益，因此产业结构优化特别是由中低端向中高端的转换是实现经济结构优化升级的最终目标。改革开放以来，生产要素的高投入、人口红利和全球化红利，在催生了我国三十多年经济高增长的同时，也带给我们温水煮青蛙式的陶醉。这种陶醉在相当程度上让我们滑入低水平均衡陷阱甚至是中等收入陷阱，大大延缓了我国迈向经济强国的步伐。

在当前全球产业转移的大背景下，人口红利的消失使得我国劳动力不再廉价，环境保护和土地监管的加强使得我国不可能再像以前一样给予外资超国民待遇，低端制造业正在被其他发展中国家抢夺，这些迫使我国推动产业结构从中低端迈向中高端。因此，探索产业结构从中低端迈向中高端变得异常重要和紧迫。但令人鼓舞的是，党的十八大以来，以习近平同志为核心的党中央高瞻远瞩，推动这一课题进入全新的发展阶段。

弗里德曼的著作《世界是平的》（*The World is Flat*）指出：产品在全球范围内销售，劳动和资本在全球范围内流动，要素流动的障碍越来越少，国际分工模式逐渐由产业间分工向产品内分工演变，不再由一个国家承担某个产品生产的所有环节，而是不同的国家立足于各种不同的产业链环节，每个国家生产产品的一部分或提供一项服务。不同产业链环节的附加值不同，但其价值链分布大都表现为"微笑曲线"。比如，在CNN（美国有线电视新闻网）播放的广告中，我们就看到，从跑鞋到冰箱，从MP3到民航客机，"中国制造"已经彻底融入了人们生活的每一个角落，这是一个无法逆转的事实。但是，所谓的"中国制造"，绝对不像从前的瓷器和茶叶那样，有百分之百的中国血统，往往是产品制造的最后环节在中国完成。而产品所依赖的整个产业链，是全球合作的结果。为了降低成本，发达国家的很多跨国公司把高附加值的产品设计和营销环节留在国内，而把低附加值的环节转移到了中国。正如广告中提到的美国运动科技、欧洲设计、硅谷软件等，就是这样一个全球分工的结果。这种代工的行为虽然增加了中国的GDP和贸易总量，但是中国从全球分工体系中获取的收益却是很少的。

长期以来，我国产业结构处于全球价值链低端的重要原因是现代产业体系发展滞后。由于历史原因，大量落后的传统农业和低端产业广泛存在。在现代企业激励制度尚未完全建立，自主创新的动力不足的情况下，以高科技为代表的新兴产业占整体产业体系的份额亟待提高，而现代农业、服务业也亟待实现跨越式发展。当前，随着经济全球化和新一轮技术革命的出现，国内外环境发生了深刻的变化，国家间的产业转移规模不断加大，层次也不断地向高端延伸，出现了产业链整体移动的趋势。面对新问题、新挑战，我国唯有全面实施产业结构转型优化的政策，加快构建现代产业体系，才能立于不败之地。

从国际经验来看，产业结构由低端逐步迈向中高端，既为一国经济的长期增长提供可持续的动力，又为经济增长提供高质量和高收益的保证，同时也是一国国际竞争力的重要标志。比如，20世纪

80年代末广场协议签订后，日本经济泡沫破裂。在面对90年代信息科技革命的历史机遇时，虽然日本努力推进产业结构迈向中高端，但诸多因素的影响使其始终没有达到最高端，导致其落入长期低增长陷阱，至今仍然没有得到根本性的扭转。与之相比，美国则不同。美国基于其强大的科技创新实力，始终处于信息科技革命的领跑者的地位，成功地实现产业结构向中高端的转移，实现了经济近十年的高速增长。可见，在日新月异的全球化面前，一个国家的经济增长很大程度上取决于产业结构的演进。但是，所有事情并不是一蹴而就的。基于我国国情，我们必须在低端站稳脚跟，推动产业结构迈向中高端，建立创新、完善和具有活力的制造业体系。瓦科拉夫·斯米尔（Vaclav Smil）著的《美国制造：国家繁荣为什么离不开制造业》（*The Rise and Retreat of American Manufacturing*）一书中的数据显示：美国投入制造领域的研发资金占其总研发资金的2/3，在其最终成品销售中，每1美元支撑了其他部门1.4美元的产出，而服务业最终销售的每1美元仅支撑其他部门0.71美元的产出。因此，制造业的强盛很大程度上代表了一个国家的强盛，正所谓制造业兴则国家兴，制造业强则国家强。

改革开放以来，我国的产业结构主要处于全球价值链的中低端，附加值和比较收益较低。2013年我国第三产业增加值占GDP的比重首次超过第二产业，达到46.7%，2015年，则首次超过了GDP的50%，达到50.6%，2016年和2017年均为51.6%。这些趋势性变化是经济结构优化的良好表现。产业结构逐渐智能化和专业化，新兴产业、服务业和小微企业发挥越来越重要的重用。在经济新常态下，应按照党的十八大报告发挥市场在资源配置中的决定性作用，引导未来产业结构调整和发展的方向，加快转变经济发展的方式，通过发展高科技新兴产业和先进制造业，优先发展第三产业，建立健全化解各类风险的体制机制等，从而提升我国产业在全球价值链中的地位，打造"中国智造"，增强"中国效益"。

第二章　新时代国有企业改革的背景

第一，大力发展先进制造业。先进制造业指的是通过电子信息、新材料等高新技术，实现生产的信息化、自动化，并将这些技术综合应用于生产和销售的各个环节，从而实现更高收益的制造业总称。先进制造业是产业结构升级的重要方向。当前中央提出去产能。一方面，坚决淘汰落后产能，引导产能有序退出。推进企业兼并重组，优化产业空间布局。另一方面，突破核心关键技术，加强企业管理创新。创新政府管理，营造公平环境，完善市场机制。第二，优先发展战略性新兴产业。战略性新兴产业是以重大技术突破和重大发展需求为基础，对经济社会全局和长远发展具有重大引领带动作用、知识技术密集、物质资源消耗少、成长潜力大、综合效益好的产业。全面推动战略性新兴产业由中低端迈向中高端，是我国"十三五"规划提高国家和产业核心竞争力的重中之重，是增强我国可持续发展能力，转变经济发展方式的战略举措。

发展模式转向创新驱动

增长动力由粗放型要素投入向创新型技术转换，是经济新常态的基本要求。过去，我国经济增长主要依靠生产要素的高投入、高污染、高消耗以及生产技术的低成本和低产出，但现在这样的增长已经难以为继。人口红利带来的劳动力比较优势在逐渐消退，要素的规模投入回报也在逐渐减弱。在市场和政府的双重引领和鼓励下，企业主动转型的危机感和创新意愿明显增强。全要素生产率比改革开放之初大幅提高，这是制度政策、结构优化、技术进步等各因素综合作用的结果。在新一轮的世界科技创新和产业革命的浪潮中，我国经济正逐步转换增长动力，逐步从传统的要素投入转向更多依靠人力资本和技术进步，转入创新驱动型的经济新常态。

传统的要素驱动、投资驱动方式已不可持续。

首先，从劳动力角度看，劳动力成本低是最大的优势，但是最近一次的第六次全国人口普查的数据显示：我国65岁及以上的老年人口占总人口的比例从 2000 年的 6.96% 上升到 2010 年的 8.87%，我国人口老龄化程度不断加深，造成富余劳动力不断减少。据统计，2016 年我国 16 周岁以上 60 周岁以下（不含 60 周岁）的劳动年龄人口为 90 747 万，占总人口的比重为 65.6%，与 2015 年相比少了 0.9 个百分点。2013—2016 年我国 16～59 岁的人口数量和比重都在逐年下滑。与此同时，我国劳动力成本在持续上升。中山大学发布的历年《中国劳动力动态调查》显示：2014 年全国有工资收入的劳动者的工资平均数为 30 197 元，2016 年的调查中，有工资收入的劳动者的平均工资为 35 416 元，劳动者实际总收入呈现上升趋势。这也印证了经济学上的巴拉萨－萨缪尔森效应：在经济增长率越高的国家，工资实际增长率越高。

其次，从资本角度看，资本是生产要素中起决定性作用的要素之一。改革开放之初，我国资本较为缺乏，但是经过多年的引进外资和我国自身资本的积累，资本总量已经十分充足。据不完全统计，在过去的十年里，我国居民储蓄实现加速增长，分别于 2003 年 9 月、2008 年 8 月、2010 年 12 月、2013 年 1 月和 2014 年 12 月突破 10 万亿元、20 万亿元、30 万亿元、40 万亿元和 50 万亿元。截至 2017 年 5 月，达到 62.6 万亿。根据商务部的统计，2017 年我国实际使用外资 8 775.6 亿元，同比增长 7.9%。然而，我国储蓄转化为投资仍然存在许多障碍。这主要表现在投资结构的不合理。也就是说，政府的投资占比较高，在一定程度上会对企业投资和私人投资产生挤出效应。在积极的财政政策刺激下，政府投资不可避免地面临着回报率递减、领域集中、地方债务风险增加等不利局面。这也使财政政策拉动经济增长的空间越来越小。

最后，从资源角度看，我国虽然地大物博，但是由于人口众多，各类资源的人均占有量均低于世界平均水平。人均土地、耕地占世界人均量的 1/3、径流量占 1/4、森林占 1/5、矿产占 3/5。改革开放以来，经济的快速增长带来的是各种资源的消耗量急速上升。由于生产方式仍然停留在传统、落后的技术层面，我国 GDP 能耗高于世界先进水平。2016 年，我国节能降耗工作取得积极进展，能耗强度下降 5%。按照 2010 年不变价格计算，万元 GDP 能耗为 0.68 吨标准煤；按照 2015 年不变价格计算，万元 GDP 能耗为 0.61 吨标准煤。但是从世界范围看，我国能耗强度与世界平均水平及发达国家相比仍然偏高。按照 2015 年美元价格和汇率计算，2016 年我国单位 GDP 能耗为 3.7 吨标准煤/万美元，是 2015 年世界能耗强度平均水平的 1.4 倍，是发达国家能耗强度平均水平的 2.1 倍，是美国的 2.0 倍，日本的 2.4 倍，德国的 2.7 倍，英国的 3.9 倍。联合国环境规划署 2013 年的一份报告中指出：30 多年来，中国已经从对矿物、化石燃料和其他原材料消耗较少的国家发展成为全球第一大资源消耗国，其代价就是资源的快速枯竭和生态环境的快速恶化。资源的过度消耗不仅削弱了经济增长与社会发展的可持续性，而且带来了严重的环境污染问题和生态退化问题，严重地影响了人民群众的生活水平和生活质量。

随着传统人口红利和资源红利的逐渐消退，我国以高投入、高耗能、高污染为主的要素驱动和投资驱动的发展道路难以继续，因此寻求一条低投入、低耗能、低污染和高产出的创新驱动型的发展道路非常紧迫，同时实现创新驱动发展是新常态经济的必然要求。首先，创新驱动发展符合客观规律，包括经济规律、自然规律和社会规律。改革开放以来，我国经济发展保持了三十多年的高速增长，GDP 年均增长接近 10%，远高于世界平均增长率（3%），经济总量在 2010 年就超过日本成为世界第二大经济体。但是，在高速增长的背后，我们必须清楚地看到，经济总量大，但大而不强；经济增速快，但快而不优。这种局面主要与我国经济增长驱动力有关。长期依靠要素驱动和投资驱动虽然可以提高经济增速，但是也使我国经济发展形成了速度崇拜和要素依赖的惯性，造成了体制机制上有不少不利于创新驱动的制度障碍和制度歧视。无论是对政府机关、国有企业，还是普通民众，创新意识、创新思维、创新氛围等都有待提高，这为我国经济转向创新驱动增加了难度。告别经济旧常态，进入经济新常态的关键就是创新。中国经济高速发展的同时也积累了许多深层次问题和矛盾，我们应尊重经济发展规律，转变速度崇拜和要素依赖，激发经济增长新动力，适应中国经济新常态。突破我国发展面临的资源约束瓶颈，促进资源的节约和再利用，着力解决江河水污染和雾霾等一系列环境问题，努力建设天蓝水绿山青的美丽中国、生态中国。《中国创新发展报告》指出，目前世界上的欧美发达经济体的经济增长方式已经以创新驱动为主。科技创新对经济发展的贡献率达到了70%以上，对外技术依存度低于20%，80%的技术出自本国。以荷兰为例，据《2016年欧洲委员会欧洲创新记分牌》的数据，荷兰在欧洲最具创新性国家排行榜中位列第四。荷兰式创新，是一种润物细无声的渗透性创新，从小处着眼，产生大的影响力，在不知不觉中改变着人们的生活和思维方式。荷兰倡导"跳出盒子前，要先看清盒子里有什么"，表明创新除了要突破框架，也不能忘记已有资源，提高可用资源的效率，才能事半功倍。对于我国来说，一方面由于中国人口体量庞大且经济结构有待优化升级，另一方面由于我国创新资源的使用效率远远落后于欧美发达国家，科技方面的投入产出比还有很大的提升空间。我国的创新能力已经取得了长足的进步，逐渐拉近了与欧美发达国家的距离，但是仍然存在明显差距。并且，创新驱动在我国已经具备了坚实的基础和良好的条件。经过三十多年的改革开放，我国改变了过去一穷二白的局面，积累了坚实的物质基础。从事基础研究的全时人员总量逐年增加，留学归国人员数量持续增长，中青年科学家已经成为基础研究的主力，后备人才队伍逐步成长，一大批优秀团队正在崛起。我国已在数理、化学、生物等8个领域建成255个学科类国家重点实验室，依托企业和行业转制科研院所建设了177个企业国家重点实验室。国家科技资源共享服务平台已推动全国近800家高校院所和企业参与科技资源开放共享。我国国际科技论文数量连续多年居世界第二位，总被引用次数已经连续3年位居第四位。依靠科技人才和科技设备，我国科技成果整体水平大幅提升，一些重要领域已经跻身领跑全世界。这些成就的取得离不开几代科技人员的艰苦奋斗，也离不开制度改革、科技体制改革的不断深化。国家出台的《关于进一步完善中央财政科研项目资金管理等政策的若干意见》《统筹推进世界一流大学和一流学科建设总体方案》、中科院卓越创新中心建设计划等一系列政策措施，改变了过去僵化的科技体制，逐步地破除了制约科技创新的制度障碍。建立以市场为导向的科技新格局，处理好政府和市场的关系，突出科技创新在经济社会发展中的地位，给科技创新更广阔的发展空间，这些为经济增长提供前所未有的强劲动力。

市场作为资源配置的决定力量

资源配置由市场起基础性作用向市场起决定性作用转变。这是经济新常态的机制保障。宏观经济调控的关键就是处理好市场与政府的关系。回顾改革开放的历史，党的十一届三中全会提出，应该坚决按经济规律办事，重视价值规律在经济中的作用。邓小平同志提出"社会主义也可以搞市场经济""把这当作方法，不会影响整个社会主义，不会重新回到资本主义。"邓小平同志突破计划经济同商品经济对立的传统观念，创造性地把市场经济和社会主义联系在一起，从而拉开了改革开放的序幕，带领着全党改变思想，从计划经济发展到有计划的商品经济，再到现在的社会主义市场经济。党的十二大提出"计划经济为主，市场调节为辅"的经济体制改革原则，随着改革实践的发展和改革效果的显现，商品经济开始越来越多地被市场经济所代替，到了党的十三大，"社会主义有计划商品经济的体制，应该是计划于市场内在的统一体制"，"新的经济运行机制，总体上来说应当是'国家调节市场，市场引导企业'的机制。"从党的十四大提出建立社会主义市场经济开始，虽然我国的经济体制基本上是由政府主导的不完善的市场经济，如国有经济和私营经济资源配置不合理等，但是，我国对市场经济的认识达到了一个新的高度：市场经济不仅是市场竞争机制、供求机制和价格机制，更是一种资源配置机制。党的十八大报告提出使市场在资源配置中起决定性作用和更好地发挥政府的作用，以及社会主义市场经济本质上是法治经济，体现了我们党和政府尊重市场经济规律和弥补市场失灵的智慧。从党的十四大到现在的20多年间，我国的社会主义市场经济体制不断完善，对市场规律的理论认识和实践经验不断提高，配套的制度也在不断地修订和完善，并在完善社会主义市场经济体制中迈出新的步伐，即将十四大提出的"基础性作用"修改为十八大提出的"决定性作用"。

首先，习近平总书记强调，进一步处理政府和市场的关系，实际上就是要处理好在资源配置中市场起决定性作用还是政府起决定性作用的关系。市场在资源配置中起决定性作用是市场经济的本质要求。经济活动中最本质的问题就是资源的配置问题，即如何有效地分配资源。历史的实践证明，市场是资源配置最有效的形式。因此，使市场充分发挥其资源配置的作用，是经济发展的实践要求。虽然我国社会主义市场经济体制不断完善，但仍然存在政府的行政干预过大、监管不到位、审批过于烦琐等阻碍市场的不利因素，影响了市场经济发展的活力和资源配置的效率。

党的十八大以来，为了约束和规范政府的行为，我国实行了负面清单管理和简政放权的措施。负面清单指的是政府规定哪些经济领域不开放，除了清单上的禁区，其他行业、领域和经济活动都许可。简政放权，精简的是束缚着市场主体的"无形枷锁"和错装在政府身上的"有形之手"，放活的则是企业的活力、发展的动力和全社会的创造力。这都有利于转变政府职能、明确政府的职能以及抑制权力寻租和消极腐败，使"市场在资源配置中起决定性作用"

第二章　新时代国有企业改革的背景

真正落到实处，真正体现在经济活动中的方方面面。

其次，使市场在资源配置中起决定性作用，并不意味着资源的配置完全依赖于市场。根据经济学理论，在完备的充分竞争的市场中，由于价格和竞争等市场机制的作用，厂商和消费者在追求自身利益最大化的过程中，自愿达成了双方均能接受的合约，商品的价格达到了均衡，在"看不见的手"的调节下，稀缺资源得到了合理配置，自动达到了"帕累托最优"，全社会的福利实现最大化。市场调节及价格机制发生作用的前提条件是完备的充分竞争的市场，但其在现实中并不存在，所以现实中的市场本身不是万能的。"看不见的手"失灵需要由"看得见的手"来矫正，即通过政府来调节市场机制，弥补市场缺陷，纠正市场失灵。市场和政府各自发挥作用，互不否定，只是职能不同。市场更多地调节经济活动，且主要是微观个体经济活动；而政府主要强化社会管理和公共服务，且负责宏观经济规则的制定和保障；在公平与效率上，市场激发效率而政府保障公平。十八届三中全会也提出，政府的职责和作用主要是保持宏观经济稳定，加强和优化公共服务，保障公平竞争，加强市场监管，维护市场秩序，推动可持续发展，促进共同富裕和弥补市场失灵。

再次，不断地完善现代市场体系。改革开放以来，我国现代市场体系的建设取得非常大的进展，由供求关系确定价格的形成机制已经确立，市场开放的领域越来越多，开放程度越来越大。与市场相关的配套法律法规体系和社会信用体系越来越完善。这些进展都为"使市场在资源配置中起决定性作用"奠定了坚实的实践基础。深化改革的目标之一就是健全市场决定价格机制，着力清除市场壁垒，提高资源配置效率和保障公平环境，具体包括：完善农产品价格形成机制、加快推进能源价格市场化、完善环境服务价格政策、理顺医疗服务价格、健全交通运输价格机制、创新公用事业和公益性服务价格管理。

最后，建立公开透明的市场规则。市场配置资源必须按照自身的规则运行，才能有效地发挥其配置资源的作用。任何阻碍市场规则运行的举措都会影响其效率。近年来出现的地方保护主义和各类违法补贴等破坏了市场规则，扭曲了资源配置，亟须纠正并建立统一的公开透明的市场准入机制。2015年的《政府工作报告》提出全部取消非行政许可审批，建立规范行政审批的管理制度。中国应深化商事制度改革，进一步简化注册资本登记，逐步实现"三证合一"，清理规范中介服务；制定市场准入负面清单，公布省级政府权力清单、责任清单，切实做到法无授权不可为、法定职责必须为；用政府权力的"减法"，换取市场活力的"乘法"。

在中国改革开放的新时代，市场是决定资源配置的主要力量。中国不能再搞简单的刺激政策，无论是货币放水还是财政刺激，其边际效用都在递减，且副作用非常大，成本和代价过高。中国要通过转变政府职能、简政放权、减税让利等改革，促进经济的有序健康发展。改革红利的实质是一种制度红利，通过体制、机制变革，使生产要素重新组合和优化配置而获得价值增量。各个领域的改革无不触及各利益团体的利益，是利益的再分配，在这个背景下，国有企业改革的阻力不小、难度不低。但只有坚持用市场的力量进行资源配置，才能提高经济发展效率。

国有企业深化改革的需求迫切

我国的国有企业一直以来都是整个社会关注的中心，因为国有企业不仅具有特殊的身份和地位、巨大的体量和宏大的规模，还在社会上有着显著的影响力。从改革开放至今，我国国有企业与社会上的其他领域已经同步进入改革的"深水区"。经历了几十年的国企改革，我们能够清楚地看到，国有企业在改革过程中步子迈得慢了一点，只实现了做大，做强还未能完全实现。国企改革已经成了我国经济改革的核心环节，这充分说明了国企改革具有其独特的内容和非同寻常的重要性。

国有企业是在我国以前的计划经济体制的背景下建立起来的，运行至今已经度过了几十个年头。可想而知，将国有企业从计划经济体制转向市场经济体制是极其困难和复杂的，但是又是必需的。因为国有企业是执政的基础之一，"两个毫不动摇"是我国的经济基础。2016年7月4日，习近平总书记在全国国有企业改革座谈会上对国有企业改革的相关问题做了重要的指示，他强调并指出了国有企业未来改革的首要任务：国有企业是壮大国家综合实力、保障人民共同利益的重要力量。国有企业改革是整个经济体制改革的中心环节。建立和完善社会主义市场经济体制，基础在于企业，最重要的是在国有企业建立现代企业制度，使国有企业转换经营机制，适应市场经济要求。国有企业改革当前正处于攻坚阶段，切实解决国有企业改革中存在的突出矛盾和问题，不仅关系到国有企业改革的成败，也关系到整个经济体制改革的成败。由此可见，推进国有企业的改革和发展，也是全面推进经济体制改革的需要。

国有企业面临的困难和挑战

供给侧结构性改革对国有企业的创新能力提出了高要求

在我国当前的经济发展背景下，供给侧结构性改革的目的是解放生产力，提高供给侧的高质量供给能力，并不断调整生产关系，以适应生产力发展的需要。习近平总书记指出："只有紧紧围绕发展这个第一要务来部署各方面改革，以解放和发展社会生产力为改革提供强大牵引，才能更好地推动生产关系与生产力、上层建筑与经济基础相适应。供给侧改革的本质是深化改革，推进国有企业改革，加快政府职能转变，深化价格、财税、金融、社保等领域的基础性改革。"中共中央、国务院颁布的《关于深化国有企业改革的指导意见》以及7个专项配套文件，对于国有企业分类改革、国有企业整体改制上市、国有资本管理体制、混合所有制改革等都采取了深化改革、激发企业活力的措施。

供给侧结构性改革的重心在加大科技创新投入。其中，国有企业是创新发展的重要承载体，我国要通过国有企业改革提高国有企业对创新和科研投入的积极性。国有企业通过深化改革，可以加强激励、鼓励创新，增强微观主体的内生动力，提高创新能力，提高生产力和全要素生产率，形成创新驱动的潜在增长率。国有企业要积极进行技术创新，使国有企业成为技术创新的主体，按照"创新、协调、绿色、开放、共享"的发展理念，在供给侧改革中发挥带动和引导作用。习近平总书记指出，"企业持续发展之基、市场制胜之道在于创新，各类企业都要把创新牢牢抓住，不断增加创新研发投入，加强创新平台建设，培养创新人才队伍，促进创新链、产业链、市场需求有机衔接，争当创新驱动发展先行军"。"要坚定不移深化国有企业改革，着力创新体制机制，加快建立现代企业制度，发挥国有企业各类人才积极性、主动性、创造性，激发各类要素活力"。

预算软约束和委托代理成本，导致国有企业盲目投资和低效经营

国有企业的性质和定位到底应该是怎样的？从全世界来看，在同一时间段的不同国家和同一国家的不同时间段，各国国有企业的性质和定位都是动态变化的。各个国家的国有企业主要分布在基础设施建设、公共产品供给和战略性新兴产业等领域；其产权是多元化的，如国有独资、国有控股、国有参股等；经营方式也是多种多样的，如国有国营、国有民营和公司合营等。就中国而言，经过放权让利、两权分离和建立现代企业制度几个阶段的改革后，出现了新型国有企业和超大型国有大集团公司。

第二章 新时代国有企业改革的背景

政府和国有企业的关系存在一定的困境，正如科尔内所说，在计划经济体制下，国有企业为国家承担了很多社会性和战略性政策负担，政府和国有企业之间是"父子关系"。在向市场经济转型的过程中，这种"父子关系"的影子依然存在，只是此时的"父子关系"不仅仅表现为政府对国企的预算软约束，也表现为政府与国有企业的"双向依赖"。国有企业承担的社会性和战略性任务，除去计划经济时期的就业稳定、军事等国家重工业发展战略、基础设施和公共产品，还有如今在社会主义市场经济时期发展战略性新兴产业、支持国家形成国际竞争力等。国有企业的目标和任务不清晰，导致国有企业在到底应该进入/退出哪些领域、强化/弱化哪些行业、加大/减少哪些投资等方面备受争议。比如，在完全竞争的消费品领域，国有企业到底应不应该保持国有控股甚至国有独资？地方政府对国有企业的退出与否到底以什么为衡量标准？

预算软约束广泛存在于我国国有企业之中，成为国有企业较为突出的问题，也是国有企业改革进行了数十年但没有取得满意进展的核心原因之一。软约束意味着约束不到位，当国有企业发生经营亏损，难以为继时，政府往往能在危急之时"伸出援手"，增加补助、追加投资、提供贷款或减少税收，这种现场被转轨经济学家亚诺什·科尔奈称为预算软约束。正是由于有这种隐性担保的存在，国有企业破产退出的概率要远低于民营企业，进而造成国有企业在经营过程中盲目加大杠杆，提高资产负债率，不重视投资效率，降低了资金的使用效率，形成"僵尸"企业，带来更大的系统性风险。

国有企业的委托代理关系非常复杂。在现代公司中，因为所有权与经营权分离，委托代理关系产生了一系列问题，委托人和代理人的目标不一致、委托人和代理人的信息不对称、委托人和代理人之间存在道德风险等。而我国国有企业的委托代理关系，还有着自身的特点。

- 委托代理链条长，层次多。第一层委托代理关系的初始委托人是全国人民，全国人民将宪法赋予自己的资产权利托付给代理人（各级政府）；在第二层次代理关系中，各级政府作为委托人将其行使资产的权利委托给具有管理国有资产职责的政府部门或国有控股公司（代理人）；在第三层委托代理关系中，政府部门或国有控股公司作为委托人将其行使的资产权利委托给国有企业的经营者（最终代理人），由经营者具体对企业进行经营和管理。在这里，政府具有双重的委托代理身份，既是上一层的代理人，又是下一层的委托人。委托代理链条过长，制造了过多中间层，致使信息传递缓慢，加大了委托人对代理人的监督难度，人为提高了代理成本，不但空耗了大量社会资源，还导致国有企业监管效率低下。
- 委托人难以人格化。在国有企业的委托代理链条中，全国人民和各级政府都是以委托人的身份出现的。每个公民在实际经济生活中可能表现为理性的经济人，但是作为整体的"全体人民"，必然存在"搭便车"的现象。由于各级政府具有公共管理职能，身兼"运动员"和"裁判员"之职，难以人格化，无法充分表达作为委托人的经济人理性。
- 经营者选拔缺乏问责制度。国有企业的代理人大多是由政府或党委从政治上考虑加以任命的，并没有通过市场机制来选拔。作为委托人的全国人民和各级政府，并不能真正实施自己的剩余索取权和剩余控制权，具有虚拟性，而代表委托人的政府官员却具有很高的权威。他们可以仅从自己的意图出发任命代理人而不需要承担责任，因而没有足够的动力去发现和选择最有能力的人出任经营者。同样被选拔出来的经营者，也只对有选择权的政府官员负责，并不是对国有资产负责。这些问题的存在，不可避免地增加了国有企业的经营风险，甚至造成国有资产流失。

- 监督不力。国有企业委托代理关系的多层次性导致信息传递失效，加大了委托人的监督难度。由于经营者选拔制度的缺失和剩余索取权的虚拟性，具体负责的政府官员没有足够的动力去监督，更有甚者和代理人合谋，共同侵吞国有资产，很多国有企业负责人贪污背后都会牵扯出政府官员。由于监督不力，国有企业内部形成内部人控制，国有资产所有权和经营权实际掌握在少数人手里，由于内部人掌握着实际控制权，且使用的不是自己的资产，当他们感到自己对企业的贡献和承担的风险不相匹配时，就会损害所有者的利益而谋求自身利益。

- 从代理人角度看，由于监督不到位或者越位，"要么不作为，要么胡作为"，成为国有企业的一个普遍问题。相对而言，在现有监察体制里，纯粹不作为的现象比较少，但由于预算软约束，规模冲动、热点冲动、短期业绩冲动甚至故意制造交易行为的现象容易发生。在现有体制下，做大国有企业规模，国企领导人获政府和国资委肯定的概率大，而累积的风险却不见得会在当期释放。在这样一种机制下，降杠杆、减少盲目投资等防范化解风险的难度增加，对国有企业和经济长期发展有意义的研发创新投入积极性也不强。

国企的公司治理导致效率低下

建立现代企业制度，主要是要建立科学的管理体系。许多国有企业，即使形式上的产权改革完成了，但公司治理并没有跟上，主要表现在：公司治理形式上完整，但股东会、董事、党委会、班子会、监事会之间分工不明确，或者不能发挥科学制衡作用，或者相互牵制导致不能有所作为；企业领导决策随意，没有科学的决策程序；市场意识淡薄，客户服务能力差；战略研究少，"未做正确的事"；管理链条冗长，管理效率低下；财务管理混乱，内部控制体系漏洞百出，成本费用控制不力；干部能上不能下、员工身份未市场化；工资总额制度未改革，还是事实上的"大锅饭"。

公司治理结构不健全，运行效率低下，究其原因主要有以下几个。

- 缺乏有效的经营者选择机制。经营者选择机制是通过剩余索取权和控制权的分配来实现的。在有效的治理结构中，二者应该对称，国资委代表国家行使股东权利，掌握控制权，但没有剩余索取权，不承担风险，此时控制权就变成了廉价投票权。
- 内部人控制现象比较严重。内部经理人可能利用对外投资、利益分配等方面的控制权，将其私利嵌入企业的决策和运作过程中，最终损害所有者的利益。
- 股东会、董事会、党委会、监事会的关系不明确，运作机制不规范。部分国有企业的董事会结构不合理，存在"董事不懂事"现象。有的国有企业和国有资产出资人未能深刻理解加强党的领导与建立现代企业制度的辩证关系，党委会与董事会和管理层办分工不明确，权力冲突，不是科学制衡，而是互相制约。
- 未建立科学的长期激励约束机制。

由于我国国有企业的所有权属于国家，国有企业的内部制度略显僵化，其中最为突出的是员工薪酬制度。我国国有企业未建立科学的长期激励约束机制，同样的职称和岗位，工作努力程度和贡献大小对收入影响甚微。这就导致员工工作的积极性无法被有效激发，员工普遍有强烈的"大锅饭"意识，不求有功但求无过。有些国有企业虽然有激励措施，但手段较为单一，方式也简单粗暴，对所有人采取同样的激励手段，收效自然不好。在这样的激励机制下，国有企业员工更容易有惰性思维，有能力的员工得不到正向激励，优秀员工流失情况严重。

金融强监管与去杠杆，导致举债扩张模式终结

近年来，中国经济增速逐年放缓，但企业债务增长很快，这导致企业杠杆率（企业债务与 GDP 的比例）迅速上升。目前，中国非金融企业的杠杆率已经上升到全球最高的国家之列。企业杠杆率过高可能导致企业债务风险及金融系统的不稳定，因此较为引人关注，2017 年穆迪和标普两家国际评级公司因为对中国债务问题的担忧而先后下调了中国的主权信用评级。中国政府对杠杆率的问题也高度关注，在 2017 年 7 月召开的全国金融工作会议和 10 月召开的十九大会议上都重点强调了未来企业去杠杆，特别是国有企业去杠杆的重要性和必要性。

首先，杠杆总量过大：从杠杆率水平及债务总量来看，杠杆率水平过高，偿债压力巨大，这些问题确实值得关注。从总量来说，目前中国非金融企业部门的负债规模已经超过 100 万亿元，如果按照每年支付 5% 的利息来算，仅利息支出就要消耗 5 万亿元以上。例如，2016 年全年根据现价计算的 GDP 规模是 74.4 万亿元，同比上年新增规模只有 5.5 万亿元。如果这种状况持续下去，将会带来严重的后果，特别是在全球货币政策开始收紧并进入加息周期的背景下，如此大的债务规模和如此高的杠杆比率，会给中国经济带来较大的不确定性。

其次，杠杆率增速过快。从增速来看，企业杠杆率的增速过快，且与经济增速背向而行，显示企业是在逆势加杠杆，风险更大。虽然自金融危机以来，全球主要国家都出现了非政府部门杠杆率上升的现象，但大多数非政府部门经济体的杠杆率在近几年都出现了稳步的回落。

最后，结构性问题突出。从结构上来看，国企占比高，其中又

以产能过剩行业的"僵尸"企业为主。目前，企业杠杆率高，主要是国企杠杆率高，民企杠杆率并不高。从上市公司的资产负债率的变化可以看出，2007年之后国企和民企的杠杆率出现了明显分化，2007年之后，我国民营企业的杠杆率是持续下降的，表明民营企业已经在持续去杠杆。相反，在这一时期，国企的杠杆率却在持续上升。目前，在整个非金融企业债务中，65%以上为国企负债。国企的杠杆率明显高于民企。在国有企业中，近年来产能严重过剩行业中的"僵尸"企业的杠杆率明显偏高。

在持续多年的信贷快速增长后，我国经济增长趋势放缓，金融体系的风险明显上升，因此去杠杆已经成为近期宏观政策的重要主题。从2016年开始，我国政府开始收紧信贷，强化金融监管，管控债务管理风险。

由于去杠杆不可避免地会对实体经济产生一定影响，因此不可一蹴而就，需要把握节奏，统筹施策，稳定市场预期，有序地推进。既要防止短时间内企业债务下降太快可能导致的大规模失业及经济下行风险，又要保持政策定力，从宏观调控政策和金融监管上保持对企业杠杆的压力，防止道德风险，促使企业主动去杠杆。这就要求金融监管和国资委在去杠杆的策略上要注意部门的协调和政策出台的节奏，有序去杠杆。俗话说，病来如山倒，病去如抽丝，我们要认识到杠杆的形成不是一朝一夕的事，杠杆率的下降必然也是一个比较缓慢的过程，需要有抽丝剥茧的耐心。经济转型成功并不是一两年就能完成的事情，同样，我国企业杠杆率高的体制性难题和一些深层次问题的解决，如国有企业的公司治理和地方政府的预算软约束问题等都需要较长时间。在当前我国去杠杆的过程中，既要防止杠杆率上升过快而引发债务流动性风险和资产泡沫，又要合理把握整体的损害。

总之，国企改革是全面深化社会主义市场经济改革的重头戏，也是最难啃的硬骨头，但只有不断地深化改革，才能激发国有企业的动力和活力。中国经济进入新常态，中国改革时入新时代，新常态需要新动力，新时代需要新方法。国有企业作为中国社会主义市场经济的主体和主力，要以改革为突破、以发展为目的、以创新为动力，从而提高国有企业的核心竞争力，带动国民经济的健康发展，促进中国特色社会主义市场经济取得更好的成就。

国企混改的重要性和必要性

国有企业为什么要改革？国有企业混合所有制改革是国有经济结构调整的需要，可以提高国有企业的活力和效率，是加大国有企业对高质量创新发展的支撑。党的十八届三中全会明确指出："全面深化改革的总目标是发展和完善中国特色社会主义制度，推进国家治理体系和治理能力现代化"，同时"坚持市场化的改革方向"。也就是说，国企改革要在发展和完善中国特色社会主义制度的前提下，以市场化为目标对国有企业进行改革。国企改革首先要体现"以公有制为主体、多种所有制经济共同发展"的基本经济制度，这是国企改革的大方向和总目标。

中央提出，"巩固和发展公有制经济毫不动摇"，"鼓励、支持、引导民营经济发展毫不动摇"，这"两个毫不动摇"看上去是相互矛盾、相互抵触的，其实是相互统一的。从两种所有制各自的发展上看，两者是相互矛盾的，但从促进中国经济总体发展方面，以及通过混合所有制实现共同发展方面，两者又是相互统一的。

在经济新常态下，随着国有企业改革的深入推进，许多国有企业需要改制，从而为非公有制企业提供更加广阔的发展空间和市场。混合所有制改革是近年国企改革的核心部分，它指的是在国有控股的企业中加入非公有资本，使国有企业变成多方持股但仍由国家控股的企业。混合所有制改革的核心是解决国企活力不足的弊端。从根本上讲，混合所有制改革其实是引入其他资本参与国有企业产权制度的改革和治理机制的完善。混改的主要实现形式是，国有企业向民营资本开放，积极发展混合所有制经济。这将有利于发挥双方优势，实现优势互补，协调发展。

国企改革事关国有经济的主体地位问题，事关基本经济制度问题。要想真正让国有企业成为市场化的主体，国有企业的决策机制、运行管理机制、激励约束机制等，必须适应经济规律，满足市场竞争要求。我国的经济发展进入了新的阶段，机遇与风险并存，在目前这个特殊的历史时期，国企混改的重要性和必要性不言而喻。

降杠杆以防范系统性风险

自我国开始推进供给侧结构性改革以来，国企去杠杆就成为一项重点工作。全国金融工作会议提出，要把国有企业降杠杆作为重中之重，抓好处置"僵尸"企业的工作，从中我们不难看出国企去杠杆工作的迫切性。目前，我国经济结构正在转型，传统企业多面临利润率回落的情况，但负债率特别是国企负债率一直很高，长此以往，将给企业带来巨大负担，甚至导致产业空心化，产生巨大的系统性风险。因此，国企去杠杆有着充分的现实考虑和依据，是一项必须做也必须做好的艰巨任务。国务院于2016年10月发布的《关于积极稳妥降低企业杠杆率的意见》指出，去杠杆要遵循市场化、法治化、有序开展、统筹协调四个原则；须建立健全国有企业的现代企业制度，强化国有企业降杠杆的考核机制，将降杠杆纳入国有资产管理部门对国有企业的业绩考核体系。

据财政部的数据，到2017年6月末，全国国有企业资产负债率缩小至65.61%，呈温和下降趋势，较2016年12月末的66.08%下降了0.47个百分点，显示降杠杆工作一直在稳步推进。我国在降杠杆方面主要采取以下措施：推动企业优化资本结构，鼓励企业通过IPO（首次公开募股）、配股等方式从资本市场融资，改善资本结构，支持企业开展资产证券化业务，推动企业通过存量的盘活来筹集发展资金，尽量减少对负债的依赖。尽管国企杠杆率呈温和下降趋势，但相关风险仍然需要密切关注。当前，国企债务结构仍存在不合理现象：企业负债中很大一部分是短期负债，企业不仅背负利息，还要在短时间内偿还本金，很容易带来风险隐患。

国企混改是去杠杆的重要手段。混改引入的非公有制资金可以直接降低国有企业的负债率，减轻财务负担，防范系统性风险。混改改善国有企业的公司治理，增加经营监督，能够有效抑制国有企业的高负债行为，降低杠杆率。此外，国企混改与债转股也有着紧密的联系，债转股是实现混改的途径之一，更是国有企业降杠杆的有效途径，关于债转股的问题将在第六章单独讨论。

加快实现结构调整和转型升级

随着中国经济进入新常态，经济增长方式从粗放型向集约型和创新驱动型转变。国企混改把国有经济发展与民营经济发展有机结合起来形成合力，让民营资本进入国家重点领域和基础行业，拓展经济范围，提高经济实力，获得更大的发展平台和更多的融资机会，从而加快实现结构调整和转型升级。

与早期成长起来的传统民营经济不同，进入20世纪90年代后，诞生于20世纪80年代、成长于90年代、发展于21世纪的民营科技企业和21世纪以后出现的民营互联网科技企业在总体上呈现非常喜人的局面。中国民营经济从20世纪80年代起步，在1992年邓小平南方谈话后获得快速发展，自1992年以来一直以15%以上的速度增长，其中，1993年、1994年和1995年3年的经济经营户数的增幅均在50%以上。从私营经济起步和发展至今，其一直是发展我国第三产业的重要力量，在全国私营企业中，从事第三产业的占了一半以上。在国家政策的鼓励下，越来越多的私营企业进入移动互联网、物联网、新能源、新材料等高新技术新兴产业。同时，在国家供给侧改革化解产能过剩的机遇下，通过政府引导、市场调控的方式，淘汰落后产能和生产设备，可以提高企业的产品科技含量和劳动生产率。鼓励和引导民营企业与高等院校加强对接产学研紧密结合，将为高等院校、科研院所科技创新实现成果转化。越来越多的私营企业拥有核心技术、产业带动力强的创业项目和创新团队，组建了产业技术创新联盟，最终依靠技术进步加快转型发展。非公有制经济带来了中国第三产业的异军突起，在信息产业（互联网、计算机、通信等）、环保和医药等领域，民营经济起着社会启蒙者和先驱者的作用。如今，在新兴第三产业中，民营经济所占的比重稳步上升。国企混改引入民营资本，不但能为国有企业带来新技术、新活力，还能给国企带来整合机会，淘汰落后产能，化解过剩产能，产生1加1大于2的效用。国企混改能够推进上下游产业链的纵向整合，加强产业协同，增强经营稳健度，催化创新动力，推动结构调整和转型升级。

改善经营绩效，提升国有资本价值

我国国企改革重要的目标之一就是建立现代企业制度。现代企业制度是企业发展到一定阶段的产物，也是企业发展到一定阶段的需求。民营企业诞生于改革开放的春风化雨，成长于市场竞争的大风大浪，具有比国有企业更加灵活的机制。许多民营企业的改革伴随着市场化的浪潮，20世纪90年代，部分民营企业就逐步建立了现代企业制度，包括员工按照贡献大小量化配股的产权制度，不分家族内外、唯才是举的用人制度，所有权和经营权适度分离、决策层与执行层分离的管理制度，现成企业制度使企业走上了快速发展的道路。国企混改能够为国有企业的改革提供资金支持，从而保证了改革的顺利进行。非国有资本为一部分中小型国有企业和其他公有制企业的联合、兼并、嫁接、租赁和拍卖等提供了现成的对象和有效途径，使国有企业改革缩短了时间。因此，国企混改能够通过多种途径改善企业经营绩效，提升国有资本价值。国企混改的最终目的是使国有企业进入良好的发展轨道，正如党的十九大报告中所指出的，深化国有企业改革，发展混合所有制经济，培育具有全球竞争力的世界一流企业。这有利于国有资本放大功能、保值增值、提高竞争力，有利于各种所有制资本取长补短、相互促进、共同发展。

降低道德风险

委托代理理论模型要解决委托人如何对代理人的行为进行激励与约束，从而使代理人按照委托人的意志来行动的问题。自20世纪70年代以来，经济学家提出了种种设想和方案，如让代理人拥有剩余索取权；利用市场竞争机制来约束管理者的行为；设计有效的激励约束方案，并对经理的工作进行严格监督和准确评价。想要有效地防范委托代理问题，必须从委托方、代理方和外部环境3个方面入手。以前的研究主要集中在如何规范代理人的行为而忽略了对委托人的治理。任何单方面的治理都是不完整的，所以应该建立的是充分考虑了委托人和代理人的双向均衡制约机制。

国企混改，发展混合所有制经济，不但有助于推进国有产权改革，还有助于国有企业建立真正的现代企业制度，可以从根本上解决国企股东层面委托代理层次过多和权责不一致的问题。通过改善公司治理结构，国企混改可以限制原来由于委托代理层级过多而带来的道德风险，使国有企业从受行政命令约束的经营主体转变为受市场化力量和经济规则约束的经营主体。员工持股计划的实施，将公司管理层的身份由"官员"转变为企业的主人，从而建立起有效的长期约束激励机制，避免短期行为。

提高国有企业的创新能力

垄断行业是中国国有经济中最集中和控制力最强的领域，垄断行业中的主要大型骨干企业几乎都是国有企业。从总体上看，垄断行业改革仍滞后于整个经济体制改革的进程。现有改革偏重现有企业重组，忽视创造公平准入环境和引入新企业，没有形成真正的竞争市场结构。垄断行业的改革在产权改革和监管改革方面也相对滞后，难以避免垄断企业滥用垄断优势地位。自然垄断、行政垄断以及区域垄断交织在一起，抑制了行业的技术进步和创新。目前，国有企业创新能力低下的原因如下。

第一，国有企业的核心竞争力有待提高。改革开放是强国之路，同时也是强企之路。国有企业改革的目的是实现国有企业自身的强大，不断增强自身的核心竞争力。核心竞争力的强化要求国有企业在技术创新方面拥有自己的独特发展道路。当前我国国有企业的核心竞争力，与国外大品牌企业相差甚远，核心竞争力还有待提高。据相关数据统计，我国国有控股大中型工业企业主要经营业务的发展业绩还不足国外同类企业的一半，究其原因，主要是核心竞争力不足。例如，在人才培养、科研研发力度、人力资源管理、企业资金发展成本管理、市场开发能力及产品质量、企业形象等方面落后于国外具有竞争力的综合企业。我国的国有企业经历过相对保守的管理时期，管理层面存在着诸多问题。然而，短期的表面改革只能治标，不能治本，从根本上不能实现国有企业的根本性改革。国有企业的研发能力与跨国公司相比差距仍然较大。技术创新是国有企业实现又好又快发展的关键，不断提升国有企业的自主创新能力，事关国有企业的长远发展，更关系到我国创新型国家的建设问题。一方面，部分国有企业仍坚持走粗放型的经济发展道路，重生产、轻研发，单纯依靠引进和扩大规模来获得经济效益，不注重依靠提升企业的自主创新能力提高企业的核心竞争力。另一方面，实现企业持续、健康、稳定发展的关键是围绕企业的发展重点建立长期的产学研合作开发平台。当前，我国国有企业在生产技术领域还没有自己的核心技术发展优势，只能进行简单的一事一议的低层次合作，缺乏统一部署和长远的战略思维，技术合力不强，在短时间内很难突破核心技术研发的难关。

第二章　新时代国有企业改革的背景

第二，国有企业产学研一体化发展力度不足。我国当前的研发机构数量和研发机构投资力度还远远不够，产学研方面的发展还处在从属的发展地位。国有企业在激烈的现代化市场经济竞争中要获得较大的发展，实现自主创新能力的不断提升是关键。国有企业要提升自身的核心竞争力，就必须以产学研为发展方向，实现市场、技术、人才等方面的协调发展，实现人才、资源等方面的长效合作，共同承担未来高端技术产品的研发与生产，建立强有力的核心合作。国有企业应联合建立研发机构和产学研战略联盟来代替目前的联合开发、委托开发、业务咨询和代培人才的合作模式，并不断探索开发产学研合作新模式和新机制，强化合作平台，不断建立尖端人才培养新机制，为企业建立强有力的核心竞争体系。国有企业在自主创新方面，存在一系列亟须解决的问题。在能力创新方面，表象化发展态势尤为严重，自主创新的核心竞争力非常薄弱，再加上本身经营管理不善，内部存在松散的管理模式和应付性的管理模式。人才是科技创新的第一生产力。企业的高级技术人员是企业技术创新活动的具体执行者和实践者，企业高级技术人员的数量和质量直接影响到企业创新的实际效果。在核心技术人员管理方面，表现为以次充好、以假充真、滥竽充数似的病态发展模式。终端技术和核心技术还有赖于国外引进，这样，企业发展的主要命脉控制在别人的手中。由于缺乏强大的科技研究队伍和高精尖专业技术人员，多数国有企业难以拥有自己的核心技术。

第三，过低的科技资金投入。过于微量的科技投入导致国有企业科技发展空间狭小，在发展方面后劲儿不足。科技研发和科技投入量是企业能够在竞争中生存的主要条件，这不但能给企业发展带来更大的好处，同时也能增强企业的发展实力。从投资方面来看，国有企业有国家政策在扶持，在市场投入方面也占据绝对的发展优势。但是，从科技实力建设方面来看，科技投入往往在企业经营管理中显示出短期收益较小的潜在问题。因此，企业经营管理层面未对科技资金投入给予重视。然而，在企业总体竞争中，恰恰是科技实力的竞争能显示出企业长期发展的综合实力。国外企业在科技投入方面已经经历了一段很长的发展时期，在实力上远远高于我国国有企业。我国国有企业在人力资源管理方面实力不足，现阶段，新组建的科技人才队伍实力相对薄弱。另外，我国国有企业在科技人才培训方面尚处在初步组建阶段，虽然我国国有企业已经有30余年的改革历史，但是比起国外的超级集团企业，改革力度还远远不够。创新能力弱，产品技术含量不高，在很大程度上制约着我国国有企业的生产水平和效益。创新能力强，产品技术含量高，市场竞争力就强，产品销路就好，企业效益就好。我国国企生产的大都是初级产品，技术含量低，附加值低，跟不上市场对技术含量高的产品的需求，导致生产与市场脱节，效益减少。

第四，偏低的科技产出率。我国国有企业在科技产出率方面处于较低的发展状态。科技人才队伍研发力度偏弱，科技产品的科技含有率偏低，其发展程度与市场要求还存在相当差距，质量达标的科技产品的市场占有率不高。国有企业相对于国际知名企业而言，还存在较大差距。例如，2015年，我国央企总计共享有授权的发明专利4 891项，而美国仅IBM公司一家就获得4 843项专利授权，微软公司有3 070项。从数据方面不难看出，我国国有企业科技总体占有率相当低，在国际科技竞争方面处于劣势地位，这不利于我国国有企业的发展。

非公有制经济突破传统观念，造就了一大批的经营管理人才。传统的计划经济体制束缚了人的主观能动性，淡化了人的自主意识，容易使人染上依赖、懒惰、安于现状、不思进取的毛病。私营企业的产生和发展，向人们生动地展示了自谋职业、自主创业的广阔天地和巨大成功，这有利于人们转变观念，树立自由自立、奋发向上、讲效率、勇于开拓、大胆创新、尊重知识、珍惜人才等新观念，从而使人们尽快地适应市场经济下的新形势和新生活。随着我国市场经济体制的不断完善，迫切地需要一大批在市场经济中游刃有余的经营管理方面的人才。鼓励发展私营企业，为一批有能力的有志之士提供用武之地，使他们有了发挥潜能、施展抱负的机会。由于私营企业所处的行业竞争激烈，经过这样的磨炼，必将涌现出一大批精明能干、懂经营、善谋划的企业家和管理者。同时私营企业的员工也有了机会学习在市场经济中生存的本领，甚至可以掌握某些技术和经营管理之道，提高自身的素质和谋生的能力。对于外资企业来说，外资企业的员工会流入其他本土企业中，这时随之流动的就有先进的技术和管理理念，就产生了所谓的技术外溢效应。本土企业环境的不断改善和创造条件的完备，有利于人才在企业之间流动的体制和政策逐渐形成，掌握了先进技术的工程师和拥有有效管理理念的管理层人士从外资企业进入本土企业，促进了跨国企业的技术外溢，提高了本土企业的技术水平。国企混改将非公有制经济培养出来的一大批管理人才为我所用，将极大地提升产品创新能力和制度创新能力。

案例分析：华强集团——改革前沿的弄潮儿

背景介绍

改革背景

从全国知名的深圳华强北电子一条街，到现在名声大噪的文化科技代表企业华强方特，深圳华强集团有限公司已经从一家电子制造厂发展为一家涵盖文化科技产业、电子信息高端服务业、产业地产、云产业、清洁能源等领域的大型控股集团。2003年，华强集团作为广东省4家省属国有企业改革试点单位之一（其他3家为广东现代农业集团、广东中旅集团有限公司及广东丝绸集团有限公司），开启了产权改革的道路。2017年，华强集团实现销售收入234亿元，利润总额为23亿元，总资产达631亿元。

华强集团的改制是在广东省政府的支持和领导下进行的。华强集团成为改制试点单位的原因是：第一，华强集团的国有资产规模较为适中，净资产为5.4亿元，操作性强；第二，当时华强集团的经营状况一般，没有面临太多的经营困难，但也存在赢利能力有限的问题；第三，华强集团主要是电子行业，市场竞争激烈，适合国有资产退出；第四，华强集团地处深圳，改革面临的困难相对更小。

华强集团自身也渴望通过改制寻求进一步的发展。时任华强集团董事长的张锦强曾指出，华强集团经过20年的良好发展，实力不断增强，初步建立了现代企业制度，但是依然存在着产权单一的问题，初步建立的现代企业制度距离完善、成熟的现代企业制度还存在较大差距。企业自主经营权有限，缺乏核心竞争力，缺少主导产业支撑，在生产经营中面临较大的风险，缺乏科学的员工激励和约束机制。

华强集团情况

概况

华强集团成立于1979年，总部位于深圳市，毗邻著名的赛格电子广场，最初只是一家自筹100万元、国家前后投资了642万元的来料加工小厂。公司产品从最初单一的收录机，到与日本三洋合作开发的激光头产品，令公司成长为国内规模最大、设备最先进、配套最齐全的激光头生产基地，产量占全球总产量的20%以上。此后，华强集团还与日本三洋合资生产高能电池、软盘驱动器、线性马达等高新技术电子产品。

发展历程

1979年9月29日，广东省计划委员会发文同意在深圳成立深圳华强电子工业公司。粤北山区的3家三线厂部分迁入深圳，组建了深圳华强电子工业公司。

1980年7月2日,深圳华强与日本三洋公司合作的收录机来料加工生产线正式投产,开启了华强公司中外合资的发展时代。

1984年之后,深圳华强进一步加强了与日本三洋的合作,先后共成立6家合资公司,主要生产收录机、彩电、激光头和微型马达等,其中激光头和微型马达曾一度占据全球25%的市场份额。

1994年9月26日,华强公司被列入广东省政府批准的现代企业制度试点企业名单。

1995年12月,华强集团被列为全国百家现代企业制度试点和省授权经营试点之一。

1996年3月5日,华强集团的《建立现代企业制度试点方案》经国家体改委、广东省政府联合批复。

1997年1月8日,中国证监会批准同意了深圳华强实业股份有限公司公开发行股票的申请,1月30日,华强股票首次在深圳证券交易所挂牌交易。

2000年5月,广东省对原来分散的国有企业进行重组,华强集团在此次重组中成为广东省授权经营的大型企业集团。作为国资授权投资机构和国有资产投资主体,华强集团迅速扩张,先后在全国建立了五大产业基地,逐步形成了以高新科技电子产品为核心,同时覆盖家电产业、制糖与制造业、房地产物业的产业布局。

控股上市公司——深圳华强

深圳华强实业股份有限公司成立于1993年,由原华强集团旗下部分制造板块企业重组而来,并于1997年在深交所挂牌上市,是华强集团旗下高端信息制造业务平台,主营视频(电信运营设备及其软件、移动通信定位产品、信息化系统集成、数字电影与数字视频技术等)及电子元器件制造(包括激光头、电池系列产品、微型马达、数码相机等),并在深圳华强北开设"华强电子世界"大型综合性电子专业市场,涉足电子综合市场开发管理。

改革方案

时间轴

2002年8月16日，广东省政府召开4家改制试点企业座谈会，华强集团被列为转制试点企业。

2003年3月5日，广东省委组织部、广东省财政厅、经贸委、监察厅、审计厅、劳动和社会保障厅六部门就省属企业转制工作到华强集团调研。

2003年7月28日，华强集团有限公司的员工发起设立深圳华强合丰投资股份有限公司，是专门为华强集团有限公司改制而设立的员工持股公司。

2003年8月23日，广东省政府正式批复同意《深圳华强集团有限公司整体改制方案》。

2003年9月29日，广东省政府授权广东省财政厅与深圳华强合丰投资股份有限公司及10位高管自然人签署了《深圳华强集团有限公司国有股权转让协议》。按照该协议，广东省政府向华强合丰转让了华强集团45%的国有股权，向10位自然人转让了46%的国有股权。

因对国有资产的流失存在争议，国务院国资委对国有企业管理层收购的政策发生变化，华强集团的改制在法律性质上未正式完成，国务院国资委未正式批准改制后华强集团持有深圳华强的国有法人股变更为社会法人股，但实际权益及机制调整已完成。

2005年11月8日，国务院国资委向华强集团下发了《关于深圳华强实业股份有限公司国有股性质变更有关问题的批复》，同意华强集团整体改制，要求华强集团股权转让中涉及上市公司深圳华强股权的部分，必须在不低于每股净资产的基础上合理确定。批复还指出，此次改制构成了对上市公司深圳华强的收购行为，因此触发要约收购义务。

2006年3月15日，深圳华强发布公告称，自2006年2月10日履行的要约收购义务于3月11日正式结束，接受和撤回预约股份数均为0股。华强集团持有深圳华强的股份数不变，仍为14 196万股（占总股本的52.5%）。这意味着华强集团的改制正式结束。

具体改制措施

深圳华强的改制目的非常明确，就是实现产权多元化，建立长期激励机制，在国家、企业和员工利益之间建立平衡点。因此，国有股的保留比例是此次改革的焦点。

国企改制是由广东省政府和省国资委主导的，具体方案则充分尊重了华强集团的意见。最初，华强集团确定的国有股权退出比例仅为30%，广东省政府认为比例太小，改革作用难以凸现，要求提高退出比例。之后，省政府又一度想让国有股权完全退出，但考虑到集团离退休人员的费用支出等因素，最终选择保留较少部分的国有股权。

2003年9月29日，广东省政府授权广东省财政厅与深圳华强合丰投资股份有限公司、深圳华强集团有限公司10名管理层自然人签署了《深圳华强集团有限公司国有股权转让协议》，转让其持有的深圳华强集团有限公司91%的股权。转让完成后，广东省政府持有深圳华强集团有限公司9%的股权，深圳华强合丰投资股份有限公司持有45%的股权，深圳华强集团有限公司10名管理层自然人共持有46%的股权。

根据资产评估报告，截至2002年9月30日，深圳华强集团有限公司国有净资产为53 949.98万元。协议规定，转让股权价格确定为：按其净资产值总额的90%为基准，即48 554.98万元，扣减经各方核定的在岗员工经济补偿金、内退职工经济补偿金、奖励金以及离退休人员管理及费用（合计25 999.71万元）后的净资产为

22 555.27 万元，故该次转让 91% 的股权的转让款合计为 20 525.29 万元。协议同时约定，如果受让方在指定期限内将转让款分两期汇入转让方指定账户，转让方将给予受让方 10% 的付款优惠，即受让方实际支付的价款为 18 472.76 万元。

改制基本完成后，随着部分员工的退休、离职，华强集团又逐步将比较分散的员工持股适度集中，避免产生新的"大锅饭"现象，实现了机制调整，充分调动了员工积极性。最终，国有股完全退出。启信商业数据显示，员工持股平台华强合丰持有华强集团 45% 的股权，华强合丰股权的股东中，深圳华强集团股份有限公司持股 68.18%，其他 1 200 多名员工股东共持股 31.82%，而深圳华强集团股份有限公司的股东也是 700 多名员工。深圳华强资产管理集团有限公司（简称华强资产）持有华强集团 24.22% 的股权，华强集团现任董事长梁光伟全资持有的深圳市昆毅投资有限公司持有华强资产 98% 的股权，由华强资产控股 68% 的深圳华强升鸿投资有限公司持有华强集团 23.66% 的股权。

后续发展

改制完成之后，华强集团显示出强劲的发展动力，不再局限于原有的电子产品制造业务，其凭借原有产业优势向高端服务业发力，业务范围迅速扩张，逐步实现产业结构调整，最终完成华丽的转型升级。截至 2018 年，华强集团的主要业务包括：文化科技产业、电子信息高端服务业、产业地产、云产业、清洁能源产业及金融创新业务。

在文化科技产业方面，华强集团的核心公司为华强方特。2007 年年底，华强集团将聚能数码科技收入旗下，并将其改名为华强方特文化科技集团股份有限公司（简称华强方特），以此为核心打造文化科技产业生态。首先，华强集团陆续将集团旗下原有的分散的文化科技类企业，包括方特投资、华强智能、华强数码电影转移至

第二章　新时代国有企业改革的背景

华强方特名下，同时又根据业务需要相继成立了华强文化产品、华强数字动漫、华强游戏软件、华强设计院、方特电视节目、方特旅行社、方特影业等一系列子公司，以创意设计、主题乐园、动漫产品和院线电影为主要内容，搭建起创意、研发、生产、销售一体化的全产业链生态。华强方特形成了独特优势，成长为国内知名的大型文化科技集团，在市场上的竞争力较强，并于2015年12月挂牌新三板。2017年，华强方特营业收入达38.63亿元，净利润为7.48亿元。2018年5月28日，华强方特发布公告，称已经向深交所报送上市辅导备案材料，将再次冲击A股IPO。

在电子信息高端服务业方面，华强集团主要依赖于A股上市公司深圳华强实业股份有限公司（简称深圳华强）。在华强集团改制完成之后，深圳华强开始尝试主营业务转型。2008年，深圳华强进行了资产重组，剥离约占公司营业收入90%但产生亏损的视频产品制造业务，注入华强广场、华强北中国电子市场价格指数和华强电子网等与电子专业市场、配套商业地产以及电子商务有关的优质资产，由此深圳华强实现了经营重心由传统电子产品制造业向现代电子信息服务业的转型。事实证明，此次资产重组起到了立竿见影的效果，2009年，深圳华强实现净利润2亿元，较上年增长了28.04%。在之后的几年间，深圳华强一直积极地在各地进行电子市场及商业综合体的拓展。2015年，深圳华强在已有业务资源的基础上，以电子元器件产业链整合为核心，开始进一步转型：在上游元器件分销领域先后收购湘海电子、深圳捷扬和鹏源电子，全面进军高端电子元器件分销产业；在下游应用领域，联合腾讯成立华强北国际创客中心及创投基金，打造一站式硬件创新创业孵化服务平台；同时，深圳华强对旗下电子商务网站资源进行梳理，华强电子网向综合平台转变，从单纯的B2B信息发布平台切入交易环节，B2C电商代运营子公司深圳华强电子商务股份有限公司也成功在新三板上市。由此，深圳华强实现了产品、交易、数据、技术、创新创业的全链条、多渠道覆盖，建立起完整的服务体系，在行业内确立领先地位。

在产业地产方面，2005 年 12 月，深圳华强新城市投资集团有限公司（简称华强新城市）成立，这是华强集团投资设立的专业产业地产开发运营平台，以"构建产业发展平台，助力城市转型升级"为使命，结合华强集团自身的资源优势，致力于开发运营独具特色的智慧社区和产城综合体。华强新城市先后整合和建立了深圳华强商业管理有限公司、深圳华强酒店管理有限公司、深圳华强物业管理有限公司 3 家运营公司，并在深圳、佛山、芜湖、南通、郑州、安阳、沈阳等地设立了十几家项目开发公司，逐渐成长为以产城融合为特色的产业发展综合服务商。

在云产业方面，华强集团以华强云产业园为载体，打造了具有华强特色的交通云、商业服务云及华强云谷孵化共享平台、智能制造平台。在该业务下，华强集团整合升级了许多开展传统业务的集团旗下公司，包括华强信息产业有限公司、华强联合计算机工程有限公司、华强物流发展有限公司等。不仅如此，华强集团于 2012 年成立华强云投资控股有限公司，主要业务为园区产业载体开发经营、企业服务集成及高新科技产业投资，并将其确立为集团开展云产业业务的核心，旨在搭建云应用产业集聚和孵化平台，形成覆盖全产业链的产业集群。

华强集团于 2015 年才开始涉足清洁能源产业。2015 年 2 月，华强集团与北京兆阳光热技术有限公司合资组建了深圳华强兆阳能源有限公司，致力于光热发电及能源综合应用技术体系的产业化实施，目前已在张家口市等多地成立项目公司来进行项目的开发建设。

在金融创新业务方面，在中国银监会的批准下，2012 年 5 月深圳华强集团财务有限公司成立，这是由华强集团全额出资设立的一家非银行金融机构，其将作为华强集团的金融综合服务平台，围绕集团产业发展与战略转型的需求，为集团提供资金集中管理及配套增值服务，为集团的持续发展保驾护航。与此同时，华强集团也逐渐不满足于仅为自身发展提供金融服务，开始积极在银行、证券、基金及资产管理行业进行布局，先后成立了华强小额贷款有限公司、前海华强兴和融资租赁发展有限公司、华强保险经纪有限公司、前海华强融资担保有限公司、前海华强商业保理有限公司等进行业务拓展，并入股了深圳地区服务网络和销售渠道最为完善的深圳农村商业银行和河南省唯一具有金融不良资产批量收购业务资质的中原资产管理有限公司。这些举措展现出华强集团进军金融行业的决心，凭借集团自身的产业优势，华强集团在产业金融的发展上前景可期。

分析与总结

改制方案非常彻底，但又在改制初期保留了国有股东的适当制约

作为充分竞争行业的国有企业，华强集团的改制从最开始就确定了国有股权大部分退出的目标，并未引入外来投资者，而是将国有股权直接转让给管理层和公司员工。

最终的改制方案将华强集团从国有独资公司转制为管理层、员工、国有股东共存的产权结构，管理层合计持股46%，员工持股45%，国有股东持股9%，管理层和员工的持股比例较大，但仍保留国有股东，这不仅能适当协助、制约、规范改制行为和改制后的经营行为，还能分享改制后的权益收益。从结果上看，改制完成后，9%的国有股权权益的价值大于改制前100%的股权对应的价值，国有资产反而实现了增值。

管理层持股比例较高，参与员工持股计划的员工人数较多，且去除行政化

改制后，从股权结构上看，各方都不能对华强集团构成绝对控

股，任何单方股东均无法单独做出影响华强集团的重大决策或有损其他股东利益的决定。同时，管理层合计的持股比例、主要负责人的个人股权比例不低，长期激励约束效果非常好。另外，大部分正式员工以自愿原则参与了改制，基本全员持股既降低了改制阻力，又完成了国有职工的身份置换，还调动了员工的工作积极性。

尤其重要的是，华强集团从改制前的广东省属国有企业变更为改制后的民营控股公司，华强集团的董事长、总经理等领导人成为完全市场化的企业家，不再享受行政级别待遇。改制后的员工也成为市场化合同制员工，不再具有国有职工身份，能上能下，能进能出。

改制后国有企业焕发活力，经营效果极好，完成了结构调整和转型升级

改制后，华强集团的所有制属性从国有独资变成了民营企业，管理层获得企业的实际控制权和经营权，公司治理结构发生了根本性变化，决策效率和质量进一步提高，为后续的高质量发展打下了坚实基础。

今天的华强集团，立足电子信息智能制造和高端服务业，充分利用大数据、物联网、互联网电商等技术和商业模式，成功地打造了华强电子世界、华强电子网、中国电子市场价格指数、华强北国际创客服务中心等业内知名品牌。华强方特集团连续8年进入"全国文化企业三十强"榜单，美国主题娱乐协会（TEA）与美国AECOM集团联合发布的2017年全球主题乐园调查报告显示，方特主题乐园以3 849.5万的游客接待量蝉联全球主题乐园五强，增幅位列全球第二。

不难想象，如果不改制，华强集团很难完成产业转型升级，也不会花10年的时间去持续投入、打造中国最具特色的文化科技产业集团华强方特，甚至可能早就在深圳特区进入房地产开发大军，这或许能形成较高利润，但对国家、社会的贡献不会大过扎实的实体经济和文化产业。

第三章
国企混改的政策梳理

国家层面的国企混改政策

2015年颁布的《中共中央国务院关于深化国有企业改革的指导意见》和《国务院关于国有企业发展混合所有制经济的意见》指出,以国有企业所有制为基础的改革方向,打响了国企混合所有制改革的第一枪,再一次将国有企业改革推入深水区。2016年,习近平主席在国企党建工作会议上,进一步从马克思主义政治经济学角度为国有企业混改指明了正确的政治方向和工作方向。2017年,国企混改开始了第一二批试点,共涉及19家单位,为国企混改做了先行试探。在十九大上,习近平主席进一步要求深化国企改革并要求做好相关配套设施改革,为国企混改持续深入奠定了政治基础。自2018年以来,国企混改相关操作细节进一步出台,第三批试点改革企业名单也已出炉,为国企混改在全国的广泛开展奠定了基础。

所谓国企混改,是指将国企由国有独资等资本经营形式向国有、集体、非公等不同性质所有者之间或在国有产权内不同投资主体之间产权持续混合、磨合、融合的过程,这一过程能够有效解决国企活力不足的问题,让国企以更加市场化的方式参与竞争、履行社会责任,进一步提高国企的资产回报率,提高国有资产效率,在市场化条件下保持盈利的持续增长。目前，国家建议部分国企与社会资本、行业巨头、成长性企业等非公有制经济以开放式改制重组、引入基金或战略投资、整体上市或核心资产上市、员工持股等方式强化合作，来实现独有的经济意义、执政意义、品牌意义。从经济层面上来说，实施国企混改，能够助力国企进行治理结构、人才机制、管理机制等方面的制度转变，提高国有资本配置和运行效率，优化国有经济布局，以适应经济建设新常态。从执政层面来说，实施国企混改，能够进一步发挥国有企业的职能，以混合的方式将更多人纳入"体制内"，从而实现对国有经济的主导和对非公经济的引导。从品牌建设上来说，国企混改能够实现非公有制企业的灵活与国企资金的高效融合，提升企业主体竞争力，利于在国际上创建我们的品牌。

　　国企混改按照操作流程主要分为五步。第一步是确定哪些国企参与改革，国家制定了《关于国有企业功能界定与分类的指导意见》《关于完善中央企业功能分类考核的实施方案》，将国企分为商业类和公益类，并通过负面清单来确定参与混改的企业。第二步是确定与谁混的问题，国家颁布了《关于国有企业发展混合所有制经济的意见》《关于鼓励和规范国有企业投资项目引入非国有资本的指导意见》等，明确了以社会资本、行业巨头、成长性企业为主的混改合作模式。第三步是确定如何混的问题，为此国家颁布了《关于国有控股混合所有制企业开展员工持股试点的意见》《关于进一步完善国有企业法人治理结构的指导意见》《关于深化中央管理企业负责人薪酬制度改革的意见》《关于合理确定并严格规范中央企业负责人履职待遇、业务支出的意见》《关于改革和完善国有资产管理体制的若干意见》《关于推动中央企业结构调整与重组的指导意见》等，对国企混改的形式做了明确而具体的规定。第四步是确定配套设施和机制保障问题，国家颁布了《关于加强和改进企业国有资产监督防止国有资产流失的意见》《关于建立国有企业违规经营投资责任追究制度的意见》《企业国有资产交易监督管理办法》《上市公司国有股权监督管理办法》《关于进一步加强和改进外派监事会工作的意见》《关于在深化国有企业改革中坚持党的领导加强党的建设的若干意见》等，进一步为混改提供了配套措施和制度保障。第五步是确定如何实施和开展试点的问题，国家颁布了《关于开展市场化选聘和管理国有企业经营管理者试点工作的意见》《关于印发加快剥离国有企业办社会职能和解决历史遗留问题工作方案的通知》、贯彻落实《中共中央国务院关于深化国有企业改革的指导意见》改革举措工作计划、贯彻落实《中共中央国务院关于深化国有企业改革的指导意见》重点任务分工方案、《关于国有企业改革试点工作事项及分工的方案》等，为国企混改提供了政策支持和实施保障。下面，我们将依据相关文件，具体梳理一下国家在国企混改方面的政策。

《中共中央关于全面深化改革若干重大问题的决定》

于 2013 年 11 月正式公布的《中共中央关于全面深化改革若干重大问题的决定》，说明了我国全面深化改革的目的，对我国改革开放之后取得的成就进行总结，以框架性的战略性思维，通过 16 个相关章节阐述了我国到 2020 年全面深化改革的主要思路以及关键举措，成为新形势下全面深化改革的纲领性文件。其中涉及国企混改的主要内容有以下几点。

一是注重产权优势互补，激发企业活力。混合所有制改革融合了不同性质的产权，保证企业拥有充分的动力源。不同性质的产权具有各自的特点和优势，混改实现了优势互补，激发了国有企业的活力和竞争力。

二是注重行业整合，谋求共同发展。混合所有制改革有助于国有资本在产业机构上的优化布局，降低国有资本和民营资本的对立，调动全社会的积极性，实现国有资本和民营资本的共同发展。

三是引入民营资本，改善公司治理。民营资本在企业中占据一定席位，将对公司的重大经营决策形成强大约束，从而有效改善公司治理情况，提高管理水平。

四是开展员工持股，提高企业效益。员工可通过持股转化身份，兼具公司的劳动者和所有者的双重身份，分享公司发展的成果，实现股东与管理层、员工利益的一致性，从而将公司的效益提高。

相关部门全面深化改革的目标，为国企混改提供了框架引领和思想导引，《中共中央关于全面深化改革若干重大问题的决定》是国企进行混改的政策性文件。

《关于国有企业功能界定与分类的指导意见》

2015年颁布的《关于国有企业功能界定与分类的指导意见》将国有企业划分为商业类和公益类，并分类改革、分类发展、分类监管、分类考核。

在分类改革方面，公益类改革的重点在于鼓励非国有企业参与经营，实施投资主体多元化。而商业类则被细分为充分竞争行业、国家安全经济命脉行业、自然垄断行业3个子分类，分别实施整体上市、国有控股非公有参股、经产开等改革。

在分类发展方面，商业类国有企业应该对资源进行合理配置，做好转型以及整合方面的工作。主业处于充分竞争行业的商业类国有企业的发展重点是产权流转，以进一步处置低效、无效及不良资产。主业处于关系国家安全、国民经济命脉的国有企业的发展重点是提升国有资本投入，发挥更多效能。处于垄断行业的国有企业的发展重点是实施人事改革，消除发展弊端。公益类国企的发展重点是优化服务水平，提升服务效率。

在分类监管方面，中央重点做好建立健全监督体制的机制，防止国有资产流失。其中，对主业处于充分竞争行业的国有企业，强化集团公司层面的监管,提高经营自主权。对主业处于关系国家安全、国民经济命脉的重要国有企业,监控重点是国有资本的布局情况。对垄断国有企业的监控重点在于规范资本运作,维护国有资本安全。对公益类国有企业的监控重点是产品、服务质量和效率。

在分类考核方面,对主业处于充分竞争行业的国有企业,重点考核经营业绩指标等反映市场竞争水平的指标。对核心业务与国民经济相关的国有公司,重点考核国有资产的保值增值。对垄断行业的考核重点为营运效率和保障能力。对公益类国有企业的考核重点为成本控制、产品质量、服务水平等。

精细管理是当今企业管理的重要趋势,对国有企业实施功能界定与分类是因企施策推进改革的前提。《关于国有企业功能界定与分类的指导意见》明确了国企分类,在促进国有公司法人治理体系、加大国有资产监管方面发挥了关键作用。

《关于完善中央企业功能分类考核的实施方案》

央企是国家经济的龙头,也是国家经济发展的命脉,因此中央根据《关于国有企业功能界定与分类的指导意见》,制定了《关于完善中央企业功能分类考核的实施方案》,将央企同样分为3类,为其改革制定了具体的实施方案。同时,在原来的基础上,该实施方案提出建立特殊事项管理清单制度,将保障国家安全等国有企业应承担的特殊事项列入管理清单。

《关于完善中央企业功能分类考核的实施方案》的制定,是央企对《关于国有企业功能界定与分类的指导意见》的细化,为央企混合所有制改革做了具体的说明。

《关于国有企业发展混合所有制经济的意见》

《关于国有企业发展混合所有制经济的意见》的颁布实施,完成了国有企业混合所有制改革从框架到细则的转变,为后期的试点奠定了良好的基础。意见指出，在国企混改的过程中，坚持政府引导、市场运作、制度完善、程序规范、稳妥推进的原则，分类推进公益类和细分为3个亚分类的商业类国有企业的发展，同时在子公司层面和集团公司层面推进混合所有制改革；并进一步明确国有资本、非公有制资本、集体资本互相融合的方式，制定了市场化管理机制，以产权保护、法律法制等保证国企混改的有效实施。

推进国企改革既要分类也要分层

分类推进

《关于国有企业发展混合所有制经济的意见》将国企分为商业类和公益类，并列举了试行国有独资或国有（绝对）控股的行业领域。

分层推进

《关于国有企业发展混合所有制经济的意见》将国企分为不同层级，相应地，改革手段和目标也有所区别。

《关于国有企业发展混合所有制经济的意见》鼓励各类非国有资本参与混合所有制改革。

- 帮助不同种类的国有资本入股国有企业。
- 帮助国有资本通过不同的形式入股非国有公司。
- 推广政府和社会资本合作（PPP）模式。

国企混改在优先股、国有管理股及员工持股方面进行积极探索，把一些国有资本变成优先股，在比较特殊的领域中制定我国的管理制度，从而保证国有资本在这些领域的控制力。通过试点以增资扩股、出资新设等方式探索员工持股。

完善公司治理

完善公司治理，需要进一步确立和落实企业市场主体地位。政府不得干预企业自主经营，股东不得干预企业日常经营。规范企业内组织机构的权责关系。建立以市场为导向的选人用人机制和激励约束机制。

建立合规的操作规则，加强监督

- 严格操作流程和审批程序。
- 健全国有资产定价机制。
- 加强监管。

为国企改革营造良好的环境

要想为国企改革营造良好的环境，应加强产权保护，健全多层次资本市场，进一步简政放权，加快建立健全的法律法规。

组织实施

制定协调工作机制，做好混合所有制公司党建方面的工作，开展不同领域混合所有制改革试点示范，营造良好的舆论氛围。

《关于国有企业发展混合所有制经济的意见》的规定，反映的是我国政府对于混合所有制经济发展的进一步放开。混合所有制改革是深化经济体制改革的重要内容，我们相信《关于国有企业发展混合所有制经济的意见》的出台是深化经济体制改革的积极信号。混合所有制改革不只是国有企业当前的阶段性任务，只要国有企业存在，为发展寻找动力、为突破寻找可能的需求就在，国企改革就永远都是进行时。

《关于鼓励和规范国有企业投资项目引入非国有资本的指导意见》

如果在国有公司投资的项目引入了非国有资本，需要注意以下几点。

一是要坚持"政府引导、市场运作、权益对等、共同发展、依法依规、公开透明、完善体制、优化环境"的基本原则,为国企和非国有企业提供一个相对公平的合作环境。

二是进一步拓宽合作领域和合作方式,包括外资参股、货币出资、PPP模式等,以通力打造示范项目。

三是进一步规范程序,主要在保证引资方式公开、公平、公正,规范参与企业遴选办法,强化项目管理,加强监管等方面予以明确规定,以规范的程序提振非公有制经济的参与热情。

四是进一步健全体制机制,在完善项目公司的治理结构、推行市场化运行机制、保障投资方合法权益、探索优先股、特殊管理股股权模式等方面,进一步完善国有企业结构,为国企混改提供机制基础。

五是进一步优化发展环境,主要从解决历史遗留问题、完善支持政策方面入手,为国企混改提供有效保障。

国有企业投资项目引入非国有资本是实现国企混改的一项重要任务,是发展混合所有制经济的必由之路。本次意见的出台,对国企改革和国企现代企业制度的建立具有现实意义和深远影响。国家建立部分国企与社会资本、行业巨头、成长性企业等非公有制经济以开放式改制重组、引入基金或战略投资、整体上市或核心资产上市、员工持股等方式强化合作,以实现独有的经济意义、执政意义、品牌意义。《关于鼓励和规范国有企业投资项目引入非国有资本的指导意见》为国有企业投资项目注入非国有资本提供了合作方式、合作方向及运营机制的保障,为国企混改提供了合作思路。

《关于国有控股混合所有制企业开展员工持股试点的意见》

员工持股试点企业范围

员工持股试点领域只涉及二级以下子公司以及省级国有公司一级以下子公司。

员工持股试点公司的条件

- 主业促进市场竞争的商业公司。
- 具有科学的股权结构,非公有资本股东符合一定的标准。
- 公司自身治理结构完善健全。
- 营收和利润90%以上来源于企业集团外部市场。

持股员工的条件

- 处于关键岗位并对公司的持续发展和经营业绩有重大影响的科研、管理、业务人员,同时和该企业签署劳动合同。
- 以下人员不能持股:党中央、国务院和地方党委、政府及任命的国有企业领导人员。
- 外部董事、监事。
- 在多个直系亲属在同一家公司的情况下,只能有一个人持股。

上述规定表明,国企混改鼓励的是核心员工持股,而不是全部员工持股,并且持股数量要根据岗位的绩效动态调整。

持股员工的出资方式

持股员工的出资方式主要有:以货币出资为主,并根据约定按时交纳;以科技成果出资入股,应提供所有权属证明并依法评估作价。

为防止国有资产流失,国有企业不能给员工赠送股份,同时也不能给持股员工担保、垫资等。

但是,试点意见并未限制通过存量股份转让以及二级市场购买或国有控股上市公司回购等方式进行员工持股。

股票来源和持股情况

国有企业通常利用增资扩股的方式让员工持股。从理论上讲,员工的持股总额不能超过总股本的30%，单个员工的持股占比不能超过总股本的1%。对国有控股的上市企业来说，实际的员工持股计划中员工所持有的股票不高于公司总股本的10%，单个员工持股的比例不超过总股本的1%。

入股价格

对员工而言，在入股之前，需要结合相关规定对财务审计以及资本评估，员工的入股价格必须超过核准的每股净资产评估值。根据中国证监会的规定，入股价格的确定有以下方式：二级市场购买、上市公司回购股份、认购非公开发行股票，一般是按照市场价或者相应的定增价格定价。

保持国有股东的控股地位

国有企业实施员工持股方案后，应保证国有股东的控股地位，国有股东持股的占比必须超过企业总股本的34%。

持股方式

结合相关意见，持股员工能够利用个人的名义持股，也能够利用公司制公司、合伙制公司等持股平台持股。利用资管计划方式的持股过程中不能采用杠杆融资。持股平台不能进行持股之外的所有经营活动。对于国有控股混合制企业，持股员工以个人名义直接持股后，公司股东人数不得超过200；实施员工持股后，必须保持公司股权清晰明确。

员工持股的管理

在员工持股的过程中，需要经过持股人会议等途径选出代表来进行管理。

员工持股的锁定期及流转

- 不少于 36 个月的锁定期。
- 锁定期满后,董事、高管每年可转让的股份不高于所持股份的 25%。
- 在员工离开本企业之后,需要在一年之内把所持股份转让,可以转让给其他员工,也可以转让给平台,其价格是双方协商之后确定的,如果转让给国有股东的话,那么转让价格必须低于去年审计的每股净资产值。

股权分红

试点公司和国有股东不能向员工设置托底回购条款。持股的员工具有和国有股东一样的权益。

以上规定表明,国有企业既要关注对员工的激励程度,又要防止国有资产的流失。

《国务院办公厅关于进一步完善国有企业法人治理结构的指导意见》

《国务院办公厅关于进一步完善国有企业法人治理结构的指导意见》的内容归纳起来有如下几个要点。

第一,重视市场主体作用,明确提出改革的重点是规范决策机制和完善制衡机制,体现效率原则与公平原则。

第二,明确时间线:2017 年年底,基本完成国有企业公司制改革;2020 年形成完善的企业法人治理结构,完成外派监事会改革。

第三,高度强调公司章程的重要性,要求充分发挥公司章程作为公司行为准则的基础作用,法人治理结构主体权责应符合公司章程。

第四,明确出资人机构在公司治理结构中的定位,转变监管方式。对于出资人机构来说，应该结合本级人民政府授权对国家出资的公司享有一定的权利，重点以"管资本"为主，开展委派国有独资公司总会计师试点。同时要适时制定国有资本优先股和国家特殊管理股管理办法。

第五，要求激发经理层活力，规范经理层授权管理制度。提出探索董事会通过差额方式选聘经理层成员，制定个性化的薪酬分配制度，然后提出国有独资企业管理层逐渐完成任期制管理，从而有序推进职业经理人制度建设。

第六，对国有独资企业改革的责任对象进行明确，在公司改革的过程中，董事长承担着大部分责任。

第七，强调党组织在改革过程中的领导核心及政治核心作用。董事长、党组书记通常由一人担任，推进中央公司党组专职副书记进入董事会。将加强党的领导和完善公司治理相统一，实行多种形式相结合的管理制度，充分发挥纪检监察、巡视、审计等监督作用，落实党风廉政建设。

第八，要求建立健全严格的责任追究制度，明确权责边界。对于治理主体的严重失职、渎职现象，结合相关法律法规进行惩罚。

国有公司在改革过程中，涉及 3 个方面的主要内容：依法合规的现代企业制度的建立、国企混合所有制改革、国资国企的监管体制改革。本次意见的出台，将法人治理结构作为重点，特别是对国资国企的公司治理做了具体而又明确的规范，有实务、有目标，对国企改革和国企现代企业制度的建立具有现实意义和深远影响。

《关于深化中央管理企业负责人薪酬制度改革的意见》

本意见中的关键内容是对公司实现的个性化薪酬管理制度进行确定，对于行政任命的高层管理人员和一些垄断性行业的央企负责人的薪酬，应该进行限制。

第一，明确规定国企、央企负责人的职责，通过比较严格的行政制度对公司负责人进行约束。

第二，明确指出央企薪酬体系改革和国资公司薪酬体系改革的关系，对相关公司负责人的薪酬管理体系进行完善，同时实现分类分级管理。强调建立现代企业制度是国有企业改革的方向，制定和中央公司负责人选任方法相适应的个性化薪酬管理制度，对相关负责人的薪酬管理体系进行不断完善。

第三，指明了出资人与管理人分开管理、开门办国企的思路。首度对央企负责人公务用车、办公用房等7项具体内容设置上限标准，对之前的消费内容设置禁令。

第四，显示了着眼全局的改革视野。

本意见有两个显著特点：一是速度快；二是文件内容与舆论和民意紧密吻合，"七项内容"和"四个禁止"非常到位。结合会议的内容，实现统筹兼顾，制定普通员工和管理人员薪资分配的关系，对不同领域的公司负责人的工资差距进行适当的调节，在最大程度上实现社会的公平。

《关于合理确定并严格规范中央企业负责人履职待遇、业务支出的意见》

为贯彻落实党的十八届三中全会精神，根据中央八项规定精神和《党政机关厉行节约反对浪费条例》的规定，该意见进一步合理确定并严格规范企业负责人履职待遇和业务支出，严肃财经纪律。印发的意见提出问题导向，对加强和改进企业国资监督工作做出全面部署，有助于从体制机制上进一步筑牢国有资产流失防线，为促进国企持续健康发展提供保障。意见是深化国有企业改革的配套文件，防止国有资产流失工作的核心目的在于推动改革顺利进行，而不是形成阻碍，既要形成一套办法让改革顺利推进，又要避免国有资产流失。

适用范围

该意见适用于人大机关，审判机关，党政机关，检察机关以及中央和国家机关各部委、各人民团体所属的中央企业。企业负责人是指上述中央企业的领导班子成员。

基本原则

坚持依法依规、廉洁节俭、规范透明，建立健全科学规范、公开的公司管理人员待遇和业务支出管理策略。

合理确定履职待遇

所谓履职待遇，是指公司管理人员按照工作责任所提供的工作条件，其中通常涉及公务用车、培训等情况。

全面管理业务支出

所谓业务支出，是指公司负责人在进行生产过程中由于履行相关职责而产生的费用，其中涉及国内出差、业务招待的费用。

严肃财经纪律，禁止公款用于个人支出

除了相关意见中对公司制度的规定之外，公司同时不能违反财经规定，绝对不能把公款用在个人支出上。

做好监督管理工作

该意见对管理责任、相关管理策略等情况进行了明确。

《关于改革和完善国有资产管理体制的若干意见》

四个基本原则

四个基本原则包括：坚持权责明晰、坚持突出重点、坚持放管结合、坚持稳妥有序。

引导国有资产监管部门的职能转变

- 对国有资产监管部门的相关责任进行明确：对国有资产出资人所管理的范围进行合理的界定，加大对资产管理的力度，做到不干涉公司的经营管理活动。
- 进一步明确国有资产的监管重点。
- 帮助国有资产管理部门的职能调整：结合提高监管公司活动以及提升效率，对监管内容不断丰富，需要管理的一定要管理到位，对于不应该管理的内容，绝对不能进行干涉。
- 对国有资产的管理手段进行调整：不断使用法制化的管理手段，利用相关原则对企业的管理模式进行确定，把国有出资人的想法在企业的治理结构中进行体现。

对资本授权经营体制进行调整

- 改组或组建国有资本投资、运营公司，对商业公司的股权进行划拨，对国有资本的经营预算进行管理。
- 对国有资产监管部门以及国有资本进退体系进行逐步完善，列举国有资本投资之间的关系并进行明确。
- 对国有资本投资以及出资的公司关系进行规定；相关运营公司应该在法律法规运行的范围内进行活动。
- 进行相关试点工作，比如让政府直接对国有资本进行授权。

不断提升国有资本配置以及运营效率

- 制定完善的国有资本管理体系。
- 对我国资本进退体系进行逐步完善，列举国有资本投资的清单。
- 帮助国有资本进行优化重组。
- 努力帮助国有资本往关键的产业转移，不断向竞争力比较高的公司靠拢。
- 对国有资本进行调整和完善。
- 在对国有资本进行组建的过程中，相关部门应该结合公司的实际情况把国有股份转让给社会保障部门持有，通过分红的方式填补社会保障领域的资金空白。

《关于推动中央企业结构调整与重组的指导意见》

近年来，中央企业积极推进结构调整与重组，但是从整体来看，中央企业具有公司层级多的特点，其中存在着很多结构性问题，我们应该对资源进行合理配置，不断培养企业的创新水平。该意见明确指出接下来如何进行企业结构调整工作。

第一，对主要业务和我国经济相关的公司，应该提供更多的资本投入，维持国有资本的重要地位，允许非国有资本加入其中。

第二，对科技创新平台、国际管理平台进行重组，不断促进产业的更新换代，帮助战略性行业的进步，不断提高中央企业在国际市场中的核心竞争力。

第三，加快中央企业强强联合的速度，对国有资源进行合理地配置。

第四，运用不断处理过剩的产能、去掉没有前景的非主业等方式，处理好所遇到的难题。

《关于加强和改进企业国有资产监督防止国有资产流失的意见》

该意见的基本原则是：坚持全面覆盖、重点突出；权责分明、协同联合；放管结合、提高效率；完善制度，严肃问题。

着力强化企业内部监管

完善企业内部监管机制，强化董事会规范运作和对经理层的监督，加强企业内设监事会建设，重视企业职工民主监督，发挥企业党组织监管作用。

切实加强企业外部监督

做到完善国有资产监管机构监督，加强和改进外派监事会监督，健全国有企业审计监督体系，进一步增强纪检监视和巡视的监督作用，建立高效顺畅的外部监督协同机制。

实施信息公开，加强社会监督

做好国有资产的信息透明工作，切实加强社会监督。

强化国有资产损失和监督工作责任追究。

在国有企业违反规定的情况下，应该按照相关制度对其进行惩罚。

加强监督制度和能力建设

对公司国有资产的监管策略进行完善，不断建设实力强的监管队伍。

国有资产并非很轻易就能得到，这属于全体人民共有的财富，我们应该做好这方面的安全工作，避免国有资产流失现象的出现，这也是深化国有企业改革的一条重要经验和重要保障。

《关于建立国有企业违规经营投资责任追究制度的意见》

相关意见中明确指出，应该结合科学的现代公司管理制度，把提升国有企业经济效益当作奋斗目标，把做好资金密集等方面的监督工作当作重点，实现严格的问责机制，建立权责明确、管理高效的经营责任框架。

截至2017年，我国从整体上已经建立了国有公司违规监管体系，预计到2020年将全面实现涉及所有出资人责任的组织和国有企业责任监管策略，制定权责清晰、规范合理的工作模式。

该意见还指出，国有企业相关管理人员违反相关法律法规的要求，没有认真履行责任而导致严重的损失，或者别的严重后果的，必须对其追究责任，制定并实施关键决策终身追责的措施。

第一，违反经营投资的情况，具体涉及9个方面，如购销控制、对产权进行转让、投资并购、资金控制等。

第二，对资产的损失进行明确，将损失分为间接损失和直接损失。对于公司违规经营行为导致的损失，需要首先通过调查进行核实，结合相关规定对损失情况进行确定。

第三，对经营投资过程中的相关责任进行规定，在追究责任的过程中需要结合资产损失情况等，对于其责任人应该通过合理的方式进行处理，比如纪律处分、扣除部分薪酬等。

第四，结合相关规定对责任追究行为进行管理。如果某一行为导致巨大的损失，同时符合规定的标准，那么需要交给上级公司进行追究责任工作。

意见中还指出，应该对责任追究体系进行完善，对追究责任的标准、流程、方式等进行细化，为责任追究工作提供制度保障，促进相关工作的顺利开展。其中，应该由多个不同部门共同参与这项工作，形成管理的合力，从而提升工作效率，最终达到预期的效果。同时让社会进行监督，把警示作用充分发挥出来。

《企业国有资产交易监督管理办法》（新3号令）

新老3号令均强调对资产（产权）交易（转让）的监督管理，均以防止国有资产流失为监管目标。区别是：新3号令将国有产权改为国有资产，但在正文中仍存在产权转让和资产交易混用的现象。通读全文，新3号令中资产交易在概念上包括产权转让和狭义资产交易。同时新3号令增加了《中华人民共和国企业国有资产法》和《中华人民共和国公司法》这两个作为立法依据的上位法。

第三章　国企混改的政策梳理

首先，从监管范围上看，国有成分未超过50%的企业的再投资，不纳入监管范围。同时，新3号令增加了国有实际控制企业，含义丰富，意义深远。企业增资纳入进场监管范围，弥补了老3号令的漏洞，另外，政府对所出资企业增资不在监管范围内。3类企业的重大资产转让行为被纳入进场监管范围。新3号令扩大了监管范围，降低了国有资产流失的风险。在国有资产交易方面，新3号令增加了等价有偿原则。新3号令删除了"权属关系不明确或者存在权属纠纷的企业，国有产权不得转让"，其鼓励转让和交易的意图十分明显。同时对于受让方的资格，在产权转让上明确表示不得设置相关条件，若确有需要，也要注意不能有明确的指向性或者违反公平竞争原则。其一，会有更多"门口的野蛮人"在国有产权转让中不请自来；其二，这个条款事实上增加了投资优质公司的机会。

明确认定国有及国有控股企业、国有实际控制企业，由此可能引来如100%国有股权的GP构架调整，因为其可能会触发《合伙企业法》第三条。另外，将"股权比例＋大股东＋实际控制"作为判断依据，可能会导致监管范围扩大和监管边界不清晰。

与老3号令相比，新3号令对职工的保护力度大大加强。具体表现在：第一，扩大了保护的企业类型；第二，审议程序更加严肃、严谨；第三，增加了职工大会作为议事机关。

在信息披露方面，披露时间发生改变：控制权发生转移的披露时间变为不少于40个工作日，即行为获批后10个工作日内进行不少于20个工作日的预披露，再加上不少于20个工作日的正式披露，总披露时间延长到不少于40个工作日。这意味着，国有产权进场交易的时间至少被延长一倍。信息披露的项目增加了，披露的内容更明确了，由老3号令的七大类增加到现在的九大类。转让底价、管理层收购、股东优先受让权和竞价方式这些非常重要的信息的进一步明确，让信息披露更加透明和公正。明确了审计的委托单位是转让方，所以其必须负责保证所披露内容和材料的真实性、完整性以及准确性。

在增资方面，在"以下情形经国家出资企业审议决策，可以非公开协议方式增资"的内容中，尤其是企业原股东为非国有企业的，为这种规避监管提供了无限可能。除了原股东增资这种方法，也赋予其债转股这种特权，为金融机构入股国企提供了便利，成为规避进场的重要途径。

关于争议，新3号令提倡，在国有资产交易中发生争议的，先行通过产权交易机构调解，调解不成的，再提请诉讼或仲裁。争议方跳过调解，直接仲裁或诉讼，也是可以的。所谓的"三重一大"制度，指的是需经过集体讨论才能对重大事项决策、重要干部任免和重要项目安排以及大额资金的使用等问题做出决定的制度。

《关于支持国有企业改革政策措施的梳理及相关意见》

财政税收方面

财政税收方面的重点是减轻国有企业在改革改制、重组过程中的经济压力，为国有企业"补气血"。目前，已出台的政策主要包括两个方面：一是支持企业改制、重组的税收优惠；二是对部分行业企业提出支持政策。

土地管理方面

土地管理方面的重点是解决国有企业改革和发展过程中，开展土地综合开发利用或流转盘活等工作遇到的实际问题，为国有企业改革提供"新助力"。目前，已出台的政策主要包括两个方面：一是对国有企业改革中盘活土地资产提供政策支持；二是探索工业用地供应制度和提高企业用地利用效率。

社会保障方面

社会保障方面的重点是为国有企业改革过程中涉及的人员安

置、社会保障等问题提供政策依据，为广大国有企业职工送去"雨中伞""雪中炭"。目前已出台的政策主要包括两个方面：一是建立并完善社会保障体系；二是制定企业改制、兼并重组过程中职工安置的具体政策措施。

金融证券方面

金融证券方面的重点是加快金融业务创新，提供对企业的金融服务，降低国有企业改革发展时的融资成本，为国有企业"穿跑鞋"。

目前，已出台的政策主要包括两个方面：一是出台促进国有企业市场化重组的证券业支持性政策，二是对具体的金融证券行为进行支持和鼓励。

产权保护方面

符合条件的国有企业可以进行清产核资，重新核定企业实际占用的国有资本金数额。符合条件的资产处置行为可以不对相关国有资产进行评估。国有全资企业可以依据评估报告或最近一期审计报告确认的净资产值确定原股东增资、减资的股权比例。

简政放权方面

取消下放部分审批事项，简化国有企业兼并重组审批程序：事前审核上市公司的收购报告书这一制度可取消，但必须对事后问责进一步强化。审批上市公司所进行的重大资产购买、出售以及置换等行为可取消，但是构成借壳上市的公司不在此范围之内。审批上市公司要约收购义务豁免中部分事项的行为可取消。一般来说，由下放地方政府审批地方国有股东转让其所拥有的上市公司的股份。对审批企业兼并重组的相关流程可进行优化，尤其是并联式审批的推广，可在一定程度上避免互为前置条件。上市公司和符合条件的企业在实行并购重组时可分别采取分类审核、快速审核或豁免审核的方式。对海外并购中的外汇进行管理时，可予以简化，对外汇登记的要求进行改革，从而推进投资的便利化。对国内企业境外收购的事前信息报告进行确认的程序可进一步优化，这样一来，相关核准手续的办理速度将会加快。对经营者集中反垄断审查工作的效率予以提高，尤其是企业在兼并重组时涉及的生产许可、工商登记以及资产权属证明等变更手续，在办理时应提倡从简且限时。

《关于印发加快剥离国有企业办社会职能和解决历史遗留问题工作方案的通知》

一般来说，国有企业职工家属区的供水、供电、供热（供气）及物业管理（简称三供一业）、企业自办的医疗教育机构、市政及文化体育设施、社区管理、退休人员管理与服务职能等公共服务体系都是国有企业办社会职能的内容。国有企业办社会是计划经济时期形成的历史遗留问题。随着市场经济的快速发展，国企深化改革的不断加快，剥离国有企业办社会职能已成为不可回避和必须下大力气从根本上解决的突出问题。

从2016年开始，在全国全面推进国有企业职工家属区三供一业分离移交工作，于2018年年底基本完成。自2019年起，关于职工家属区三供一业的相关费用，国有企业不再以任何方式进行承担，尤其是不得在工资福利外对其进行补贴。

根据国务院的相关文件可知，国有企业职工家属区三供一业分离移交工作，必须坚持3个原则，即应交尽交、能交则交、不交必改。在移交工作顺序方面，应先移交后对其进行维修改造。为了进一步秉承技术合理、经济合算和运行可靠的理念和要求，以维修为主、改造为辅，进而更好地优化整合基础设施，与此同时，还要保证在分离移交后设备设施符合基本标准且能正常运行。

具体工作安排有以下几点。其一，国有企业分离移交职工家属区的三供一业。应对设备设施进行一定的维修改造，以便于符合城市基础设施的平均水平。另外，为对其进行社会化管理，可由专业化企业或机构对其进行分户设表、按户收费。其二，国有企业办医疗、教育等公共服务机构应予以剥离。其三，以社会化的形式来管理国有企业的退休人员。其四，改革厂办大集体。按照国务院工作部署和时间要求，实现厂办大集体与主办国有企业彻底分离，厂办大集体职工得到妥善安置。其五，集中解决少数国有大中型困难企业问题。

同时，通知也提出了4项保障措施：加强组织领导、发挥地方作用、落实企业责任、保障资金投入，力争到2020年基本完成剥离国有企业办社会职能和解决历史遗留问题。

《国资委关于贯彻落实中共中央国务院关于深化国有企业改革的指导意见的通知》

认真贯彻执行中央精神，统一思想与行动

在党的十八大、十八届三中和四中全会精神以及习近平总书记系列重要讲话精神的指导下，指导意见应运而生。该文件是党中央和国务院以"四个全面"战略布局为要求，对新时期深化国有企业改革提出的一系列政策措施。这些重大战略部署和决策将对国有企业的发展指明方向。因此，无论是中央企业，还是各地国资委，都要认真学习指导意见，并对其进行深刻理解，牢牢把握其中的精神实质，努力统一思想与行动。若对其只是一知半解、断章取义，甚至是生搬硬套，将无法发挥该文件的现实作用。各地区各单位的领导班子，应做好表率，带头学习，并积极组织广大职工学习，可采取集中学习、专题研讨和个人自学以及专家辅导等多种方式，进而加深学习的广度和深度，从而全面覆盖并落实对指导意见的学习和实践。我们在学习贯彻指导意见的同时，既要紧密结合党的十八大和十八届三中、四中全会精神，又要与习近平总书记系列重要讲话精神联系起来，更要结合本单位本地区承担的国有企业改革任务和亟待解决的问题等，努力将学习精神和学习成效转变为深化改革的

自觉行动和生动实践，坚持改革国有企业中的不足，推动其走向更广阔的发展天地。

做好组织领导工作，统筹推进国有企业改革的各项工作

对于组织领导机制，尤其是本地区本单位国有企业改革的组织领导班子的建立，中央企业和各地国资委都要给予高度重视，切实做好部署工作、制定方案、协调统筹和督查督办等工作，从而形成统一领导、分工协作和部门统筹以及齐抓共管的工作格局。与此同时，我们还要对改革的系统性、整体性和协同性以及改革的切入点和突破口等给予足够的重视，这样一来，不仅可以稳扎稳打、齐头并进，还能对推进改革和坚持法治、改革、发展和稳定以及顶层设计与基层首创精神这三种关系进行正确处理，进而对改革的次序、节奏和力度有一个正确的把握，从而更加稳妥有序地开展各项改革工作。

抓好分工落实，贯彻执行国有企业改革的各项政策措施

对于本单位深化改革的具体方案，中央企业和各地国资委要分别做好研究制定和实施意见的工作，从而在实际行动中真正贯彻落实指导意见。与此同时，可对照指导意见精神来梳理已有的改革方案和政策措施，并对不一致的部门进行修订，从而确保与中央精神的一致性。分工方案要切实可行，相应的责任单位和责任人要予以明确，从而将责任落到实处。对于指导意见中所提出的改革目标及要求，要注意联系实际，从而制定出符合当地国有企业改革的工作计划，且对目标成效、时间节点以及具体措施等进行阶段性的汇报和落实，长此以往，不仅能使工作的统筹性、前瞻性和有序性有所增强，还能真正落实改革政策及措施，从而如期实现改革目标。

做好督查督办工作，确保国有企业改革工作方向明确

建立国有企业改革工作推进的指导督促检查机制是国务院国资

委将要执行的一项重要工作。这样一来，就可以根据实际情况对相应企业的改革工作的进展有一个全方位的了解和及时监督。对于本单位本地区国有企业改革工作的督导工作，中央企业和各地国资委要予以进一步加强，最好是对工作进展进行全程跟踪和督导。把关提醒工作也不可或缺，这可以为改革方向的准确性提供保障，及时掌握相关情况，适时纠正与落实，尤其是关于国有企业改革方向、国有资产流失以及维护职工合法权益等重大问题，要早抓严抓，将其中不好的势头扼杀在摇篮里。另外，及时评估改革实施的效果，可使改革的质量有所提高。

宣传舆论引导工作必不可少，营造良好的国有企业改革舆论环境

我们要对指导意见进行全面正确的解读，对于权威信息要主动发布，对于疑难困惑需及时解答，从而使改革共识早日达成。对于舆情监测研判的工作要进一步加强，对于舆情动态也要及时掌握，对于社会的关切更要及时回应。在社会舆论方面，要坚持以中央精神和部署来引导，积极传递社会正能量。对于新时期国有企业在改革的方针政策和发展上取得的成效，我们要大力宣传，从而在百姓的心中树立一个勇于改革创新、拼搏进取和为国创富以及为民造福的良好的国有企业形象，带动全社会参与到改革中来，营造理解、支持和推动改革的良好氛围。

《关于上市公司实施员工持股计划试点的指导意见》

资金、股票来源和持股数量、期限

资金来源于员工的合法薪酬以及法律、行政法规允许的其他方式。员工持股计划可以通过以下方式解决股票来源：上市公司回购本公司股票；二级市场购买；认购非公开发行股票；股东自愿赠予；法律、行政法规允许的其他方式。

员工持股计划所持有的股票总数累计不得超过公司股本总额的10%，单个员工所获股份权益对应的股票总数累计不得超过公司股本总额的1%。每期员工持股计划的最短持股期限不低于12个月。

员工持股计划的管理

员工可以通过员工持股计划持有人会议选出代表或设立相应机构，监督员工持股计划的日常管理、代表员工持股计划持有人行使股东权利或者授权资产管理机构行使股东权利。

上市公司可以自行管理本公司的员工持股计划，也可以选任独立第三方机构，将员工持股计划委托给合格的资产管理机构管理。无论采取哪种管理方式，都应切实维护员工持股计划持有人的合法权益。

实施程序和信息披露要求

上市公司实施员工持股计划，要根据指导意见的规定充分履行相应程序，并做好信息披露工作，及时向市场披露持股计划的实施情况，接受市场监督。员工持股计划及参与员工，依据法律应当履行相应义务的，应依法履行。

员工持股计划的监管

证监会对员工持股计划实施监管，对存在虚假陈述、操纵证券市场、内幕交易等违法行为的，证监会将依法予以处罚。

为便于员工持股计划的信息披露及账户管理，指导意见规定证券交易所和证券登记结算机构应当在其业务规则中明确员工持股计划的信息披露要求和登记结算业务的办理要求。

需要说明的几个问题如下所示。

自愿参与原则

自愿参与是指是否参加员工持股计划由员工自愿选择。上市公司实施员工持股计划，应当充分征求员工意见，履行相应程序。上市公司不得以摊派、强行分配等方式强制员工参加本公司的员工持股计划。

关于资金和股票来源

关于上市公司实施员工持股计划的资金和股票来源，指导意见做了相应的规定，支持企业在法律、行政法规允许的范围内通过不同方式解决资金和股票来源，增强了员工持股计划的可操作性。

股东自愿赠予及公司回购股票奖励员工

股东自愿赠予作为解决股票来源的一种方式，需股东自愿采取且需要履行相应的股东内部审批程序。股东自愿赠予是员工获得股份的方式，员工通过此种方式获得公司股份后，与其他投资者享受平等股东权益。

公司采取回购本公司股票奖励员工的方式来解决员工持股计划的股票来源时，员工自愿参与且机会平等，通过股东大会、职工代表大会等决策程序，最大限度地保障公平性。

员工持股计划期限与标的股票锁定期限

员工持股计划长期持续有效。每期员工持股计划持有股票的锁定期不低于12个月，公司可以自行规定更长的持股期限。以非公开发行方式实施员工持股计划，根据《上市公司证券发行管理办法》《上市公司非公开发行股票实施细则》的规定，持股期限确定为36个月。

指导意见与相关政策的衔接

指导意见对所有类型的上市公司都具有直接的指导和规范作用。上市公司实施员工持股计划应依据指导意见的规定。此外，非金融类国有控股上市公司实施员工持股计划应当符合相关国有资产监督管理机构关于混合所有制企业员工持股的有关要求，金融类国有控股上市公司实施员工持股计划应当符合财政部关于金融类国有控股上市公司员工持股的规定。

实施员工持股计划是否需要行政许可

上市公司可以根据指导意见采取不同的方式实施员工持股计划。除非公开发行方式外，证监会对员工持股计划的实施不设行政许可。

《关于开展"国企改革双百行动"企业遴选工作的通知》

2018年3月国资委发布《关于开展"国企改革双百行动"企业遴选工作的通知》，主要内容有：国务院国有企业改革领导小组办公室决定选取百家中央企业子企业和百家地方国有骨干企业（简称双百企业），在2018—2020年实施国企改革双百行动。

标准

双百企业的遴选标准有三条。一是有较强代表性。推荐企业主营业务突出，资产具有一定规模，在行业发展中具有较强影响力，原则上应当是利润中心，而非成本费用中心。二是有较大发展潜力。推荐企业可以是深化改革与经营发展形势较好的核心骨干企业，可以是面临激烈竞争、亟须通过改革提高效率、提升核心竞争力的企业，也可以是暂时处于困难阶段，但有计划、有信心通过改革实现脱困发展的企业。三是有较强改革意愿。推荐企业主要负责人及业务部门能充分理解掌握国企改革精神，能敢为人先、勇于探索、攻坚克难，能在改革重点领域和关键环节率先取得突破。

特点

纳入国企改革双百行动名单的企业有三个特点。一是上市公司，试点内容主要集中在混改、员工持股等。二是此前做得较好的试点企业，比如十项改革试点等企业进入双百行动名单，从此前的单项试点转向"一企一策"制定综合改革试点。三是经营困难企业。这类企业的试点主要集在如何摆脱困境、解决历史遗留问题上。

要求

国资委要求入围双百行动的企业要实现"五大突破、一个坚持"，即在混合所有制改革、法人治理结构、市场化经营机制、激励机制以及历史遗留问题方面实现突破，同时要坚持党的领导。

数量

每家央企报 2~3 家企业，每省报 5~6 家企业，报上去的企业，除一些财务指标特别差、社会信誉度不高的，基本上都进入了试点，最后确定的名单有 400 家左右。

地方层面的国企混改政策

在地方政府出台的政策文件中，有许多体现地方特色的支持政策和措施，对国家层面的混改政策进行探索和创新，主要有以下方面。

减轻企业改革成本负担

山东、重庆等省（市）在关于深化国资国企改革的意见提出，可将股份转让收益和国有资本的经营收益中的部分集中起来设立一个发展基金，专门为国有企业的改革、发展和稳定服务。投入国有资本的筹集渠道多样化，并由政府来解决企业承担政府指令性建设项目的资金问题。建立健全企业公共服务支出补偿机制，由政府合理补偿企业的政策性亏损。

福建省《关于加快国有企业改革发展的若干意见》提出，省属企业实施关闭、解散、清算等改革，主体不存在的，其按现行国家和省有关规定应预留的离退休人员费用，企业没有能力预留的，可从省级国有资本收益收缴中按计划分年预留。参加机关事业单位养老保险的省属企业，改制后国有资本不控股或全部退出但仍持续经营的，可不预留退休人员的基本养老保险费；省属企业之间重组合并的，原单位参保人员（含离退休人员）合并转移到新组建公司时，按原参保方式由新组建的公司接续保险关系。

建立国有企业资本市场化补充机制

重庆市《关于进一步深化国资国企改革的意见》提出，除企业利润追加投资、股票上市融资和社会创业投资增加企业股本外，探索由政府设立股权引导母基金，引导国有资本、保险资金、社保资金、银行资金、私募股权基金、外资私募基金等各类资本参与，进而形成多个股权投资基金，如此一来，企业的资本金就可通过市场化运作得到持续不断地补充。

落实企业土地资产处置有关政策

对于国有企业的改革，福建省颁布了《关于加快国有企业改革发展的若干意见》，指出国有企业之间改制重组后申请办理房地产权属变更手续，只要用地性质不改变，可直接办理变更手续。

建立公益性项目补偿机制

湖北等省（市）提出，因企制宜，一企一策，建立公益性项目补偿机制。对公益性及准公益性项目采取单独核算、单个项目平衡，以及项目整体打包、综合平衡等方法，由承担项目的省出资企业与项目所在地的政府及相关部门算好项目平衡账，通过资产划转、资本金注入、特许经营权授予、税费减免、财政贴息、预算弥补等多种手段整合集约资源，保证省出资企业能够顺利回收投资并获取适当回报，实现持续健康发展。

创新投融资方式方法

湖南等省（市）提出，支持省出资国有企业灵活运用银行信贷、企业债券、信托计划、产业基金、股权投资、风险投资、信用担保、融资租赁、BT（建设—转让）、BOT（建设—经营—转让）、EPC（投资、设计、施工、运营一体化招标）等多种方式，创新项目融资，争取间接融资，扩大直接融资，破解融资困局。

盘活政府性资金

湖北等省（市）提出，对投入省出资企业的国债资金、转贷资金、财政周转金、部门转借资金等政府性资金，全面进行清理，按照"新老划断、一企一策"的原则分类盘活。对作为资本金投入省出资企业的国债资金、开发银行转贷资转借资金，符合规定的转增省出资企业的资本金。

从政策上支持历史遗留问题的解决

在充分利用国家政策的同时，辽宁等省（市）还进行了调查摸底，并据此研究制定了一系列解决历史遗留问题，如企业办社会职能、安置"壳企业"职工、厂办大集体和社会化管理离退休人员以及困难企业欠缴社会保险等的政策措施和方案。在资金上，拓宽获取资金的渠道，如建立公共财产资金和国有资本经营预算资金以及企业自筹等。另外，还可设立针对国有企业改革的专项基金，这不仅有利于历史遗留问题的解决，还是对其改革的支持。

完善考核激励机制

上海、江苏等省（市）提出，可将股权和现金、当期和任期相结合的分配形式应用于具备一定条件的竞争类企业，从而逐步建立针对企业核心骨干的长效激励机制和与市场机制相适应的分配机制。另外，可将科技成果入股和专利奖励等激励方式应用于高新技术和创新型企业。允许国有创投企业建立项目团队跟投机制。

广东省提出，企业现任高级经理人员可自主选择按职业经理人制度模式管理，探索以企业经济效益的增量部分作为企业负责人激励来源的激励机制，鼓励国有控股上市公司开展市值管理和股权激励计划试点，支持二级及以下竞争性企业尤其是创新型、科技型企业探索增量奖股、期股期权、虚拟股权、岗位分红权等多种激励途径等。

此外，上海、山东、黑龙江等省（市）在关于深化国资国企改革的意见中提出，在推进国有企业改革过程中，建立鼓励改革创新的容错机制。

案例分析：东航物流——民航混改第一样本

背景介绍

东航集团在引进携程、美国达美航空作为东方航空的外部投资者后，并未停下改革的步伐。作为民航领域的混改先锋，东航集团旗下的东航物流积极响应国家混合所有制改革政策，以增资的形式引进非国有战略投资者、财务投资者与员工持股平台，不仅实现了股权结构优化、商业模式的创新，更是突破性地放弃了原国有股东东航集团的绝对控制权，使其控股比例从100%下降至45%，具有极大的历史意义。东航集团为什么要选择让子公司东航物流参与混改？此次股权结构的变更意味着什么？战略投资者又将为东航物流未来的发展带来什么？且让我们一一揭晓谜底。

中国东方航空集团有限公司是国务院国有资产监督管理委员会下属的全资子公司，控股中国东方航空股份有限公司（35.06%）

与东方航空产业投资有限公司（100%）。东方航空物流有限公司原隶属于上市公司中国东方航空股份有限公司，后根据混改的需要，国有母公司东航集团旗下的东方航空产业投资有限公司将东航物流从上市公司体系中剥离，使得东航物流重新成为东航集团的全资子公司。

选择东航物流参与混改，与其发展趋势和面临的竞争压力有关。无论是国际还是国内，航空货运行业一直很难赢利。从公司内部来看，东航物流面临着业务衰退的挑战：货运业务收入占上市公司整体营业收入的比重较低，并且呈下降趋势。另外，随着全球货运市场景气程度降低，国际主流航空公司开始逐步退出或缩减全货机业务。2010—2015年，中国民航货运量增长了12%，而平均运价却下降了27%。从公司外部来看，东航物流正面临着较大的竞争压力：民营快递公司不断进入航空物流市场。得益于消费升级和跨境电商的发展，物流产品从2017年开始对时效的要求越来越高，航空物流逐渐发展成为圆通、顺丰、申通等民营快递公司的战略重点。在这种情况下，东方航空决定参与混改是希望能利用市场化的方法，为东航物流引入外部战略投资者。这既能分担自己的风险，又能把竞争者变成合作伙伴，还能充实资本，可谓一举三得。所以，从东航集团的角度出发，推动东航物流的混合所有制改革，是市场需要和自身战略需要的完美结合。通过此次混改，东航物流将逐步构建和完善全球领先的航空物流产业生态圈，并逐渐将公司打造成能够比肩美国联邦快递、UPS快递和敦豪快递的世界一流航空物流公司，同时为国企改革探索新的路径，积累可复制、可推广的改革经验。

东航集团的发展情况

1988年，按中国民航政企分离的管理体制改革方案，中国东方航空公司成立。

1993年10月，中国东方航空集团公司成立，成功实现了由区域性航空公司向国际性航空公司的转变。

1994年12月31日，以原东航上海总部和子、分公司整体改制为股份公司，集团公司作为唯一发起人以发起方式设立中国东方航空股份有限公司。

1997年，东方航空股份有限公司分别在纽交所、香港联交所和上交所挂牌上市。

2002年10月，以原东方航空集团为主体，兼并原西北航空公司，联合原云南航空公司组建而成的中国东方航空集团公司成立。

2010年，东方航空、上海航空联合重组工作完成，上海航空成为东方航空的全资子公司；同年，与云南国资委共同投资筹建东方航空云南有限公司。

2011年，东方航空加入天合联盟，战略重心从过去的国内航线为主转向国内、国际市场共同发展。

2015年7月，公司与达美航空缔结战略合作伙伴关系，向达美航空发行4.66亿股H股股票，募集资金约4.5亿美元。募资结束后，达美航空占东航集团总股本的3.55%，成了除东航集团及关联公司外的第一大外部股东。

2016年7月，与携程签订战略合作框架协议，加强与其在业务合作、股权合作、资本市场合作等领域的全方位合作，同年与上海迪士尼缔结战略联盟合作伙伴关系。7月，携程以30亿元认购东航增发的4.7亿股股票，持有东航3.22%的股权，成为与达美航空并列的最大外部股东。

改革方案

此次东航物流的混改方案可以分为三步：第一步是股权转让，将东航物流从中国东方航空股份有限公司的上市公司体系内脱离出来，重组为专注经营航空物流产业的平台；第二步是增资扩股，引进战略投资者和开展核心员工持股计划；第三步是改制上市，积极创造条件，实现企业上市。

股权转让

东航集团全资子公司东方航空产业投资有限公司收购上市公司东方航空所持有的东航物流全部股权，为东航物流的混改和未来独立上市铺平道路。

员工持股计划

东航集团以东航物流为存量资产，以增资方式引进非国有战略投资者、财务投资者与员工持股平台，共计释放55%的股权。计划3年持续赢利后IPO上市。

东航物流的员工持股计划中，持股范围为中高级管理人员和核心业务骨干，共125名员工，占东航物流8 000多名员工的1.57%。员工持股的股份来源是增资扩股，入股价格与战略投资者、财务投资者完全一致，约为2.87元/股。持股员工需要自行筹资认购东航物流新增注册资本14 288万元，占注册资本的10%，也就是说125名员工拿出1.4亿元入股。首批人员持股比例不超过8%，其中高管团队持有不到5%的股份，余下3%由核心骨干、技术骨干等持有，另外还将预留2%为未来进入东航物流的核心高管或专才设置股权激励。根据此次员工持股的规定，参与人员认购的股份自完成实缴出资之日起开始锁定36个月，如东航物流实现IPO，则持股人员需承诺其所持标的股份（即合伙份额）自上市之日起继续锁定36个月，锁定期间不得转让或出售。

具体改革方案

时间轴

2016年9月，东航集团、联通集团、南方电网、哈电集团、中国核建、中国船舶 6 家中央企业被列入首批混合所有制改革试点名单。

2016 年 11 月 29 日，中国东方航空股份有限公司将其所持有的东航物流的 100% 股权，以 24.3 亿元价格转让给控股股东东航集团下属全资子公司东方航空产业投资有限公司。

2017 年 4 月 18 日，上海联合产权交易所发布东航物流的增资项目，称拟新增非国有战略投资者、财务投资者与员工持股平台对东航物流进行增资，新增注册资本 2.788 亿元，拟募集资金对应持股比例不超过 55%。

2017 年 6 月 19 日，东航集团与联想控股股份有限公司（简称联想控股）、普洛斯投资（上海）有限公司（简称普洛斯）、德邦物流股份有限公司（简称德邦）、绿地金融投资控股集团有限公司（简称绿地）4 家投资者，以及东航物流员工持股代表，在上海正式签署增资协议、股东协议和公司章程。联想控股、普洛斯、德邦、绿地 4 家战略和财务投资者共占 45% 的股份，东航物流保持 45% 的股份，员工持股平台占 10% 的股份。东航集团实际投入 18.45 亿元国有资本，有效引入 22.55 亿元非国有资本。从实践上说，这个混改方案实现了两个突破：一是国有股权降低到 50% 之下；二是建立了以员工持股为主的长期激励机制。

改革方案与股权结构变化

混改前东航物流的股权结构如图 3-1 所示。

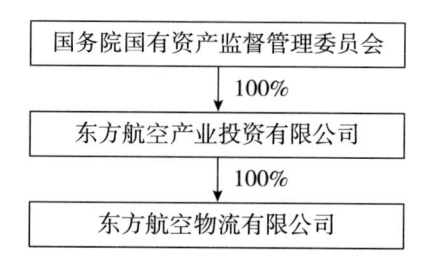

图 3-1 混改前东航物流的股权结构

混改后东航物流的股权结构如图 3-2 所示。

第三章 国企混改的政策梳理

```
东航集团        联想控股        普洛斯
  45%            25%           10%
        ↓          ↓          ↓
         东方航空物流有限公司
        ↑          ↑          ↑
   5%            5%           10%
德邦物流        绿地集团       员工持股
```

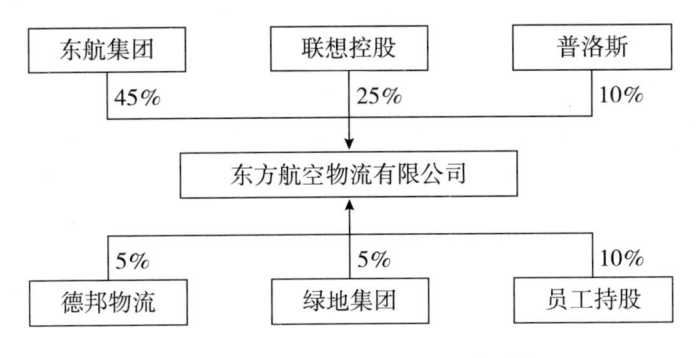

图3-2 混改后东航物流的股权结构

混改后的董事会结构：混改后，东航物流将组建全新的股东会和董事会，其中董事会由9人组成，东航方面委派5人，联想控股委派2人，普洛斯委派1人，员工持股平台委派1人，绿地和德邦则获得监事席位。各股东在公司章程的制定中也非常注意制约平衡，例如在投资决策、预算制定方面，至少要获得董事会成员2/3的认可。这样的规定，能够在国有股东、投资者和管理层三者间形成制约机制，有助于加强企业的市场化进程。

分析与总结

降低了负债率，优化了资本结构

东方航空物流有限公司总经理、中国货运航空公司董事长李九鹏表示，东航物流混改最直接的成绩就是降低了财务杠杆，负债率从2016年12月底的88%降到63%，优于世界一流航空物流企业75%的平均水平。通过降杠杆，2017年东航物流总营收及利润分别为77.51亿元、9.23亿元，分别增长了31.7%、72.8%。

引投的投资者的战略协同性非常突出

国企混改需以提高经济效益和创新商业模式为导向。东航物流在此次混改中经过前期与100多家企业的接触，最终选定联想控股、普洛斯、德邦和绿地集团这4家作为战略合作伙伴。4个战略投资方中，普洛斯、德邦与东航物流目前的业务协同性非常强。作为一家传统航空货运公司，东航物流正在试图整合航空物流产业链的上下游资源，向"大数据+现代仓储+落地仓配"的新型模式转变。在此过程中，新引入的战略投资者都能发挥各自的优势：德邦目前有国内最具规模的地面网络，东航与德邦的合作是资源业务的互补，有助于进一步节约成本与发挥东航的航空物流时效优势。此外，基于东航物流打算在未来成为航空物流地面服务综合提供商，普洛斯在综合物流解决方案上的专业经验积累也将极大地形成助力。例如，普洛斯能够围绕机场航空物流地产项目构建航空物流仓储网，而另一边东航的机场资源则能为普洛斯赋能。下一步，双方可能会就航空物流园进一步加深合作。

国有职工身份"改制"，建立长期激励机制，实现市场化新发展

建立管理层和员工持股计划，把员工利益和公司利益结合起来，也间接降低了国企改革的难度，实现人员精简目标。东航物流的员工持股计划中，持股范围为125名中高级管理人员和核心业务骨干，占总员工人数的1.57%，相对而言，员工持股比较集中，没搞员工持股"大锅饭"；员工持股的价格与外部投资者一致，即为外部投资者增强了信心，也严格执行了国有资产的相关政策规定；对持股员工设置了比外部投资更严格的退出机制，保证员工持股的长期激励和长期约束。

通过混合所有制改革，东航物流在推行市场化用人制度方面迈出了一大步：混改后所有员工均与东航集团解除劳动合同，再重新与东航物流签订市场化改革下的新合同。在人员管理上，东航物流建立了市场化的薪酬管理体系，实行"一人一薪，易岗易薪"，并实施市场化薪酬分配和激励考核机制。过去以行政级别制定薪酬的东航物流，现依照市场上同类企业的标准，根据不同部门的特点，

将薪酬分为固定和浮动的两块。例如，像市场部这样强调业绩的部门，浮动部分最高可以达到55%。混改后，东航物流首先进行人员精简，将8 000多人降至6 100余人。若东航物流最终能形成完整的奖惩体系和市场化的薪酬分配与激励考核机制，从而解决了吸引人才、留住人才的问题，那么可以说混改已经成功了一半。

股东会、董事会结构相互制衡，公司治理结构更科学

在混改后，东航集团作为第一大股东，对公司重大事项决策具有一票否决权，但公司同时也保留了股权比例合计1/3以上非国有股东的否决权，以实现有效制衡。在董事会层面，东航集团同样在多数事项上拥有实际控制权，但对于投资者最为关注的重大事项，既保留了东航集团的主要建议权，也保留了董事比例合计1/3非国有股东的否决权。总体上，股权结构与董事会结构均形成了相互制衡的局面，避免了一方独大的情况，再加上加入专业的新股东和董事会成员，公司治理结构更科学合理。

商业模式更优化

以往的商业模式是："我们长期处于被定价的状态，别人说多少钱，你就得给多少钱，不给的话飞机就空飞。为了填满腹舱，航空货运价格就一直往下降。"混改后，形成了更加主动定价的商业模式："现在是，有货的时候咱们运货，没货的话，我们自己先卖货再运货，所以已经形成了一种新型商业模式。"从成长基因上看，东航物流不同于敦豪快递、UPS快递等国际物流企业。虽然它们也经营航空货运业务，但起始于物流公司，属于"先有客户，再有飞机"，而东航物流脱胎于东方航空，是先有飞机，然后再去寻找客户。

近年来，航空货运一直保持旺盛需求。国际航空运输协会（IATA）发布的定期数据显示，2017年11月，全球航空货运需求同比增长8.8%，而2017年全年则成为2010年以来航空货运表现最为强

劲的一年。

混改后，机队规模也从原来的19架降至9架。东航物流为什么在需求增加的情况下降低运力？尽管货运需求增长已经连续十几个月超过货运运力增长，东航物流总经理李九鹏解释道："供求关系本质上并未发生变化，因为民航本身在迅速发展，其腹舱提供的运力规模也增长迅速。一架波音777系列的飞机，它的腹舱能装20~25吨的货，相当于以前一架757全货机的运输量。看似飞机数量减少了，但其实客机增量非常大，所以运力也在飞快地增长。"

本质上，这是国企混改尤其是员工持股之后，东航物流的基因发生了化学反应，竭力推动产业资源整合，把全货运经营和客机腹舱经营结合起来，更好地利用东航现有物流网络，并解决同业竞争问题，从而实现东航股份和东航物流的"双赢"，为东航物流的上市任务奠定了扎实基础。

东航物流的混改方案，重视民营资本、外资，也重视员工利益，做到了不但要"混"得好，还要"改"得好。外资与民营资本进入企业后，不只增加了资本金，也对公司治理结构有了显著改善；员工持股与外部资本价格相同但退出条件更严格，更能激发各股东发挥市场化机制。从结果来看，通过混改，东航物流的发展登上了一个新台阶，各项经营指标表现良好。2017年，东航物流总营收及利润分别为77.51亿元和9.23亿元，分别增长31.7%和72.8%。

国企混改中员工持股计划的参与人数如果能尽量集中，则员工持股计划的长期激励约束效果会更好，公司治理机制会更好；入股价格与外部投资者一致，也应该成为一个明确的基本要求。

东航高管层表示，东航物流混改的目标，是努力把东航物流打造成各类资本优势互补，股权结构均衡有序，具有健全的法人治理机构，完善的现代企业制度，市场化的体制机制，符合物流行业生态圈的高端物流服务集成商，能够比肩世界一流航空物流国家队，并为国企改革探索路径，积累可复制、可推广的改革经验。目前看来，这个目标基本实现。目前，东航物流已实现 3 年连续盈利，上市可期。

　　作为第一批混合所有制改革的试点企业，东航物流成功引入了普洛斯、德邦、员工持股平台等投资者，董事会中新引入的各方股东分别占有一席之地，使得东航物流可以迅速完成授权管理、行政议事、分类考核等内部机制改革。此外，东航物流与外部股东实现了战略资源的有效协同，通过整合利用资源、创新合作模式等方式，实现了业务转型，打通了航空物流全产业链，整体上提升了公司的经营能力和可持续发展能力，是一次成功的国企改革。

第四章
国企混改如何"混"

中国经济正处在从高速增长向高质量创新发展转型的关键期，经济结构调整和产业转型升级的压力较大。按照刘鹤副总理在2018年达沃斯年会上的解读，中国经济政策的顶层设计是一个总要求、一条主线、三大攻坚战。一个总要求是指适应经济从高速增长换挡到高质量增长后的创新驱动发展；一条主线是指全力推进供给侧结构性改革；三大攻坚战是指防范化解重大风险、精准扶贫、防治污染。

国有企业是中国社会主义市场经济中公有制经济的承载主体，截至2017年年底，中国国有企业总资产约170万亿元（不含国有金融类资产、宣传系统文化类资产和铁路资产），是中国重要的物质基础和政治基础。国有企业必须成为深入推进供给侧结构性改革、发展壮大实体经济、积极推进创新驱动发展、率先防范化解重大风险等顶层设计的主体和先锋。要完成这些目标，必须深化国有企业改革。其中，国有企业混合所有制改革是国企改革的重要突破口，发展混合所有制经济，是新时代深化国有企业改革、完善社会主义基本经济制度的必然选择。

国有企业的混合所有制改革，是指在国有独资、国有控股的国有企业中引入非公有制资本，实现投资主体多元化，形成既包含国有资本属性，又包含市场化基因的混合所有制企业。国企混合所有制改革的目的，不是仅仅混合非公有制资本，而是希望通过"物理"层面多种所有制成分的充分混合产生积极的"化学"层面的综合效用，实现体制和机制创新，增加市场活力和竞争力，建立激励约束机制，降低交易成本，形成符合现代企业制度和创新发展要求的治理体系。

历史经验

2013年，中共十八届三中全会《关于全面深化改革若干重大问题的决定》提出要积极发展混合所有制经济，混合所有制经济是中国社会主义市场经济制度的重要实现形式。2015年8月，国务院出台《关于深化国有企业改革的指导意见》，这是指导和推进新时代国企改革的纲领性文件。

为了发挥混合所有制经济的独特作用和优势，包括中国在内的世界大部分国家根据各自的国情和经济发展特点进行了所有制结构调整，放弃了传统单一的所有制形式，实现多种所有制并存和融合的混合所有制企业，先后走上了混合所有制经济的发展道路。虽然各个国家的混合所有制模式具有不同的特色，但是混合所有制适应各国经济发展需要，已成为一种必然趋势。

国外的混合所有制经济实践为我国发展混合所有制经济提供了经验。混合所有制经济最早出现在西方社会，西方国家的混合所有制经济的发展有着极其丰富的理论和实践经验，是在经历长达数百年的市场经济进化过程中，通过工业革命、产权制度、契约理论、商业革命以及一系列相关制度变迁和各类法律法规等制度创新后逐步实现的。

国外的实践经验

英国

混合所有制企业的发展

英国是世界上最早的工业革命发源地和资本主义国家，但其国家干预市场的历史也较长。从1945年二战结束至今，工党与保守党交替组阁执政，两党经济政策的理论基础既有一些共同点，又有许多区别。

从整体上看，1945—1979年，英国的市场经济是一种私人垄断资本主义与国家垄断资本主义相混合的混合经济。它主要表现为：在产权制度上，实行私人企业制度和国有化相结合；在经济调节机制上，实行国家计划和自由市场相结合；在国家干预与自由竞争的关系上，两者并重。

1979年5月至1991年，在保守党执政期间，国家经济理论摈弃了凯恩斯主义，转而信奉货币主义。其经济施政纲领主要为：放弃凯恩斯主义国家过多干预经济的做法；充分发挥市场的调节作用；通过限制货币供应量的增幅和紧缩银根等措施抑制通货膨胀；废除政府对工资和物价的限制，取消物价委员会，工资问题由劳资双方谈判解决；实行非国有化，鼓励私人资本发展；限制工会权力等。经过保守党的改革，英国的经济结构发生了很大的变化，由以前的国家过多干预经济向自由经济转变。这种转变虽然没有完全否定和改变英国的混合经济性质，但是混合经济中对立两极的比重、地位及关系发生了很大变化：国家资本比重下降，私人资本重新得到加强；经济计划程度下降，自由市场作用增大；国家干预程度明显减弱，自由竞争作用明显加强。

国家持股企业及国家参与公司治理的方式

在英国，国有企业分别隶属于政府各个部门，如英国煤炭公司隶属于能源部，英国铁路公司隶属于运输部等。国有企业董事会的董事长和成员是由主管大臣挑选和任命的，董事会则由政府主管大臣负责。主管大臣负责审批有关国有企业的总体战略目标，并就有关国有企业的经营方向、社会效益及经济效益提出总的要求和指示，但不干预国有企业的日常经营管理活动。在一般情况下，国有企业的董事会往往会挑选和任命一位公司总裁，并且授权该总裁自己"组阁"和进行公司具体的日常事务管理的权利，董事会只是制定一些重大的方针策略。因此，英国的国有企业基本上能像其他私营企业一样享有相当大的独立性和自主权。

英国政府对国有企业的政策是，引进私营企业的竞争机制，鼓励它们尽可能像私营企业那样有效地经营，在注重社会效益的同时尽可能多地获取经济效益。总的看来，英国政府在管理国有企业的过程中主要采取了以下一些措施。

- 制定国有企业的战略目标。战略目标一般是指针对国有企业的经营方向、经济效益、社会效益等提出一些宏观的目标要求，因此往往是国有企业进行财政控制和制定公司计划的框架。如英国能源部1990年为英国煤炭公司制定的战略目标要求该公司提高生产力、降低成本、最大限度地提高利润率和在没有政府支持的情况下争取收支平衡。
- 制定投资评估与定价原则。为了确保国有企业的新股资能获得适当的经济效益和提高利润率，英国政府提出了国有企业必须达到的投资利润率（一般是指税前利润）。如在1975年，英国政府提出的必须达到的投资利润率为5%，到1989年，这一投资利润率提高到8%。在定价方面，一部分国有企业的产品或服务价格主要是由市场来决定的。在一些能独自定价并处于垄断地位的国有企业中，财政目标决定价格水平。
- 制定财政目标与业绩目标。财政目标一般每3年制定一次，这也是政府控制国有企业的主要手段之一。财政目标的形式因国有企业所处的行业而异。在一般情况下，政府在为国有企业确定财政目标的同时也会提出企业的业绩目标，并对某些特殊企业提出服务的标准要求。
- 实行外部筹资限额。英国政府是从1976年起对国有企业实行外部筹资限额的，其主要目的是控制企业从外部筹资的数量。外部筹资限额规定了有关国有企业在某一财政年度内从外部筹资（包括政府拨款和借贷）的最高限额。如国有企业不听政府指令超额从外部筹资，政府将停止向有关企业拨款或提供政府低息贷款。因此，这也成了政府控制国有企业经营活动的一个重要手段。

- 对国有企业进行监察检查。英国对国有企业的外部监察检查由垄断与合并委员会进行。该委员会每年都要根据有关大臣的提议或指示对几家国有企业的经济效益、社会效益和服务质量等进行综合调查并写出报告。同样，政府有时也请独立的私营管理咨询机构对有关企业的经济效益进行观察。这些对有效控制国有企业起了积极作用。

法国

混合所有制企业的发展

在西方发达资本主义国家中，法国的市场经济体制有其鲜明的特色：一是既有较多的实施国家宏观调控的色彩，又有自由经济的特点；二是私人经济、国有经济、混合所有制经济都得到长足发展，但企业的国有化程度比英国和美国高；三是既发挥市场在资源配置中的主导作用，又带有强烈的计划经济的色彩。法国的混合所有制企业的发展与其经济体制的发展密切相关。

法国经济体制的发展在二战后经历了三个阶段。

第一个阶段是战后到20世纪70年代初期。在这个阶段，法国的工业遭到严重破坏，物资匮乏、技术陈旧、设备老化。这一时期，法国政府采取了大量的计划干预政策，对煤炭、电力、钢铁、水泥、运输等基础产业部门的大中型企业实行国有化运动。法国政府实施的计划市场经济是以现代市场经济为前提的，并且让经济计划在市场经济的环境中发挥其应有的作用。法国政府的宏观调控主要是指导性的，如制定国民经济发展的五年或十年目标，对国民经济的行业或部门做出优先顺序安排，同时，制定一系列的法律法规和政策措施与之相适应。在战后经济恢复初期，经济计划带有较浓重的政府干预色彩，初步形成了国有经济带动私营经济共同发展的局面。20世纪60年代末期，随着产业结构的进一步调整，国家对经济的宏观调整力度日趋弱化，没有规定具体的经济计划数量指标，国家经济计划成为纯粹意义上的指导性计划。

第二个阶段是20世纪70年代初到90年代初。在这个阶段，由于受到石油危机的影响，西方发达资本主义国家的经济增长速度明显放缓，法国也不例外，甚至出现经济持续衰退的局面。法国政府为了振兴经济，采取了由计划市场经济过渡到自由竞争的市场经济的措施，逐步让市场在社会资源配置中起主导作用。在这一时期，大量的国有企业通过股份制的形式被改造为混合所有制企业，国家作为单一产权主体的企业数量锐减。对一些垄断行业的混合所有制企业，国有产权占比在50%以上；而对于竞争行业的混合所有制企业，国有产权只占部分股份，私营、外资、个体等非公有资本产权占控制地位，企业拥有完全的自主经营权，平等参与竞争，产权也平等受到保护。

第三个阶段是从20世纪90年代初到现在。在这一阶段，国家政策由自由竞争的市场经济向计划经济、市场经济两者并重转变，以保证垄断企业的国家所有权，同时确保在竞争性领域的企业拥有经营自主权。

国家持股企业及国家参与公司治理的方式

法国是西方国家中国有经济成分较高的国家，混合所有制企业在法国一般被称为混合经济公司。在经历了三次国有化运动后，法国国有企业在国民经济中占的地位越来越重要。法国的混合所有制企业独具特色，股份制是法国国有企业最基本的资产组织形式，并且大多数国有企业是国有资本和私人资本相互融合的混合所有制企业。除全国性的混合经济公司之外，法国也有地方混合经济公司。

法国对这类混合经济公司的国有产权管理主要采用三种方式。

（1）任命管理层。

董事会实行三方代表制，每方代表各占董事会成员的1/3。三方代表分别是国家代表、企业职工代表、企业相关的专家和知名人士代表。其中，在国有控股100%和90%的企业中，董事长直接由国家任命，国家部分控股的企业的董事长由股东大会选举产生。

（2）派出国家稽查员和产权代表。

国家普遍向企业派出稽查员和产权代表列席董事会，派出的稽查员和产权代表有发言权，但无表决权。同时，稽查员和产权代表对企业的日常经营业务无权干预，但在国家给企业的资助方面有较大的决定权。

（3）针对特定企业设定特别法。

法国政府对特定企业设定特别法，从而实现不同国有企业的个性化监管。

德国

混合所有制企业的发展

德国国有企业的发展经历了多次起伏。二战以前，德国国有企业并不多。战争开始后，希特勒实施国家社会主义政策，将大量军工企业及与国民经济支柱产业有重要关系的企业收归国有，成为法西斯政府进行侵略战争的强大经济基础。在战争后期，大部分企业均受到毁灭性的重创。战后，德国联邦政府继承了普鲁士国家和德意志帝国的经济遗产，接收了一些受到破坏又无人经营管理的企业，同时也投资兴建了一些支撑当时德国经济命脉的基础性产业企业。各自治州政府成立之后，也相继接收和建立了自己所辖州的公营企业，在本州范围内承担公营事业的生产任务和进入私营企业不愿涉足的经济领域。这些国有企业为战后德国尽快恢复国民经济起到了重要作用。在 20 世纪 60 年代到 90 年代，德国国有企业经历了两次私有化改革，德国对汽车、航空、通信、邮政等多个领域的国有企业实施了改革，对从民主德国接管的国有企业，在改造后也实施了私有化或退出。目前，德国国有企业占国民经济总量的份额不大，比重在 10% 以下，主要分布在铁路、邮电、航空、港口、银行等关系国计民生的领域。在大多数国有企业中，政府以国有控股、参股的方式实施影响，其中联邦政府主要投资管理垄断性、基础性企业，如德国铁路、德国电信等；州政府主要管理公共设施和服务类企业。

国家持股企业及国家参与公司治理的方式

对于联邦一级的国有企业，德国主要由议会和财政部进行监督管理。议会主要通过预算委员会，特别是其下属的账目委员会，对国有企业的经营财务状况实施审查。财政部代表国家行使出资人权利，在国资监管中处于核心地位，负责日常监管具体事务，但不插手企业的具体经营和运行。财政部的管理主要包括：审批国有企业的成立、解散、合并、股份转让等重大资产经营决策；审查国有企业向政府提交的资产经营计划；以股东身份选聘主要国有企业的监事会和董事会成员，确保企业经营管理体现出资人意志；通过监事会掌握企业的经营发展情况，确保国有资产保值增值。需要说明的是，德国国有企业监事会与其他国家国有企业的监事会不同，德国国企的监事会兼具其他国家国有企业董事会的部分职能，既是监督者，又参与重大决策，监事会主席由财政部门推荐。在利润分配方面，财政部将国有企业的利润和改制收入列为公共财政收入，全部纳入公共预算管理。

州、市一级的国有企业在管理上有不同的特点。如杜塞尔多夫市，该市成立了企业监管委员会，负责城市公交、水、电、机场等企业的经营监管，负责城市信息、旅游、会展中心等基础设施的经营监管，负责医院、歌剧院等福利或文化企业的经营监管以及各种基金的经营监管。企业监管委员会负责选聘经营者,并对其提出节支降本、提升公共服务水平等方面的要求。经营者负责企业的具体经营,定期向政府报告预算执行情况,部分经营性行业的赢利企业每年需要向市里上缴经营利润。

瑞典

混合所有制企业的发展

通过对瑞典经济制度的历史考察,我们可以得出,瑞典民主社会主义经济制度的形成是历史发展的必然结果。

从国内背景看,20世纪初,瑞典自由市场经济的发展使国家经济严重衰退,失业人数空前增多。工人运动的发展,使代表工人阶级的社会民主党的力量不断加强。瑞典社会民主党同时得到了工会组织和农民阶级的支持。《萨尔茨耶巴登协议》稳定了劳动力市场,在学术界,这个协议被认为是奠定"瑞典模式"的先决条件。从国际背景看,面对20世纪20年代到30年代的世界性大危机,西方国家的政治经济不稳定使人们对资本主义民主制度产生了怀疑。

社民党左翼主张在瑞典实行苏联式的社会主义制度。由于其他各政党的反对,加上瑞典各阶级妥协的传统,这些激进的政治主张没有产生多大影响。瑞典社民党在建党初期以争取普选权为斗争目标,企图通过和平方式实现社会主义。然而,在20世纪20年代的两次单独执政过程中,这种生产资料社会化、国有化的主张遭到了资产阶级的强烈反对,因在实践中无法执行而流产。国有化的失败使社会民主党的所有制理论发生了巨大的变化,所有制理论认为国有化不是改造资本主义社会的灵丹妙药,因而社民党从现实经济问题的解决入手,希望通过一系列新的途径来实现社会主义。

国家持股企业及国家参与公司治理的方式

在国有资产所有权上,瑞典由议会统一行使国有资产所有权。根据宪法，议会确定管理和处置国有资产的基本原则，审核批准实质性变更国有企业经营方向、稀释所有权、增资以及购买和出售股份等涉及国有企业经营的重大事项。议会授权政府负责国有企业的日常监管，不干涉包括分红在内的企业正常的经营管理活动。根据瑞典《政府预算案》，如无特别规定，如果国有企业中国家持股少于一半或投票权少于半数，政府可自行决定是否出售国有股份。

瑞典政府负责国有企业的日常监管，但没有设立专门的部门统一行使出资人职责，而是按照企业所处行业特点及业务管理需要，由已有职能部门分别对国有企业承担具体管理责任，比如，酒精专卖公司和药品专营公司由医疗和社会事务部管理，博彩公司则由财政部管理。2009年，瑞典政府共拥有52家国有企业，其中，38家为国有全资，14家为国有控股。52家国有企业中，由工业部管理38家、教育和研究部管理1家、种族融合和性别平等部管理1家、环境部管理3家、卫生与社会事务部管理2家、文化部管理3家、外交部管理2家、财政部管理2家。这些部门主要通过两个途径监管国有企业。一是派出董事参与董事会工作，并对董事会进行评价。政府委派的董事主要负责向董事会解释议会、政府的有关决定（如主业的确定等），反映议会、政府的意图，并及时将董事会运行情况向政府报告。从每年的11月开始，政府部门会对国有企业的董事会业绩进行分析、评估，包括董事的能力、表现等，政府委派的董事也会参与相关评价工作。二是进行财务和行业分析。政府部门有专人分析行业和私营企业的主要经营指标水平，与其对比后，提出国有企业相应的业绩指标。除了上述监管措施之外，政府部门不干预企业的日常经营，董事会在日常经营中拥有很大的自主权。

在利润分配上，由于瑞典大多数国有企业的经营效益都比较好，都通过分红形式向国家上缴经营收益，国有企业的利润上缴已成为国家财政预算的重要来源。

在资金预算支出上,瑞典没有实施国有资本经营预算,国有企业分红收入以及国有股权转让收入全部纳入公共预算,由财政部统筹使用。在支出方面,为支持国有经济发展,财政部每年都安排与国有企业相关的支出,这些支出分散在中央政府预算支出的27个支出领域,如能源、交通和通信等。这些预算支出由管理国有企业的政府部门分别提出预算需求,财政部负责审核和统筹安排,资金用途主要包括四个方面。

一是资本金注入。瑞典政府注资的原因是多方面的,近年来的注资主要是为了在金融危机中帮助国有企业经营脱困。

二是向特定国有企业提供借款。这些国家借款一般是无息或低息的。

三是对特定政策性业务安排补助。比如,对邮政公司安排政策性补贴,如2008年的补助规模高达4亿克朗。

四是对企业从事研发活动安排补助。受欧盟竞争协议限制,除了企业研发活动外,政府一般不得为企业提供其他资助,因此瑞典政府对国有企业的一般性支持政策主要体现在研发补贴上。

芬兰

混合所有制企业的发展

与其他西方国家相似,芬兰的国有企业也主要是在二战之后建立起来的。战后,由于私人资本匮乏,芬兰以国家投资的方式投资兴办了一批关系国民经济和国家安全的企业,并以此为载体大力推进工业化和基础设施建设,促进国民经济的恢复和发展。自20世纪80年代末、90年代初开始,芬兰开启了国有企业私有化的进程,原来由国家垄断的冶金、电信、交通、酒业等领域已全面放开,能源、军工、金融等行业虽仍由国家控股,但已实现股权多元化和公私混合经营。目前，芬兰国有企业的数量已经减少很多，国有经济在国民经济中的比重也有所下降，但是仍保持一定的规模和地位，不少国有企业仍是国内的行业龙头和骨干，不少国有上市公司已成为稳定股市的"蓝筹股"。

国家持股企业及国家参与公司治理的方式

芬兰对国有企业实施分类监管。在法律监管层面，芬兰将国有企业分为两类：一类是国有公司，主要指国有独资公司和国有控股在50%以上的公司；另一类是联合公司，主要指国家作为重要股东但持股低于50%的公司。在企业运营监管层面，芬兰也将国有企业分为两类：一类是以社会责任为主的国有企业，主要负责提供政府需要提供的公共服务，政府监管侧重于考核成本；另一类是以市场竞争为主的国有企业，以追求利润最大化为主要目标，政府监管侧重于考核利润。在市场上，芬兰的国有企业没有获得政府特殊的照顾，而是与私营企业一样平等参与市场竞争，劳动用工和就业保障也与社会化用工接轨。

芬兰的国有资产管理体制与瑞典类似，监管顶端也是议会，议会确定国有企业运行的基本原则，然后授权政府实施日常监管。但是，为了保证国家对某些重要行业和领域的控制，芬兰议会于1991年4月颁布并实施了《关于国家在从事经济活动的有限公司行使控股权的法律》，明确规定了政府出售重点国有公司国有股的限度，并规定若股权转让使国有股的比例低于控股限度则必须提请议会批准。在政府监管方面，芬兰没有设立独立的机构专门行使出资人权利，而是分别由8个政府部门负责监管，具体为贸工部、财政部、交通和通讯部、教育部、社会事务和卫生部、外交部、农林部及环境部，其中以贸工部管理的国有企业的数量最多，因此有关国有企业的政策制定和协调工作主要由贸工部牵头负责。在实施国企改革之后，芬兰的国有企业也实现了政企分开，政府部门对企业的监管主要通过派出董事、监督评价董事会等方式进行，国家不直接干预其持股企业内部的管理行为。

新加坡

混合所有制企业的发展

新加坡在独立之初,经济基础十分薄弱,国内市场小,资金匮乏。为了迅速发展经济,新加坡政府投资兴办了大量国有企业,国有企业为新加坡的快速发展做出了重要贡献。在20世纪70年代,新加坡的国有企业是准市场经济型的,不追求经济效益,更重视社会效益。进入20世纪80年代后,新加坡对国有企业实施了市场化改革,转换国有企业经营机制,要求国有企业自主经营、自负盈亏,政府只行使所有者职能,不再干预企业经营活动。新加坡的国企改革取得了良好的成效。由于资本雄厚、技术先进、人才荟萃,时至今日,新加坡的国有企业仍在国民经济中处于支配地位,控制着新加坡的国民经济命脉,对国民经济的发展发挥着主导作用。

国家持股企业及国家参与公司治理的方式

新加坡对国有企业的监管分为三个层次:第一层是财政部,第二层是法定机构和国有控股投资公司,第三层是从事实体经营的国有企业,即政府控股、参股的企业,在新加坡被称为政联企业或国联企业。第一层的财政部代表国家行使出资人权利,主要负责国有资产的宏观管理,制定国有经济的发展战略,并对国有控股投资公司实施监管,具体包括向国有控股投资公司派出董事,审核控股投资公司的财务报告等。第二层中的法定机构主要负责管理公益性事业和企业,如交通部下属的电信局、港务局、宇航局;国家发展部下属的建屋发展局、市区征建局等,监督国有企业以合理的价格提供公共服务。新加坡庞大的经营性国有资产主要由第二层中的国有控股投资公司管理。国有控股投资公司不从事实体业务经营,主要负责落实政府部门制定的国有经济发展战略,通过投资控股或参股众多的国有企业，具体操作国有经济布局和结构调整，获取资本经营回报。在实践中，由于政府充分授权，国有控股投资公司承担了大量国有企业的日常监管工作。新加坡有四大控股公司，即淡马锡公司、国家发展控股公司、国家科技有限公司和新加坡保健有限公司。其中，1974年成立的淡马锡公司规模最大，直接拥有44家公司的股权，这些公司包括新加坡电信、新加坡报业控股、新加坡航空公司、星展银行等几乎所有最重要、营业额最大的企业，所持有的股票市价占整个新加坡股票市场的47%，在海峡时报指数中的权重也达到了近50%。可以说，淡马锡公司是新加坡国有企业的总管家，在新加坡国资监管体系中处于核心地位。

综上来看，混合所有制经济是国有企业改革的重要方向之一。从发展历程看，西方国家的国有企业大多经历了公司化和私有化改革，目前，除少数特殊行业的国有企业外，多数国有企业已改革成为国有控股、参股的公司，政府股东与其他股东共同持股，以公司为平台充分合作开展资本经营。这些国有控股、参股的公司均已实现市场化运作，经营中没有政府特权，按照市场竞争法则优胜劣汰，与改革之前相比，国有企业的经营效率得到了有效提高。除了英国、德国、法国等国有经济比重较小的国家外，新加坡、瑞典、挪威等国有经济发达的国家同样也在实施混合所有制经济，值得我们思考和借鉴。

中国的实践经验

混合所有制企业的产生和发展，是中国改革开放理论和实践的必然成果。实行以公有制为主体、多种所有制经济共同发展的基本经济制度，坚持社会主义市场经济体制，是由中国的生产力发展状况决定的。混合所有制企业是顺应多种所有制共存和市场经济发展而出现的一种具有生命力的所有制形式，中国混合所有制企业的产生和发展具有历史必然性和逻辑合理性。

生产力发展是中国混合所有制企业兴起的根本动因

企业产权制度变化的根本动因是发展生产力的客观要求。生产力的发展体现为生产社会化程度和专业化程度的不断提高，对生产组织提出的要求是企业规模的扩大，而企业规模的扩大要求通过积聚社会力量来实现生产要素的组合，以适应和促进生产社会化的要求。生产要素在社会范围内的组合，体现为资本的社会化，而资本不仅来自国家，也来自社会的方方面面，包括个人、集体、外资等，当企业资本由不同性质的资本组成时，企业的产权特征一定是混合所有制。随着生产社会化程度的不断提高，企业产权制度逐渐由单一的所有制形式向混合所有制转化，混合所有制企业也随之成为现代企业的重要形式。

完善社会主义市场经济，是中国混合所有制企业发展的内在动因

企业产权清晰，各类资本相互融合和流动，是市场经济的客观要求和普遍现象。完善社会主义市场经济，首先必须坚持以社会主义公有制为主体、多种所有制经济共同发展的基本经济制度，混合所有制企业的兼容性和统一性不仅扩展了国有资本的带动范围，增强了公有制的主体地位，而且充分调动了多种所有制经济的积极性，共同为社会主义市场经济的创新发展做出贡献。通过市场机制来调节社会生产，使市场在国家宏观调控下对资源配置起基础性调节作用，是社会主义市场经济体制的基本特征，这需要超越所有制性质的局限。因此，国有企业的所有制结构越来越趋于混合，是社会主义市场经济发展的内在要求，混合所有制企业的发展会进一步促进社会主义市场经济的创新发展，产生更加旺盛的生命力。

理论总结

评判一种所有制形式的作用，要看其是否促进了社会生产力的

发展,是否提高了全体社会成员的福利水平,是否促进了经济效率的提高,以及从国家层面看是否增强了国家的综合竞争力。历史实践证明,混合所有制的不断完善和调整,适应并促进了社会生产力的发展,提升了人民的生活水平,提高了经济效率。

第一,混合所有制保护并促进了生产力的发展,促进了社会经济的发展。在人类社会发展过程中,混合所有制对经济形态的更替起到了润滑剂的作用,减轻了生产关系在适应生产力发展过程中对生产力的破坏,对社会生产力起到了保护作用。所有制的变化导致的社会形态的更替往往是要彻底粉碎原有的生产关系及其存在的基础,这一过程难免会对生产力造成严重破坏。暴力革命的实施过程,对生产力的破坏也是难以避免的,无论是最初的私有制取代原始公社的公有制,还是私有制内部集中社会经济形态的更替都是这样。混合所有制的出现避免了这种强烈的由所有制的更替导致的社会形态的更替,兼容并包了社会中存在的新旧生产关系,并在发展生产中起到了积极作用。

第二,混合所有制适应了社会化大生产的要求。随着资本主义的迅速发展,生产力也得到了迅速发展,资本主义中原本的生产资料由私人占有与社会化大生产的固有矛盾越来越突出,逐渐阻碍了生产力的发展,原有的财产运作形式已经不能适应资本主义的发展,合作制和股份制等混合所有制形式的适时出现,缓解了资本主义的矛盾,在资本主义的生产关系下适应了生产力的发展,解放了生产力,拓展了资本主义的生产力发展空间。

第三,混合所有制加快了资本积累和资本集中的速度。资本的积累速度曾相当缓慢,极大地阻碍了投资,使资源合理配置变得无能为力,而混合所有制的出现,配合资本市场的功能,使得在短时间内就可以实现庞大的资本累积。这使生产规模迅速扩张,大大提高了资本的使用效率。100多年前,马克思曾经指出,如果单靠单个资本的缓慢积累达到能够修建铁路的规模,那么恐怕今天的世界都还没有铁路。但是，股份制等混合所有制形式的出现化解了这个难题。

第四，混合所有制改变了以往单一资本所有制的关系，企业的经营方式也发生了变化，经营权和所有权分离了，公司治理结构得到优化。马克思指出，股份公司的成立，实际执行职能的资本家转化为单纯的经理人，在股份公司内，职能已经同资本所有权相分离。这使出资人和经理人各尽其能、各司其职，优化了公司的运作模式，提高了资本效率，推动了社会经济的发展。

综上所述，混合所有制形式不仅使社会生产力避免了在社会变革过程中遭受强烈的破坏，还大大促进了生产力的发展。混合所有制的出现是生产关系不断适应生产力发展的结果，它不断地调整和完善自己，适应了推动生产力发展的要求。

哪些国有企业适合混改

研究者的观点

混合所有制改革是国企改革的主要方式，但并不是唯一的方式，也不会一"混"就灵，有的国有企业不适合进行混改。适合进行混改的国有企业，应该依据"一企一策"的原则分类推进。

国务院国资委原副主任黄淑和指出，涉及国家安全的少数国有企业和国有资本投资公司、国有资本运营公司，可以采用国有独资的形式；涉及国民经济命脉的重要行业和关键领域的国有企业，可以保持国有绝对控股；涉及支柱产业和高新技术产业等的重要国有企业，可以保持国有相对控股；国有资本不需要控制并可以由社会资本控股的国有企业，可以采取国有参股的形式或者全部退出。

高明华认为，并不是所有的国有企业都适合发展混合所有制。首先，像公交、公共卫生、环卫等领域的国企，不以营利为目的，不宜发展混合所有制；其次，自然垄断行业的国企也不适合发展混合所有制，如地铁、铁路运输、自来水、天然气等；最后，为避免盲目开采，稀缺资源类国企也不宜发展混合所有制。竞争性国有企业则非常适合发展混合所有制。

高明华等基于中国国有企业布局的广泛性，从目标维度和经营维度将国有企业分为三类。目标维度包括公益导向和利润导向；经营维度包括垄断和竞争。这三类国有企业分别为公益性国有企业、"合理"垄断性国有企业和竞争性国有企业。

公益性国有企业是提供公共产品和公共服务的国有企业，如公交、地铁、环卫等。由于公共产品和公共服务的消费具有非竞争性和非排他性，容易出现外部性和搭便车行为，私人企业不愿意进入，进入后也无利可图，所以公共产品和公共服务必须也只能由公益性国有企业来垄断性提供。公益性国有企业不以赢利为目的，其绩效衡量标准是社会或公共绩效，即向公众提供高质量的公共产品和公共服务。

"合理"垄断性国有企业包括自然垄断性国有企业和稀缺资源垄断性国有企业。自然垄断行业具有规模报酬递增的特征，如输电、管道燃气、自来水、铁路运输等。为了最大限度地提高社会福利，同时保证企业不亏损，该类企业一般采用平均成本定价的方法，按此定价方法，企业不赔不赚，通过收支平衡来保证实现社会福利的最大化。这些企业如果由私人资本控制，则势必价格高企，从而影响消费者的福利。对这类企业，应当以公共绩效为主，同时辅以财务绩效作为主要的评价指标。稀缺资源是指那些不可再生的资源，如石油、黄金等矿产资源，为防止资源过度耗竭，保证资源利用的可持续性，这些也必须由国有企业来经营。不过，一方面，为防止稀缺资源的消费过度，其定价应由市场来决定，这意味着企业能赚钱；另一方面，为防止企业因想赚钱而过度开发稀缺资源，必须对国内稀缺资源的开发征收资源税。

竞争性国有企业是指处于竞争性行业的国有企业。竞争性行业十分广泛，是私人资本大量存在的领域。目前，中国在竞争性行业还保留部分国有资本，主要是基于以下考虑：一是实现政府调控经济的职能，二是维护经济运行稳定，三是加快产业结构的调整和优化。这类企业以追求利润最大化为首要目标，同时政府鼓励这类企业自觉履行社会责任。

黄速建认为，应当在对国有企业进行合理分类的基础上，建立明确的进入机制。金融、石油、电力、铁路、电信、资源开发、公用事业等是国有资本相对集中的领域，这些领域中属于竞争的环节，可以向非国有资本开放，为非国有资本提供进一步发展的空间。一些大型、特大型国有企业和国有独资公司，难以很快进行混合所有制改革，可以通过业务拆分、环节拆分的方式，在一些具体的业务环节上放开非国有资本的准入。即使是一些提供准公共产品的公用事业领域，也可以通过特许经营的方式，允许非国有资本进入。自然垄断的行业也不一定非要国有资本独家经营，这些领域的一些竞争环节可以放开非国有资本的准入。

郭飞认为，涉及国家安全的少数国有企业和国有资本投资公司、国有资本运营公司，必须采取国有独资形式；在金融、石油、电力、铁路、电信、资源开发、公共事业等领域，应更多地发展国有资本控股的混合所有制经济，充分调动国有资本和非国有资本两方的积极性。

上面这些观点，对国有企业的分类是清晰的，但对各类别的国企是否应该进行混改则理解不深刻。比如，地铁、自来水、环卫等行业，实践中已经有不少非公有制资本进入其中，政府通过特许经营权和价格管理方式，能实现社会公共服务职能目标，非公有制资本进入后可以降低成本、提高效率，整体上对于社会经济极有意义。我们不赞成只对困难的、不重要的国有企业进行混合所有制改革，将"烂苹果"推向非国有资本的思维带有计划经济的色彩和偏见,并没有深刻理解十八届三中全会和国务院《关于国有企业发展混合所有制经济的意见》的精神。

新时代的国企混改,就是要破除改革的思想障碍,不唯程序,分类推进,避免出现优质国企能改不敢改、困难国企想改很难改的两难状态。

我国的国有企业分类

《中共中央、国务院关于深化国有企业改革的指导意见》明确指出,分类推进国有企业改革。

对我国的国有企业进行分类,应基于我国基本国情,本着实事求是、科学合理的精神,并借鉴国内外经验,具体应遵循这样几个基本原则:一是科学合理性,分类要做到科学和合理,从而有助于政府更好地管理和推进国有企业分类改革;二是可操作性,应充分考虑当前国有企业的多元化发展等复杂情况,不要造成利益调整过大,要有利于改革的顺利推进;三是前瞻性,要充分考虑国有资本的未来布局情况,尽量降低改革的总成本。

根据国有资本的战略定位和发展目标,结合国有企业在社会经济发展中的作用和功能,国有企业分为商业类和公益类。

国有企业的分类依据一般有三个维度:业务属性、资本目标、市场结构。中国是从计划经济转型而来的社会主义市场经济体制,国有经济在社会经济中的布局和分布广泛,国有企业的业务多元化特征导致不能对其进行简单归类,比如,竞争性领域存在着许多国有企业,公益类国有企业中也经常包含竞争性业务。但整体上,基于我国国有资本布局的现状及管理要求,国有企业通常分为以下三大类。

商业类国有企业

商业类国有企业处于充分竞争的完全市场化的领域,包含大量工业企业，不是狭义的商业型企业，目标是增强国有经济的活力、放大国有资本的功能、实现国有资产保值增值。商业类国有企业按照市场化要求进行商业化运作，依法独立自主开展生产经营活动，实现了优胜劣汰、有序进退。

战略类国有企业

战略类国有企业的主要业务涉及国家安全、国民经济的重要命脉或在关键领域承担着国有重大任务，目标是在国家安全、重要经济命脉等关键领域实施国家战略、完成国家任务，同时实现国有资产的保值增值。

公益类国有企业

公益类国有企业以保障民生、服务社会、提供公共产品服务为主要目标，通常其产品和服务的价格需要由政府来调控。公益类国有企业的首要目标是保障社会公共服务的正常有序，帮助人民获得安居乐业的美好生活，提高幸福生活指数，而赢利是次要目标。

从运行模式上分，国有企业又被分为国有资本投资公司、国有资本运营公司、国有产业集团三类。

国有资本投资公司、国有资本运营公司均为在国家授权范围内履行国有资本出资人职责的国有独资公司，是国有资本市场化运作的专业平台，不从事具体的生产经营活动。国有资本投资公司主要以服务国家战略、优化国有资本布局、提升产业竞争力为目标，在关系国家安全、国民经济命脉的重要行业和关键领域，按照政府确定的国有资本布局和结构优化要求，以对战略性核心业务控股为主，发挥投资引导和结构调整作用，推动产业集聚、化解过剩产能和转型升级，培育核心竞争力和创新能力，积极参与国际竞争，着力提升国有资本控制力、影响力。国有资本运营公司主要以提升国有资本运营效率、提高国有资本回报为目标，以财务性持股为主，盘活国有资产存量，引导和带动社会资本共同发展，实现国有资本合理流动和保值增值。比如，按照国务院国资委的划分，诚通集团、国新控股是国有资本运营公司，招商局集团、中粮集团是国有资本投资公司，航天科技集团、中核集团是国有产业集团公司。

如前文所说，从计划经济转轨而来的社会主义市场经济，必然使国有经济在社会经济中的分布极广泛。过去40年的改革开放和国有企业多元化业务发展也导致国有企业很难简单归类，很多竞争性领域的国有企业也承担着一些国家战略任务，一些公益类国有企业的业务范围中也包含充分竞争性业务。

综上所述，国企混改是突破口，但并不是所有的企业都适合混改。国有资本兼具社会属性和经济属性，有的国有企业同时提供公共产品和市场产品，国有企业既有国有属性又有企业的市场属性。因此，处于完全竞争市场领域的国有企业，应该积极推进混合所有制改革，实现股权结构的充分多元化；涉及国家安全、国民经济重要命脉和关键领域的承担重大任务的国有企业，可保持国有资本的控股地位，但支持非国有资本参股；特殊功能的公益类国有企业，原则上应该国有独资，但具备条件的或者在二三级子公司层面，也可推进投资主体多元化。

国企混改的具体操作

与谁"混"

国企混改，是国有企业改革的重要突破口，应将盘活存量与优化增量、完善现代企业制度、实现转型升级创新发展相结合，有序推进。国有资本、非国有资本相互融合的混合所有制经济，是中国社会主义市场经济基本经济制度的重要实现形式。引入非国有资本，实现产权多元化，其意义和重要性在前文中讨论过。进行国有企业的混合所有制改革，首先是与谁"混"的问题，即实现什么样的投资主体多元化，除了国有资本外，还有私人资本、外国资本、人力资本等。概括起来，要想"混"得好，就要找到适合企业自身实际需要的多元化产权结构，主要包括引入外部投资者（战略投资者或财务投资者）、内部人力资本（管理层和员工）、通过证券化成为公众公司三类。

引入外部投资者

依照不同分类标准，外部投资者可分为战略投资者和财务投资者，也可分为外国资本、民营资本和其他国有资本。每一个国有企业的混改，都要根据实际情况，寻找适合自己的外部投资者，有的需要外资，有的需要民营资本；有的需要财务投资者，有的需要在产业链各方面有协同的战略投资者；也有的国有企业并不需要外部投资者，可能通过管理层和员工持股计划实现的混合，就是最科学的混改方案。所以，新时代国企混改所确定的基本原则非常重要，应"分类推进，一企一策"。

所谓战略投资者，通常是指具有资金、技术、管理、市场、人才等一方面或多方面的优势，能够促进产业结构调整和转型升级，增强企业核心竞争力和创新能力，拓展目标企业产品市场占有率，致力于相对长期投资、谋求获得长期利益回报的投资者。企业引进战略投资者，通常相信这样一种假设，即通过引进战略投资者，在实现股权多元化的同时，可以获得战略投资者带来的技术更新、资产质量优化、管理经验提升、品牌效应扩张等，从而达到不只优化产权结构，还优化产业结构、提升技术能力、获得创新发展等综合效益中的一个或数个目标。

与财务投资者相比，战略投资者通常希望更深入地参与公司的治理，而不是被动地获得财务回报。战略投资者通过提供战略协同性和帮助，最终获得的投资回报包含了两方面的收益：企业正常的价值成长收益以及通过赋能或战略协同而获得的边际收益、协同效用和生态效应。因此，战略投资者可以称为积极股东主义信奉者，其一般要求股权比例不能太低，在股东会、董事会中要有影响力，有董事席位，对战略调整、财务政策和重大投资等重要事项具有发言权甚至否决权。战略投资者有能力将监督成本和干预成本内部化，从而克服集体行动困境。

但是，并非所有的战略投资者都能发挥战略协同价值，很多战略投资者或因投资者自身能力和资源有限，或因与企业之间协同成本过高等，最终成为事实上的财务投资者。当然，以我国目前的政策法规要求，很难做到同股不同权或不同价，既然投资者的战略协同能力未获得定价优惠，那么就不能要求战略投资者提供额外的协同价值。国有企业要想通过混改获得战略帮助，就要依靠在寻找投资者时辨识潜在投资者是否有成本为零或较低的战略协同价值，因而有必要制定相关标准和选择机制，确保引进符合公司实际需要的战略投资者。

同时，这也涉及国有企业混改时的定价合理性，如果定价太高，或者基于资产评估的公平价不能反映出是否有投资价值的内在价值，那么理论上，战略投资者将不愿意额外提供战略协同价值。从这个意义上看，讨论国有企业定价是否合理或国有资产是否流失，还要看所定价格是否隐含了需要获得战略性支持这一因素。具体而言，引进战略投资者，需要重点考虑以下几个方面。

引入战略投资者的必要性和时机

国有企业在引入战略投资者之前，要考虑是否有必要引入战略投资者、何时引入战略投资者等问题，这些问题与企业自身的资源禀赋、发展现状、发展目标等有着直接而紧密的联系。如果企业自身的需求不明确，引入战略投资者缺乏目标导向，那么将会增加难度和成本。

引入何种战略投资者

国有企业确定引入何种战略投资者时，应该制定适合自身需要的标准。一般而言，一是要求持股时间较长，战略投资者不应追求短期效益；二是持股比例较高，能够较深入地参与公司治理；三是与公司主营业务具有紧密相关性，具有一定互补性或上下游协同性，能够带来技术和资源；四是参与公司治理的愿望强烈，或者符合企业治理风格。在引进战略投资者时，有的国有企业倾向于选择与自身风格相似的战略投资者，以免后期发生矛盾；有的国有企业倾向于选择有风格差异的战略投资者，以获得差异化收益。

通过制度设计保证战略投资者的正面行为

国有企业在引进战略投资者时，可以有意识地提前约定双方共同接受的条款。例如，规定持股锁定期，同时签署具体的业务、技术、供应链协同协议，利用优先股制度、黄金股制度等保障国有资本的特殊利益等。国有企业从技术层面、操作层面做好制度设计，尤其是在签署增资扩股协议的同时签署战略协同协议，是保障发挥战略投资者作用，规避战略投资者行为异化的重要方法。

这里必须指出的是，引进战略投资者的上述考虑，也同样适用于其他外部投资者，因为这些行为的本质都是为了寻找合适的股东，确保新进股东能够为企业发展带来正向效用。在国有企业的混合所有制改革过程中，财务投资者与战略投资者的入股价格通常是一致的，虽然从性质上看，财务投资者是消极股东主义，但现实操作中并非如此，财务投资者也许不能带来行业方面的协同价值，但在机制调整、公司治理、资本结构改善等方面也在发挥战略价值，大部分财务投资者并不排斥推荐董事等治理行为。

管理层和员工持股

管理层和员工持股制度在欧美发达国家比较常见，2005 年以前，我国国有企业也大量通过管理层和员工持股（包括管理层收购）实现国企改革目标。① 虽然在2006—2015年，员工持股制度因争议较多而基本停滞，但从2015年开始的新时代国有企业混合所有制改革开始，员工持股制度再次成为国企混改的重要内容之一，国有企业内部的人力资本，再次成为关注的重点，国有企业中的企业家和优秀员工既是企业的重要资产，也是混合所有制改革的目标合作方，重视人力资本价值，也是新时代国企混改的特征之一。

管理层持股的理论支持和实证研究

从理论上讲，通过管理层持股对管理人员进行激励，有利于保持管理层利益与股东利益的一致性，减少委托代理成本，达到长期激励约束的目的。管理层持股可以从产权上缓解国有企业中的委托代理和所有者缺位问题。也有观点认为，如果管理层持股数量有限或者比例过低，将无法达到激励约束效果。当然，也有理论认为，管理层持股容易形成内部人控制，在内部人控制的情况下，管理层专注于自身的权力、地位、报酬和福利，从而减少了股东回报。

从实证角度看，国内外有很多研究者对管理层持股与公司绩效的关系进行了不同维度的探讨和分析，但结论并不一致。有的研究表明，管理层持股与公司业绩之间的弱相关性、强相关性等各种不同结果都存在；也有研究表明，管理层持股比例与公司绩效具有一定的相关性；还有研究表明，中小企业绩效与管理层持股比例的关系具有非单调性，一定程度的管理层持股能刺激管理者采取积极的经营行为。多维度的实证研究常常受制于研究方法、概念界定、研究对象差异、样本多少等因素，从而难以避免地存在局限性。从2005年之前中国国有企业改革的结果来看，有样本和结论表明，较深入地建立管理层和员工持股制度的企业，后期经营绩效更好，而且企业的风险管理能力更强；改制后，管理层和员工为重要股东甚至实际控制人的国有企业，出现亏损、倒闭现象的极少，这一类企

---

① 本书所提员工持股均包含管理层持股。

业的杠杆率、对外投资的理性程度和资产质量等，都显著优于其他企业。

管理层持股的影响因素

管理层持股与公司绩效之间的关系很复杂，可能任何微小的因素都会影响我们对管理层持股效果的判断。概括来说，影响管理层持股有效性的因素至少包括内部关于管理层持股的制度完备性、市场等外部因素、企业特征、管理层的能力。

当我们坚信管理层持股有利于达成理论上的良好效用，将管理层持股作为国有企业混改的重要内容之一时，如何设计管理层持股的配套制度就变得非常重要。

建立员工持股计划的重要性和原则

员工持股计划，本质上是为了降低交易成本。员工持股制度是推进混合所有制改革的重要着力点，而混合所有制改革又是国有企业改革的重要突破口，国企改革的目标是在产权多元化基础上建立完善的法人治理结构，进一步提高资源配置效率。建立员工持股计划，有利于优化股权结构，增强外部投资者信心，也有利于建立长期激励约束机制，将管理层和员工利益与企业利益绑在一起，从而解决自我监督的问题。

（1）员工持股计划的必要性。

第一，从微观层面看，员工持股是混合所有制改革的需要。

在我国目前的国民经济结构中，公有制经济与民营经济都得到了较好发展，混合所有制经济对全国税收的贡献率，已由20世纪90年代末的10%左右提高到2015年的50%左右。但是，从微观企业主体看，混合所有制企业的发展还不够，国企混改的压力还非常大。金融、石油、电力、铁路、电信、资源开发、公共事业等领域的大企业，仅依靠部分业务上市，表面上看也是一定程度上的混合所有制，但其管理模式本质上还是纯粹的国有管理模式。

当前，在国有企业中建立员工持股计划，能增强外部投资者对国有企业混合所有制改革的信心。

第二，员工持股计划是实现共同富裕的需要。

共同富裕是建设社会主义社会的重要目标，员工持股计划可以对实现局部的共同富裕提供支持。一是有助于推动形成社会的公平制度，促进劳动者向人力资本的转变。员工持股后，在企业财产关系上，员工真正成为企业的所有者，员工个人利益与企业利益结合起来。二是有助于形成和谐的劳资关系，员工持股后，拥有企业股权，同时也是公司雇员，员工作为劳动者获得劳动报酬，作为投资者获得投资收益。三是有助于构建多层次的收入分配制度。员工持股后，员工可以获得按劳分配、按资分配、按绩效分配三种途径的多层次收入。

第三，员工持股计划是深化改革的需要。

在经济转型和推进供给侧改革的过程中，国有企业的各类隐性问题会突然显性化，在去产能、去库存、降杠杆时，员工的动力和积极性不足，改革步伐较慢。员工持股计划会引导员工以更长远的眼光对待眼下的困难，形成改革动力，建立改革信心。

第四，员工持股计划是优化所有权结构，提升公司治理水平的重要方式。

所有者缺位和委托代理成本高，是国有企业的普遍性问题。员工持股是国有企业产权结构多元化的方式之一，构建了共同利益体，激发了员工的积极性，在国有企业形成国有股、外部法人股、社会公众股和员工持股并存的多元化产权结构，推动国有企业的公司治理向现代企业制度靠拢，实现了从单一治理向共同治理的转变。国有企业的内部员工具有了解企业经营信息的优势，其有形的和无形的监督是自发的、持续的，具有及时、全面、深入等优点，这种监督不仅对企业管理层有效用，也对供应商、客户和内部各业务工作形成监督，良好的互相监督和自主管理，能促进企业提高效率，降低企业交易成本。

（2）员工持股计划的原则。

第一，员工持股计划能否发挥经济激励和改善公司治理的双重效应，关键取决于员工持股计划的具体方案设计，国有企业混合所有制改革工作中引入员工持股制度，应该坚持激励相容、体现人力资本价值和长期导向三个原则。

- 激励相容原则。员工持股方案要在员工利益和公司整体价值中寻找平衡，两者兼顾，只有在价格、比例、期限、退出机制等方面设计得当，才有可能产生这种激励相容的效果，使员工利益与企业利益捆绑在一起，否则会产生激励过度或激励不足的问题，要避免造成新的"大锅饭"和"搭便车"现象。
- 体现人力资本价值的原则。员工的人力资本价值，尤其是国有企业中优秀企业家的价值，很难通过货币薪酬的方式体现，最直接的办法就是让员工和管理层有购买公司股份的选择权，参与企业的利润分配。在混合所有制改革过程中，员工的人力资本价值正在被积极探讨，目前并无直接有效的定价机制。同时，部分国有企业家和高管人员是政府选派而非市场化聘用的，导致争议较大。
- 长期导向原则。企业应考虑将长期导向原则导入员工持股计划，不仅要对持股员工的工作年限提出要求，还要规定持股时间和退出锁定期，原则上，员工的持股时间不能少于对外部投资者的锁定期。只有坚持长期导向的激励原则，才有可能充分发挥这一员工持股计划的激励效应。

第二，严防国有资产流失。

在国企改革的过程中，应严控国有资产流失，保证国家利益不受侵害。无论是限制性股权、股票期权，还是完整股权，首先在定价上，员工持股计划应与外部投资者的价格完全一致。同时，员工也应尽量购买增量股权，为国有企业带来增量资金。当然，在定价合理的情况下，存量转让也是合法的转让方式。

第三，遵守相关法律法规。

虽然新修改的《公司法》与《证券法》都没有涉及员工持股的内容，但前文第三章中提到，在员工持股方面，为支持本轮国企混改的顺利实施，相关监管部门颁布了《关于国有控股混合所有制企业开展员工持股试点的意见》等相关文件，员工持股的规则、范围、上限、途径等都有了明确的实施依据。

通过资产证券化成为公众公司

国有企业资产证券化的主要方式是上市。通过上市引入战略投资者、财务投资者、机构投资者和社会公众投资者，国有企业成为公众公司，在实现资产证券化的同时，必然也在一定程度上实现了产权多元化。

资产证券化的有利方面

企业上市可以实现多种目标，主要包括：一是充分利用资本市场，丰富融资渠道，降低融资成本，优化资本结构；二是增加企业的市场美誉度和公信力，增强品牌影响力，获得较高的市场地位和社会影响力，获得良好的发展机遇；三是通过遵循资本市场规则和监管规则，提高公司治理水平，提高管理透明度，降低内部交易成本；四是通过资本市场的定价功能确定股权资本价值，反映企业的市场价值；五是利用资本市场的流动性功能，为股东的股权流动及进出提供条件，创造财富。

对于国有企业而言，上市还存在其他潜在的好处：一是有利于更好地梳理、利用和发挥国有企业的资源优势，优化产业结构，提高赢利水平；二是有利于规范关联交易和同业竞争，并使一些隐性利润（或亏损）显现出来；三是通过资产证券化形成标准股份，有利于解决国有企业产权交易中的各种困难。

资产证券化面临的挑战

企业上市也要付出一定的成本，主要包括：一是要严格遵守相关监管制度，重要经营信息和财务信息需要及时公开披露；二是稀释原有控股股东的控制权，资本市场的流通性为其他投资者的恶意收购、改变上市公司控制权提供了空间和可能；三是资本市场的波动尤其是异常的大幅度波动会给企业价值带来压力和影响；四是社会舆论的压力会影响公司既定的经营节奏；五是需要支付较高的上市成本和维持成本。

如何实现资产证券化

国有企业进行混合所有制改革时，首先应以私募方式引入外部投资者，符合条件的可以同时建立员工持股计划，然后通过"二次混改"，争取IPO，在实现资产证券化的同时，以公开募集的方式引进合适的机构投资者和其他公众投资者。

首先，应尽量以私募方式引入部分外部投资者，尽量建立员工持股计划，将公司治理水平、主营业务规模及质量、财务及内控规范程度等提高到一定水平，并初次实现国有资本引导下的企业价值增加，然后再择机进行证券化。实现资产证券化的方式不只有IPO，还有借壳上市、被上市公司收购等其他方式。在这一轮的国企改革中，多数地方政府制定了国有企业资产证券化的目标，力图主要通过IPO来解决国有资产证券化问题。但是，对微观个体的国有企业来说，只有当上市的好处大于不上市，或通过上市能够解决制约国企发展的瓶颈问题时，上市才是具有现实意义的选择。

其次，一旦确定了证券化的目标和路径，就应该形成明确、细致的证券化方案，包括组建跨部门的由熟悉技术、行业、财务、法律、资本市场的优秀员工构成的证券化团队，且企业主要负责人要亲自担任组长，选择熟悉自身行业且具有丰富经验的中介机构（不是越大越好），重视中介机构派出的具体项目负责人和团队，与税务、工商、社保、环保、消防等部门提前沟通是否有重大硬伤，判断资本市场近几年的发展趋势及监管制度变化，确定选择什么地方的交易所等。无论是并购还是 IPO，都是一项耗时耗精力的巨大工程。

"混"多少

目前，全国国有企业中公司制改制已完成 90% 以上，2017 年中央企业集团层面已全部完成公司制改制。截至 2016 年年底，中央企业资产总额的 64%、营业收入的 61% 和利润总额的 71%，都集中在上市公司。

国有独资企业不存在国有资本控股权的问题。但是在推进国有企业的混合所有制改革中，其面临国有资本持股比例的设计问题：是否需要绝对控股，以及绝对控股的比例是多少？是否只要相对控股就行，以及相对控股的比例是多少？国有资本是否可以不做第一大股东，保留多少股权合适？国有资本是否需要全部退出？是一次性完成混改，还是分阶段完成？

在国企混改的"1＋N"顶层设计中，对分类后的各类国有企业已经有原则上的政策界定，但具体到每一个国有企业的控股比例应该定多少，需要"一企一策、一企一议"，这是一个国有企业混改之初就要确定的核心问题。

确定不同所有制结构的具体股权比例，既要考虑国有企业面临的整体情况，还要考虑每个国有企业自身的实际情况，包括区域、行业、技术壁垒、商业模式、资产规模等。目前，国有企业的主要问题是产权单一，国有股一家独大。国务院国资委成立后对国有企业的管理进行了若干探索，也取得了极大的成绩，但由于国有企业本身属性而导致的问题仍难以从整体上得到解决。做得好的国有企业不完全是因为政策和规定好，也可能是企业家团队的价值体制和外部性特征，而外部董事、外部监事、考核分级与年薪制、市场化选聘高管人员等，都有作用和效果，又都未能从根本上解决问题。究其原因，还是未能结合各个国有企业的具体实际情况、制度制定适合该国有企业的国有资本监管方案,然而,针对各个国有企业制定具体方案没有可操作性。因此,通过产权结构多元化,引入各类投资者,调整国有资本结构,建立相互制衡的法人治理结构,解决所有者缺位问题,然后推动具体的国有企业在国家有关政策法规的原则框架下寻找适合自身需要的方式,是从根本上解决问题的方法。

根据我国《公司法》的规定,在股权结构设计中,应考虑四条界限:第一,持股10%,公司累计持有10%股份的股东,有权申请公司解散;第二,持有1/3以上股权的股东具有重大事项否决权;第三,持有1/2以上股权的股东拥有绝对控股权;第四,持有2/3以上股权的股东拥有完全控股权,可修改公司章程,理论上对任何事项均有表决控制权。

根据我国的会计准则,股权比例是决定会计报表合并方式及范围的重要参考标准,合并报表、权益法核算、成本法核算等方法会显著影响控股股东的行为。

根据我国相关法规,国有企业的产权结构主要包括全民所有制企业、国有独资公司、国有资本控股公司和国有资本参股公司四种类型。全民所有制企业,是指依照《全民所有制企业法》设立,企业全部注册资本均为国有资本的非公司制企业,企业财产属于全民所有。国有独资企业,是指依照中国《公司法》设立,企业全部注册资本为国有资本的公司制企业,全部资本由国家投入,国家授权投资的机构或国家授权的政府部门是唯一的投资主体和利益主体。国有资本控股公司,是指按照中国《公司法》成立,国有资本具有控股地位的公司,包括有限责任公司和股份有限公司,出资额占有限责任公司出资总额的50%以上或者其持有的股份占股份有限公司股本总额的50%以上的股东为控股股东。国有资本参股公司,是指按《公司法》设立,公司股东中包含部分国有资本,且国有资本没有控股权的公司。

黄淑和(2014)认为,推进国有企业股权多元化改革、发展混合所有制经济的基本思路是，加快推进国有企业特别是母公司层面的公司制、股份制改革，进一步优化国有企业股权结构。这一思路应采取的形式主要有四种：其一，涉及国家安全的少数国有企业和国有资本，采用国有独资形式；其二，涉及国民经济命脉的重要行业和关键领域的国有企业，保持国有绝对控股；其三，涉及国家支柱产业和高新技术产业等行业的重要国有企业，可保持国有相对控股；其四，国有资本不需要控制并可以由社会资本控股的国有企业，可采取国有资本参股或者全部退出的形式。通过多种方式推进具备条件的国有企业改制上市，暂不具备上市条件的国有企业通过引入各类投资者，包括有技术和管理优势的战略投资者以及社保基金、保险基金和股权投资基金等机构投资者，参与国有企业的改制重组。

上述分类和混改的原则，符合中国实际，可以成为各类国有企业混合所有制改革的参照标准。

国有资本绝对控股

《国务院关于国有企业发展混合所有制经济的意见》规定，必须按照不同类型、逐步推动国有企业混合所有制的改革工作：针对一些主业为国家安全级别及国民经济命脉级别的关键性行业，且承担重要任务的，必须保持国有资本在其中的控股地位，同时支持各种非国有资本的进入；针对一些自然垄断型行业来说，需要坚持贯彻政企分开等改革措施，同时结合每个行业的不同特点，放开竞争性业务，推动公共资源在市场中更合理的分配及优化，此外还应强化分类监督及管理，使经营模式更加规范、有序。

上述类型的国有企业，应保持国有资本的绝对控股地位。国有资本持股51%以上就为绝对控股，但对一些特殊和敏感的极重要的国有企业，可将国有资本的持股比例定在67%以上，也就是说，非国有资本不能按《公司法》规定的在重要事项上拥有否决权。当然，《公司法》规定的是下限原则，股东会、董事会的权限可以通过公司章程另外进行更细致的规定。另外，要注意的是，国有资本保持绝对控股，不一定是作为国有资本的第一大股东绝对控股，如果外部股东中还有国有资本，虽然第一大股东不绝对控股，但加上外部新引入的国有资本，也能形成绝对控股状态，如在中国联通的混改方案中，联通集团的持股比例低于50%，但加上新进入的国家结构调整基金等，国有资本的持股总量达到53%。

国有资本相对控股

国有相对控股是指国有资本保持为单一的第一大股东，但股权比例未达到51%时的状态。这个股权状态下，理论上，外部其他股东如果形成一致行动人，则第一大股东是没有实际控制权的，第一大股东也可能不应再合并财务报表（具体要根据股东会和董事会的设置来判断），不应再管理工资总额。但在实践中，外部投资者不太可能形成一致行动人。而且，外部投资者中也可引入国有资本，则可能国有资本的持股还是控股状态。一般而言，国有资本的股权比例超过34%，且是单一的第一大股东，就是国有相对控股，34%的股权设置考虑了《公司法》中对股东会的权力规定，当然，如前所述，公司章程可以做出更严格的规定。

国有资本参股

主业处于充分竞争性行业的国有企业，没有强制性社会公共目标，应该完全市场化。政府鼓励和支持该类企业提供公共服务，既可以壮大国有经济实力，也可以将国有经济的引导性作用充分发挥出来，当社会资本害怕承担过高风险而不敢进入时，国有资本可以在此过程中发挥引导作用，推出各种优惠政策来激发社会资本的积极性。针对这一类型的国有企业，国有资本可以保持参股地位，也可以全部退出。

对于完全市场化的国有企业，原则上，国有资本持股总计不应超过51%，甚至可以放弃相对第一大股东地位，让非国有资本成为实际控制人或相对第一大股东。但在实践中，大量应市场化的国有企业，资产规模较大，地方政府未必愿意放弃实际控股权。所以，该类国有企业，通常是分步骤推进混合所有制改革，第一步保持原第一大股东的控股或相对控股地位，未来再进行二次、三次混改，最终实现国有资本参股或全部退出的目标。

地方政府不愿放弃相对或实际控股地位，既有思想和观念上的原因——受长期的国有（甚至实质上是国营）经济和计划经济思维影响，也有现实中上一级股东不愿放弃财务并表权和实际控制权的原因。这从另一方面反映出国有企业对规模和权力的盲目追求，不愿意缩小资产规模和营收规模，不愿意原有子公司脱离管理体系，除非是经营不好的困难子公司。

管理层和员工持股比例

管理层和员工的持股比例，要根据每个国有企业的具体情况具体分析，与企业资产规模、员工人数、员工出资能力、股权结构等相关。一般而言，员工持股比例应为5%～35%，更低则激励约束效果不明显，更高则有可能导致寻求实际控制权（管理层收购是另外一种情况）。必须强调的是，员工持股的价格应该与外部投资者一致，不应有折扣，如果部分员工获得奖励，则应在员工持股之外获得，且员工需要自行缴纳税金；进行混合所有制改革的企业本身和相关联单位，也不能向参加员工持股计划的员工提供贷款等资金支持。

如何定价

如何定价是国企混改过程中的核心问题，国企混改涉及的资产规模非常大，资产或项目的估值必须公平合理。国企混改是社会资本进入国有企业的过程，资产定价是各方利益的协调工具，对改革的成败起着关键作用。既要防止国有资产流失，又要避免估值过高挫伤非公有资本参与国企混改的积极性，这就要求建立明确的规范，制定严格的程序，对资产估值的原则、流程、方法和交易方式制定严格的规则。

在市场化的资产交易中，资产定价与转让是买卖双方讨价还价和充分博弈后的最终结果，但国企混改的参与双方是国有资本和非国有资本，性质差异导致两者之间的价值观念存在差异，这使整体定价过程更加复杂。另外，国有资产流失一直是公众关心的核心问题，国有资产不流失，是国企改革中应牢牢坚守的红线。在国企混改中，应严格按照国家关于国有资产评估管理办法的规定对国有资产进行评估，以资产评估价格作为基础进行定价，资产评估的相关内容将在下一章进行介绍，此处不再赘述。

国有资产转让的主要依据是2003年颁布的《企业国有资产监督管理暂行条例》和2008年颁布的《中华人民共和国企业国有资产法》。资产交易的方式应依据《企业国有产权转让管理暂行办法》的规定，企业国有产权转让应当在依法设立的产权交易机构中公开进行，不受地区、行业、出资或者隶属关系的限制。原则上，国有产权都必须进入省级以上国资监管机构选择确定的产权交易机构交易，央企国有产权需到国务院国资委选择确定的产权交易机构交易。但如果有某些特殊情况，如企业增资而非存量资产交易，相关国有资产监督管理机构可以豁免其进场交易，其可采用协议交易的方式。

在国企混改中进行定价，首先应建立合理的资产定价体系，通过监管规范定价流程，采取科学的定价方式，保障混改过程中不同参与主体的利益。国有资产的定价应该以国有资产评估价格为基础，进场挂牌交易后的市场博弈也是国有资产价值的发现过程，保证交易价格公允，避免国有资产流失。但在实际操作中还存在一些问题，国有资产评估还存在不规范和不合理的情况，国有资产进场交易没有真正让市场来决定价格，有"走过程"的嫌疑。如在北京产权交易所发布的《企业国有产权转让交易结果公告》中，2016年10月8日至2017年7月30日完成的291个国有资产成功交易案例中有将近90%的标的成交金额和挂牌时的底价完全一致。由此可见，市场竞价的价值发现功能并未完全发挥作用。

综上所述，定价问题在整个改革过程有举足轻重的作用。要保证新时代国有企业混改的顺利实施，定价应以资产评估为基础，市场博弈进行二次价值发现，使国有资产的定价公允合理，保证改革主体的利益问题得到妥善处理。

三 案例分析：中国联通——老牌运营商的破茧之路

背景介绍

在新时代的国企混改中，中国联通的混合所有制改革的力度是空前的。是什么原因促使作为行业巨头的中国联通整体进行混改？又是什么原因让中国四大互联网公司（百度、阿里巴巴、腾讯和京东，简称BATJ）参与了这次混改？混改给中国联通带来了什么实质性变化？接下来，我们一起回顾中国联通混改的"前世今生"。

国内运营商的发展历程

1994年年底，中国成立管理全国邮政和电信事业的国家机构邮电部，邮电部随后成立移动通信局和数据通信局。同年，由电子信息部牵头，彩虹集团、电子信息产业集团等大型国有电子企业参与，吉通通信有限责任公司挂牌成立。7月19日，由电子部、电力部、铁道部投资的中国联合通信有限公司成立。1997年，北京电信长城移动通信有限责任公司成立，经营800M的CDMA（码多分址）数字移动通信网。1997—1998年，邮电分营。1998年4月，国家邮政局成立，邮电分家。同年9月，国信通信有限公司成立，运营电信寻呼业务。

电信业第一次重组

1999年2月，国务院通过中国电信重组方案，中国电信总局的寻呼、卫星和移动业务被剥离出去，随后寻呼和卫星业务并给电信、移动、联通三大运营商，大唐电信科技产业集团和上海信天通信有限公司成立。同年4月，由中科院、广电总局、铁道部、上海市政府四方出资，成立中国国际网络通信有限公司（中国网通），且电信长城并入联通。5月，国信并入联通。2000年4月20日，在原中国电信移动通信资产总体剥离的基础上，中国移动集团公司成立；5月17日，在剥离无线寻呼、移动通信和卫星通信业务后，成立中国电信集团公司。12月，铁道通信信息有限责任公司成立，2004年由铁道部交给国资委，更名为"中国铁通集团有限公司"。2001年12月，中国国内电信市场形成了有中国电信、中国联通、中国网通、中国移动、吉通、中国铁通和中国卫通共7家运营商组成的分层竞争格局，业界称为"七雄确立"。

电信业第二次重组

2002年5月16日，中国电信南北分拆，中国网通和中国电信两大集团正式成立。这次重组，产生了"北网通，南电信"，形成了6家基础电信企业（中国联通、中国移动、中国卫通、中国铁通、中国网通、中国电信）。2003年6月，依据国务院"36号令"，吉通通信有限责任公司并入网通。

电信业第三次重组

"2008年6月2日，中国电信以1100亿元收购了中国联通CDMA网（包括资产和用户），中国卫通的电信业务并入中国电信。2008年6月10日，中国移动通信集团公司通报，中国铁通集团有限公司正式并入中国移动通信集团公司，成为其全资子企业。至此，中国电信、中国移动、中国联通成为全业务牌照的三大运营商。2009年1月7日，中国联通公司与中国网通公司重组合并为中国联合网络通信集团有限公司，简称中国联通（新）。"

电信业的重组历程见表4-1。

表4-1 电信业的重组历程

时间	事件
1994年	中国联通、吉通成立，邮电部成立移动通信局
1995年	中国电信剥离出邮电
1997年	邮电进行分业经营
1999年	中国电信拆分为中国电信、中国移动、中国联通，寻呼业务归中国联通，成立中国网通
2000年	中国移动、铁通成立
2002年	国资委成立，电信业政资分离
2004年	三大运营商高层互换
2008年	中国铁通并入中国移动
2009年	进入3G时代
2012年	进入4G时代
2014年	铁塔公司成立
2015年	三大运营商换"帅"
2016年	中国广电成为第四大基础电信运营商

国内运营商的竞争格局

三大运营商的用户数

中国移动在4G上占据了主要市场并获得绝大部分用户，4G时代的来临，推动中国移动走向了鼎盛。截至2017年11月，中国移动4G用户数达到6.34亿人，中国联通和中国电信的用户数分别为1.7亿和1.77亿人，形成明显差距。中国移动的用户数在三大运营商中占主导地位，而4G的领先优势进一步巩固了其用户群体，大量用户群体带来的高回报进一步推动了中国移动的扩张步伐，形成良性循环。

4G 下的联通

中国联通在 4G 时代面临巨大的压力，进入 4G 时代后，中国联通的营收出现了下滑，且盈利水平大幅下降。2016 年和 2017 年的净利润仅为 4.8 亿元和 16.84 亿元，而 2013 年、2014 年和 2015 年中国联通的净利润分别为 102.92 亿元、119.68 亿元和 104.34 亿元。

5G 布局

除了持续投资 4G 项目，三大运营商已经提前布局 5G 市场。谁可以在 5G 市场占得先机，谁就可奠定其未来几年在中国市场的行业地位。5G 将在互联网＋、人工智能、云计算等多个领域被深度应用。

目前来看，中国移动在 5G 领域的推进进度明显领先于中国电信和中国联通。中国移动在资本方面最为充足，中国联通和中国移动有着明显差距。中国联通此次引入战略投资者募集雄厚资本支撑 5G 研发，有望缩小与中国移动之间的差距，甚至有可能实现赶超。

改革方案

时间轴

中国联通进行混改的时间轴见表 4-2。

表 4-2　中国联通进行混改的时间轴

时间	事件
2016 年 9 月 28 日	联通集团参加由发改委召开的国有企业混合所有制改革试点会议
2016 年 11 月 30 日	联通集团公告：混改第一批试点尚未得到批准
2017 年 4 月 5 日	公司公告正在筹划混改重大事项，停牌
2017 年 5 月 10 日	公告披露混改事项，非公开引入战略投资者
2017 年 6 月 26 日	澄清公告：非公开发行方案处于筹划论证阶段
2017 年 7 月 23 日	公司澄清公告：公司和战略投资者的谈判正在进行
2017 年 8 月 9 日	公司澄清公告：公司和阿里巴巴、腾讯成立运营中心无关
2017 年 8 月 20 日	公司公告混改方案
2017 年 8 月 22 日	联通红筹公司公告股份配售认购计划

续表

时间	事件
2017 年 9 月 16 日	公司混改事项获得国资委批准,联通红筹公司配售股份获得股东大会批准
2017 年 10 月 12 日	公司非公开 A 股发行获得证监会审核委员会审核通过
2017 年 11 月 2 日	公司非公开 A 股股票发行完成
2017 年 11 月 29 日	公司控股股东协议转让部分股权事项完成,联通红筹公司完成认购

混改前后股权结构的对比

由于《电信公司条例》的规定,中国联通的国有股占比需高于 51%,进行混改后,中国联通、中国人寿、国有企业结构调整基金的总股权占比达 53%。尽管中国联通仍保持公有制的主导地位,但是实现了股权多元化,公司治理结构不再是"一言堂",使得公司更加市场化。

在引入的民营资本中,腾讯注资 110 亿元,持有联通 5.21% 的股份;百度注资 70 亿元,持有联通 3.3% 的股份;京东注资 50 亿元,持有联通 2.36% 的股份;与联通密切合作的阿里巴巴注资 43.5 亿元,持有 2.05% 的股份。

混改前后联通的股权结构如图 4-1、图 4-2 所示。

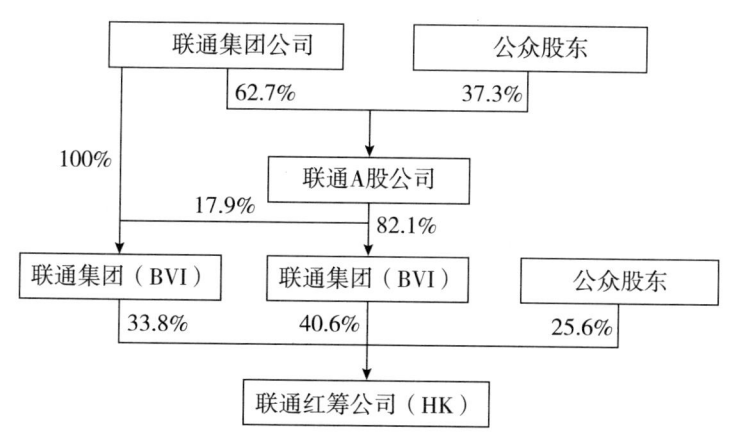

图 4-1 混改前联通的股权结构

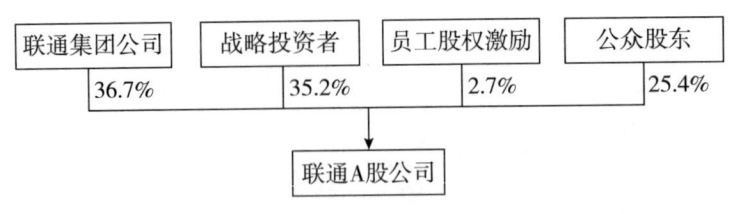

```
┌──────────┬──────────┬──────────┬──────────┐
│联通集团公司│战略投资者 │员工股权激励│公众股东  │
│  36.7%   │  35.2%   │  2.7%    │  25.4%   │
└──────────┴────┬─────┴──────────┴──────────┘
                ▼
            联通A股公司
```

图 4-2　混改后联通 A 股的股权结构

具体改革措施

引进明星战略投资者和财务投资者

中国联通的混改方案：向投资者非公开发行约 90.37 亿股股份，募集资金约 617.25 亿元；向国家结构调整基金协议转让约 19 亿股股份，转让价款约 129.75 亿元；向核心员工首期授予约 8.48 亿股限制性股票，募集资金不超过约 32.13 亿元；全部交易对价合计约 779.14 亿元。交易全部完成后，联通集团合计持有公司约 36.67% 的股份，中国人寿、腾讯信达、百度鹏寰、京东三弘、阿里创投、苏宁云商、光启互联、淮海方舟、兴全基金和结构调整基金将分别持有公司约 10.22%、5.18%、3.30%、2.36%、2.04%、1.88%、1.88%、1.88%、0.33% 和 6.11% 的股份，上述新引入的战略投资者和财务投资者合计持有公司约 35.19% 的股份。联通集团作为国有第一股东，但不绝对控股；全部国有股东合计持股 53%，国有资本依然绝对控股，但除联通集团外的国有股东发挥的更多是财务投资者的作用，从而形成比较科学的混合所有制结构。

精简人员

从三大运营商的管理层架构来看，联通最显冗余。移动和电信总部分别有 17 个和 22 个部门，而联通有 27 个部门，主要原因是，网通和联通合并后留下的历史问题使整合阻力较大，管理层的冗杂直接导致执行力的下沉困难和效率低下。

配合混改方案，中国联通超预期地解决了人员复杂的问题。

2017年年底，中国联通的机构精简和干部首聘工作取得阶段性成效。在总部层面，部门数量由过去的27个减少为18个，减少33.3%；人员编制由1 787人减少为865人，减少51.6%。本部管理人员减少342个，减少15.5%；地市公司机构减少2 013个，减少26.7%；地市公司班子职数减少73个，减少4.2%；省级公司管理人员减少415个，精简率达9.8%。全集团进行了机构精简后的管理人员首次选聘工作，截至目前，管理人员平均退出率在14.3%左右。

此次精简使中国联通长期存在的管理层级多、管理效率低、人员复杂的情况得到极大的改善。

员工持股方案

中国联通向核心员工授予约8.5亿股限制性股票，每股价格为3.79元。2017年12月27日，国务院国资委批复，原则上同意中国联通的限制性股票激励计划，中国证监会根据党中央和国务院的国企混改的精神特批了中国联通的员工持股方案。

股权激励方案中限制性股票的购买价格，大大打破了市场预期，价格约为停牌前一个交易日的一半，比定向增发价低了45%。在数量上，股权激励股份数共占联通混改前4%的股份。股权激励范围控制得较小，拥有23万员工的联通仅向7 550名核心员工授予股票。虽然联通的股权激励方案力度很大，但其没有过多借鉴性和普遍意义。中国联通的限制性股票定价是以上市公司的股票价格为基准，其折扣后的股权激励授予价格高于公司净资产值。

非国有股东委派董事

2018年1月24日，中国联通公告了董事会换届选举：董事会的成员由7名增加至13名，其中非独立董事候选人8名，分别是王晓初、陆益民、李福申、尹兆君（中国人寿）、卢山（腾讯）、李彦宏（百度）、廖建文（京东）、胡晓明（阿里巴巴）；

独立董事候选人5名，分别是冯士栋、吴晓根、吕廷杰、陈建新、熊晓鸽。BATJ的优秀管理人员正式进入中国联通的董事会。董事会的正式换届，表明公司治理结构得到合理改善，利于未来的长期发展。

分析与总结

募集资金，提高资本实力

4G已经接近尾声，各大运营商纷纷开始5G建设，联通集团由于经营不算好，需要选择融资来维持新业务的发展。若通过二级市场公开发行新股的方式来募集资金，而股票市场投资者可能相对悲观，会造成股价下跌，因为5G建设是一个风险较大的长周期的投资项目。若选择发行债券融资，在本身负债率高达62.6%的情况下，会进一步增加公司的债务负担。此次混改为联通募集了约780亿元资金用于未来的发展，既避免了股价下跌，又降低了负债率，缓解了资金紧缺的问题。

引入外部投资者，提升管理效率

中国联通通过混改引入优秀的外部投资者，改善了治理结构，联通集团的董事人数在新的董事会中不超过三分之一，形成了决策机制的有效制衡，借助混改，联通启动了机构精简方案。同时，联通正在进行薪酬改革，使员工工资市场化，从而提高员工的工作积极性。外部投资者的引入，使传统的国有企业增添了市场化的活力。

加深与互联网科技公司的合作

通过混改引入BATJ等互联网科技公司，使互联网科技公司与联通的利益深度绑定，从而能够进行更加深入的合作。互联网科技公司的资源可以提高联通在业务上的竞争力,中国联通本身的用户、数据和渠道也可以和这些互联网科技公司进行资源互补。

突破监管规定

在定向增发方面,联通的定价基准日与发行股本数均不符合证监会的规定,但出人意料的是,中国证监会发表公告,将联通混改作为个案特批处理。为了使混改更有效、更彻底,国家发改委规定联通定向增发的比例达到42.63%。由此可以看出,国家支持国企混改的决心之强、力度之大。

新经济与电信行业的股权深度结合

国有企业在前沿科技上的效率和意识相较于民营企业而言要落后一些,根本原因在于其缺乏有效的市场化管理体制和激励机制。此次混改后,中国联通的董事会引入4名非国有资本代表,占普通董事总人数的40%,为联通建立了一个合理的决策机制,让互联网科技公司的创新基因与联通的优势高度融合,帮助中国联通实现高质量的创新发展。

员工持股方案力度大

中国联通混改方案的亮点,除了同时引入BATJ外,还有员工持股方案的重要突破,限制性股票本身不特殊,但价格确定依据、持股人员、分配比例以及结合员工持股方案而推行的薪酬改革方案、人员和干部精简计划、员工身份转换,包括首次在中央企业的主业公司层面实施员工持股等方面,都有可圈可点的地方。当然,中国联通的混改方案属于重要领导亲自推动的特批行为,并不具有普遍的借鉴意义,但从中可以看出国家对新时代国企混改的决心和勇气。

第五章
国企混改如何"改"

在国有企业的混合所有制改革中,混合是方式,改革是重心,如何"混"很重要,如何"改"更关键,目标是通过改革发挥国有资本的引导作用和公有制的主体地位,最终实现国有经济的高质量增长。

"混"得好才能"改"得好,"混"得好不如"改"得好,国有企业的混合所有制改革,就是要在混好的基础上"改"好。如果说国企混改"混"好的基本标准是"能引进合适的外部投资者尤其是非国有投资者"及"内部管理层和员工愿意成为股东",那么国企混改"改"得好的基本标准有几点:第一,建立科学的短、中、长期结合的激励约束机制,放弃计划经济模式的"工资总额管理",实行市场化的工资薪酬决定机制,置换国有职工身份,形成市场化的员工管理体制;第二,具有"实质上"按现代企业制度规范的公司治理机制,明确董事会的核心决策作用,重要决策不再按国有企业法人层级逐级上报,提高决策能力和决策效率;第三,形成持续深化改革的内生动力,降低经营成本和交易成本,提高经营效率至市场正常水平;第四,通过三年左右的经营改善期(1个库存周期),混改企业的资产质量、持续盈利能力等各项指标能符合公开市场的上市要求;第五,持续改革,"二次混改",使国有资产真正实现管资本。

优化公司治理结构

公司治理是构建在所有权结构之上的制度安排，是指股东、董事会、管理层、员工等利益相关方之间的关系和合约，包含了结构、规则、关系、制度、合约和程序。

公司治理结构是指为实现资源配置的有效性，所有股东对公司进行监督、激励、控制和协调的一整套制度安排，反映了公司各利益相关方之间的关系。典型的公司治理结构是由所有者、董事会、管理层、员工等各方依据法律赋予的权利及需要承担的责任与义务，在相互制衡的基础上形成的关系框架及相应的制度安排，其基本原则是如何保证管理层使用股东提供的资本发挥资产的最大效用，同时承担起对股东的信托责任。

我国国有企业的公司治理结构一直是备受关注的焦点，尤其是在企业经营过程中出现的一些问题，比如因为所有者缺位造成高管更关注个人仕途和政治关系，而非企业业绩。国有企业混合所有制改革的首要目标就是，在所有权结构多元化的基础上，调整、规范公司股东会、党委会、董事会、监事会、经营层、员工之间的关系，使之既有利于提高公司效率、降低交易成本，又有利于各利益相关方之间的相互制衡和相互支持。

学界观点

吴敬琏（1994）认为，公司治理结构是指由所有者、董事会和经理人三者组成的一种组织结构，要完善公司治理结构，就要明确划分股东、董事会、经理人各自的权力、责任和利益，从而形成三者之间的关系。

林毅夫（1997）认为，公司治理结构是指所有者对企业的经营管理和绩效进行监督和控制的一整套制度安排。

李维安（2000）认为，狭义的公司治理指所有者对经营者的一种监督与制衡机制，其主要通过股东大会、董事会、监事会及管理层所构成的公司治理结构进行内部治理；广义的公司治理则是通过一套包括正式或非正式的内部或外部的制度或机制来协调公司与所有利益相关者（股东、债权人、供应者、雇员、政府、社区）之间的利益关系。

张维迎（1999）认为，狭义的公司治理结构是指有关公司董事会的功能与结构、股东的权力等方面的制度安排；广义的公司治理是指有关公司控制权和剩余索取权分配的一整套法律、文化和制度性安排，这些安排决定公司的目标，谁在什么状态下实施控制、如何控制，风险收益如何在不同企业成员之间分配等，是企业所有权安排的具体化。

朱长春（2014）提出，从广义的角度理解，公司治理是研究企业权力安排的一门科学；从狭义的角度理解，公司治理是在企业所有权层面研究如何授权给经理人并针对经理人履行职务行为、行使监管职能的科学。

公司治理模式

现代企业制度框架下的公司治理结构，基本原理是遵循决策、执行、监督三权分立的原则，但各个国家在具体实践和权利分配上存在差别。归纳起来，公司治理模式主要有三种：英美公司治理模式、德日公司治理模式、家族公司治理模式。

英美公司治理模式

英美公司通过公司章程来规定公司不同机构的权利，并规范它们之间的关系。

股东大会

从理论上讲，股东大会是公司的最高权力机构。但是，公司的股份制程度较高往往导致股东非常分散,且相当一部分股东只持有少量股份,这些分散的股东实施治理权的成本很高,因此股东大会不可能是公司的常设机构,公司也不可能经常召开股东大会。在这种情况下,股东大会共同决定,将一部分公司事务的具体决策权委托给其中一部分股东或有能力的人行使,于是就成立了董事会,股东大会与董事会之间实际上是一种委托代理关系:股东将公司的部分决策权委托给董事会,董事会向股东承诺使公司顺利经营并获得可观的利润。

董事会

董事会是股东大会的常设机构,董事会的职权是股东大会授予的。关于董事会的人数、职权和作用,除《公司法》的明确规定外,英美国家的企业有更细致的公司章程来对董事会的责任和权力进行规范。

对于职责的更好履行,董事会的人员构成非常关键,董事不一定是股东,但董事应该具有专业能力,且董事之间要有互补性。英美公司董事会在内部管理上有两个鲜明的特点:其一,在董事会内部设立不同的专门委员会,以协助董事会更好地进行决策,通常设有任免委员会、薪酬委员会、审计委员会等。这些委员会实际上行使了董事会的部分决策职能,更强调专业决策能力;其二,将公司董事分成内部董事和外部董事,内部董事一般是在公司担任重要职务的核心成员,外部董事则以保持决策独立性为目的,自20世纪70年代开始,英美公司的外部董事的比例呈上升趋势。

首席执行官

董事会选拔、任命首席执行官(CEO),委托首席执行官为公司日常经营管理事务的最高负责人。在大多数情况下,首席执行官由董事长兼任,董事长是董事会召集人,公司的日常经营管理权主要委托给首席执行官,大多数公司设置首席运营官(COO)来协助首席执行官处理具体事务。英美公司通常还设有总裁职位,由首席执行官兼任,有的公司是董事长同时兼任首席执行官和总裁。首席执行官、总裁和首席运营官在各个公司的具体权限不完全相同，但都在公司自治权范畴内。首席财务官（CFO）也是非常重要的高管职位，此外，公司通常设有数名副总裁或执行副总裁，协助首席执行官、总裁和首席运营官负责公司的日常经营管理。这些岗位共同构成了公司的高级经营管理团队。

外部审计制度

英美公司没有监事会，而是由公司聘请专门的审计机构负责公司财务状况的审计。董事会内部虽然也设立审计委员会，但只是协助董事会进行重要决策。英美等国家的资本市场非常发达，股票交易在很大程度上依赖于公司财务信息的真实披露，公司自设的审计机构没有独立性，所以英美等国很早便出现了由独立会计师承担审计事务的情况，以示公正。作为中介机构，独立的审计机构以其信誉和专业能力为生存根本。有效市场假设是指由外部审计机构提供的上市公司财务报告是真实完整的、股票价格能包含并反映这些信息。外部审计制度是英美公司制度的重要构成部分，但也曾发生多起审计机构与公司合谋提供虚假信息的情况。

德日公司治理模式

德日公司治理模式被称为银行控制主导型的公司治理模式，其本质特征表现在以下几个方面。

商业银行是公司的主要股东

德日两国的商业银行处于公司治理的核心地位，银行深度涉入公司事务，形成了颇具特色的"主银行体系"。

日本的主银行制是多面的，主要包括三个基本层面：一是企业与主银行之间在融资、持股、信息交流和管理等方面结成的紧密关系；二是贷款银行之间基于与企业的联系而形成的合作关系；三是政府监管当局与银行之间的关系。这三层关系相互交错、相互制约，共同构成一个有机整体，或称为以银行为中心的企业相互持股的网络。

在德国，政府很早就认识到银行对促进经济增长的作用。早期，银行仅仅是公司债权人，向公司提供贷款业务，但当公司拖欠银行贷款时，银行就通过类似债转股的方式成为公司大股东，银行持有一家公司的多少股份，在德国没有法律的限制，但金额不得超过银行资本的15%。另外，德国银行还做股票保管人，德国大部分个人股东平时都把股票交给自己信任的银行保管，并把投票权转让给银行行使，只需在储存协议书上签署授权书即可，这样银行得到了大量的委托投票权，能够代表储户行使股票投票权。

法人持股或法人相互持股

法人持股特别是法人相互持股，是德日公司股权结构的基本特征，这一特征在日本公司中更为突出。二战后，在多元化的股权结构中，股权没有向个人而是向法人集中，由此形成了日本公司股权法人化的现象。

由于德日在法律上对法人相互持股没有限制，德日公司法人相互持股的现象非常普遍。法人相互持股有两种方式，一种是垂直持股，如丰田、住友公司；另一种是环状持股，如三菱公司。

监事会制度

德日公司的股东监控机制是"主动""积极"的，公司股东主要通过一家能信赖的中介机构或股东当中能行使股东权力的人或组织（通常是银行）来代替他们控制与监督公司。

德国公司有执行董事会和监督董事会，称双层董事会。依照法律规定，股份公司必须设立双层董事会，监事会是公司股东、职工利益代表机构和监督机构。德国《公司法》规定，监事会的主要权责有：一是任命和解聘执行董事，监督执行董事是否按公司章程经营；二是对公司重要经营事项如超量贷款等做出决策；三是审核公司财务，核对公司资产，并在必要时召集股东大会。监事会主席由监事会成员选举，须有2/3以上成员通过，监事会主席在表决时有两票决定权。德国公司的监事会是一个实实在在的股东权力行使和监督机构。另外，德国公司的职工参与决定的制度也非常特殊。1848年，法兰克福国民议事会在讨论《营业法》时就提议在企业建立参与决定的机构——工人委员会的存在。1891年重新修订的《营业法》首次在法律上承认工人委员会的存在。德国魏玛共和国时期著名的《魏玛宪法》也有关于职工要平等参与的规定。二战后，德国颁布了一系列关于职工参与公司治理的法规。选派职工代表进入监事会参与公司的重大经营决策，即所谓的"监事会参与决定"，使公司决策比较公开，便于监督公司经营，还有利于公司的稳定和持续发展。

家族公司治理模式

在韩国和东南亚国家中，很多企业是由家族控制的，其公司治理模式具有明显特点：企业的所有权或股权主要由家族成员控制，企业主要经营管理权掌握在家族成员手中，决策家长化，激励约束有利益和亲情的双重化。家族企业是私人公司，不是此处讨论的重点，不再赘述。

实质与程序并重的股东大会、董事会

完善混改企业的股东大会

股东大会是股东作为公司财产所有者对企业行使财产管理权的一个组织，是公司的最高权力机构。在国企的混合所有制改革中，为了使股东大会能够有效地行使公司的重大事务决策权以及人事任免权，就需要完善混合所有制企业的企业股东大会。

完善国有出资人的代表制度

在混合所有制经济中，国有产权管理面临的最大挑战就是，国有资产监督管理委员会作为出资人（即股东）的权限界定问题。由于国家存在公权力，国资委作为一个政府机构，与其他出资人相比，对资产经营的监督动力与机制不同。

第五章　国企混改如何"改"

2003年，我国国有资产管理体制进行重大创新，建立了管资产、管人、管事相统一的国资委。2018年7月30日，国务院发布了《国务院关于推进国有资本投资、运营公司改革试点的实施意见》，新一轮国有企业改革的主要内容之一是，以管资本为主改革国有资本授权经营体制。通过改组组建国有资本投资、运营公司，实现国有资本所有权与企业经营权分离，构建国有资本市场化运作的专业平台，促进国有资本合理流动，优化国有资本布局，提高国有资本配置和运营效率，更好服务国家战略需要。在公司内部，国资委对国有企业的出资人职责的规定可以通过建立国有资产出资人代表制度来实现。建立国有资产出资人代表制度，委派国有资产出资人代表进入股东大会，行使股东的权力，使股东大会能正确反映国有资产出资人的意见和诉求，依照国家法律和公司章程维护国有产权的公平权利。国有企业的股东组成股东大会后，实际表决要通过具体代表人去投票，代表人如何在决策前充分了解情况从而形成决策意见，如何根据具体情况进行不同意见的表决是很重要的问题，所以在股东大会进行投票决策前的沟通机制，对于准确、深入地理解股东大会资料和议题至关重要。

国有股东权利有赖于对代表国家行使出资人权利的具体自然人代表的委任、派出、监管和制衡等相关制度安排以及具体权利与义务的配置，从而实现从虚到实的转变。按照《公司法》和公司章程的规定，对于国资委直接持股的国有控股、参股公司，国资委通过参加股东会议、审核需由股东做出决定的事项、与公司其他股东协商做出决议等方式履行股东职责。国有控股、参股公司召开股东会议，国资委委派出资人代表或委派授权出资人代表参加股东会，通过行使表决权来参与决定公司的重大事项。在参加公司股东会议前，出资人代表或授权代表应当与公司董事会有关成员进行充分沟通，掌握履行股东职责所需的公司有关情况。要平等地对待其他非国有股东，确保他们的权利得到保护和平等获得公司信息。与其他非国有股东相比，国家拥有公权力，天然具有地位的优势，必须防止其将履行公共政策职能与行使股东权利混淆，并且应建立起有效的补偿机制和救济渠道。另外，要确保高度透明，这是保护占少数股权股东权益的一个关键条件。国家所有权的监督机构应该在混合所有制企业建立保证所有股东能同等便利地获取信息的机制和程序，同时在一般的公司治理框架之外，制定与所有股东进行交流和征求意见的积极政策，与占少数的非国有股东积极协商，增强其对相关决策过程和关键决定的认可，建立起非国有股东对国家股东的信心和国家股东的信用。

当混合所有制结构形成后，混合了国有资本和非国有资本的公司的股东会将与以往不同。国有股东的表决需要提前在国有企业内部走完流程，在股东会现场表决时根据已经定好的结果表态，关注的重点是表决程序完备，而不是表决本身。而非国有股东更关心的是表决实质，希望在表决过程中真正行使股东权力。协调国有股东和非国有股东在股东会中的关系和建立有效、科学的沟通机制是需要关注的重点，这应该通过对公司章程认真、个性化的修改来达成。

完善混改企业的董事会

董事会是依照《公司法》等有关法律和政策规定以及公司章程的要求由全体董事组成的公司决策机构，是公司治理的核心。董事会是公司经营的决策机构，负责公司经营活动的决策与管理，对股东大会负责。股东大会所做的有关公司重大事项的决定，董事会必须执行；除法律和公司章程规定的应由股东大会行使的权力外，其他事项均可由董事会决定。

董事会的职责

董事会负责召集股东大会，并向股东大会报告工作；执行股东大会的决议；决定公司的经营计划和投资方案；制订公司的年度财务预算方案、决算方案；制订公司的利润分配方案和弥补亏损方案；制订公司增加或者减少注册资本以及发行公司债券的方案；制订公司合并、分立、解散或者变更公司形式的方案；决定公司内部管理机构的设置；决定聘任或者解聘公司经理，并根据经理的提名决定聘任或者解聘公司副经理、财务负责人；制定公司的基本管理制度。公司章程规定的其他职权。

董事会的形成

董事会有资格、数量和工作安排上的具体要求：

从资格上讲，董事会成员必须是董事，董事不能出席会议时可以委托其他董事行使表决权，但不能委派非董事人员，因为董事是股东在股东大会上选举产生的。法定的董事资格为：董事是自然人，但国家公务员、军人等特种职业和丧失行为能力的人不能作为董事；董事可以是股东，也可以不是股东；上市公司独立董事则要获得独立董事资格，并需要持续接受培训，而且不能在中国境内同时担任5家以上公众公司独立董事，所担任董事长上市公司之间也不能存在关联关系。

从数量上讲，董事人数不得少于法定最低限额，也不宜人数过多，一般是3人以上。因为董事会的会议机构属性，一般建议董事设置为单数（为偶数时，给某位董事两个投票权）。我国法律分别对有限责任公司和股份有限公司的董事人数做出了规定：《公司法》第四十四条规定，有限责任公司设董事会，其成员为3~13人；《公司法》第五十条规定，有限责任公司，股东人数较少或规模较小的，可以设1名执行董事，不设董事会；《公司法》第一百零八条规定，股份有限公司应一律设立董事会，其成员为5~19人。

董事长和副董事长由董事会选举产生，罢免程序也相同。董事可以分为内部董事和外部董事。上市公司需要有独立董事。董事长的主要职权是召集和主持董事会会议。按现国有企业的管理规定，董事长、公司法定代表人、党委书记一般应由一人兼任，董事长（法定代表人身份）有对外代表公司参与司法诉讼和签署重大协议的权力。

董事会和股东大会的关系

董事会所做的决议必须符合股东大会的决议，如有冲突，要以股东大会决议为准；股东大会可以否决董事会决议，直至改组、解散董事会；任命和解除董事都要经过股东（大）会上股东的投票表决。

组成科学、合适的董事会，并确保董事会发挥效用，是解决非国有资本与国有资本混合中的问题关键。

首先，要建立董事的评价标准，提高国企混改后董事的履职能力与专业能力。新加入的外部投资者应该推荐熟悉公司行业或某领域的专业人才担任董事；一般建议混改后的总经理被推荐为董事，如有条件，财务负责人和技术负责人也可被推荐为董事；更重要的是，国有股东推荐董事人选，建议推荐能满足较长任期的人出任混改后的公司董事，国有股东单位也可以直接推荐外部的专业人才为董事。

其次，董事会讨论公司决策事项时，应做到流程和实质并重，当两者发生冲突时，应强调以实质为主。国有股东推荐的董事，会前通常要在股东单位召集多个会议就审议事项形成结论，然后到董事会"照本宣科"，经常不能与董事会现场讨论的意见达成共识，或者来不来参与讨论，其结论都是预设好的，这就容易导致董事会的形式主义。需要改革的是，由于国有股东推荐的董事要对该国有股东内部的各种规定和结果负责，国有股东推荐的董事在发表意见时更多关注流程和形式，而较少关注实质内容，从而导致董事会与混改前没有差别，改革不彻底。比如，董事会审议高管人员的工资奖金时，国有股东推荐的董事通常关注是否符合工资总额管理等平衡性问题，而非国有股东推荐的董事则关注是否与业绩对应、是否符合市场水平。

最后，董事会采用的是集体讨论后的投票决策方式，应该容许决策错误，对一些创新发展议题的决策要宽容，给董事会和公司以

"想干事、能干事、干成事"的宽松环境。要允许国有股东推荐来的董事有现场决断权,在现场科学决策后再向国有股东另行汇报,要容许董事发挥专业优势。市场上有董事责任险,国企混改后,可考虑购买董事责任险,以此激发董事发挥专业优势的积极性。

一般而言,国有独资企业改为混合所有制企业后,其股权结构可能会呈现三种状态——股权高度集中、股权中度集中、股权分散,不同股权结构需要不同类型的董事会。为了反映其他股东对大股东的制衡程度和控制权的可竞争性程度,引入"制衡度",用第一大股东的持股数量与第二、三、四、五股东持股数量之和的比值表示,比值小于等于1为制衡,大于1为非制衡。因此,混合所有制企业的董事会运作模式,可做如下定位。

第一种,股权高度集中。一方面,它有动力也有能力激励、监督经营层提高公司业绩,因为其自身利益同其控制权相一致;另一方面,它也有动机和权力损害小股东利益,故宜采用监督型董事会,可通过公司章程规定董事会对决策事项的权限,比如重要且涉及大股东的敏感事项,可将董事会通过比例从1/2提高到3/4乃甚至全部,甚至可借鉴上市公司的累积投票制度,确保中小股东的利益不受损害。

第二种,股权中度集中。虽然股东之间的相互制衡能发挥作用,但在重大决策和经营管理上可能存在较大分歧,有时难以达成一致的有效解决方案,容易出现扯皮现象,贻误时机,也不利于企业发展。如果存在制衡,可采用战略型董事会,即同样根据公司章程合理设置董事会权限。

第三种,股权分散。公司没有绝对控制型大股东,单一股东的作用非常有限,过度分散的股权使得股东行使权利的积极性受到抑制,影响其对公司的监督,经营层可能容易掌握控制权从而造成内部人控制的问题,因此宜采用战略型董事会,既发挥监督作用,又通过战略决策为公司创造价值。

加强党组织建设

加强国有企业的党组织建设

2016年10月，习近平在全国国有企业党的建设工作会议上强调："坚持党对国有企业的领导不动摇，开创国有企业党的建设新局面"，"要通过加强和完善党对国有企业的领导、加强和改进国有企业党的建设，使国有企业成为党和国家最可信赖的依靠力量，成为坚决贯彻执行党中央决策部署的重要力量，成为贯彻新发展理念、全面深化改革的重要力量"，"成为壮大综合国力、促进经济社会发展、保障和改善民生的重要力量"，"要坚持有利于国有资产保值增值、有利于提高国有经济竞争力、有利于放大国有资本功能的方针，推动国有企业深化改革、提高经营管理水平，加强国有资产监管，坚定不移把国有企业做强做优做大"。"国有企业是中国特色社会主义的重要物质基础和政治基础，是我们党执政兴国的重要支柱和依靠力量"。"坚持党的领导、加强党的建设，是我国国有企业的光荣传统，是国有企业的根和魂，是我国国有企业的独特优势。新形势下，国有企业坚持党的领导、加强党的建设，总的要求是：坚持党对国有企业的领导不动摇，发挥企业党组织的领导核心和政治核心作用，保证党和国家方针政策、重大部署在国有企业贯彻执行；坚持服务生产经营不偏离，把提高企业效益、增强企业竞争实力、实现国有资产保值增值作为国有企业党组织工作的出发点和落脚点，以企业改革发展成果检验党组织的工作和战斗力；坚持党组织对国有企业选人用人的领导和把关作用不能变，着力培养一支宏大的高素质企业领导人员队伍"。"坚持党对国有企业的领导是重大政治原则，必须一以贯之；建立现代企业制度是国有企业改革的方向，也必须一以贯之。中国特色现代国有企业制度，'特'就特在把党的领导融入公司治理各环节，把企业党组织内嵌到公司治理结构之中,明确和落实党组织在公司法人治理结构中的法定地位"。"国有企业领导人员是党在经济领域的执政骨干,是治国理政复合型人才的重要来源,肩负着经营管理国有资产、实现保值增值的重要责任"。"要坚持党管干部原则,保证党对干部人事工作的领导权和对重要干部的管理权"。"对国有企业领导人员,既要从严管理,又要关心爱护,树立正向激励的鲜明导向,让他们放开手脚干事、甩开膀子创业。要大力宣传优秀国有企业领导人员的先进事迹和突出贡献,营造尊重企业家价值、鼓励企业家创新、发挥企业家作用的浓厚社会氛围"。

党的十九大报告指出,"国有企业党委(党组)发挥领导核心作用,把方向、管大局、保落实,依照规定讨论和决定企业重大事项",这为新时代国有企业党委(党组)确立领导地位、发挥领导作用指明了方向。

国有企业党委在发挥领导作用时,必须在"把方向、管大局、保落实"的前提下,围绕企业经营管理目标,切实落实好党委的领导作用的内涵:一是监督作用,即保证监督党和国家的方针政策在企业能贯彻执行;二是支持股东会、董事会、监事会和经营层依法行使职权;三是与监事会功能结合,通过监察审计职能,确保国有企业经营管理过程不违规、不违法。

国有企业混合所有制改革后,继续加强党组织的建设

党的十九大提出要深化国有企业改革,国有企业混合所有制改革要主动适应、把握、引领经济发展新常态,建立与之相适应的现代公司治理机构势在必行。从国有控股企业党委会和董事会、经营层办公会的决策机制上看,党委会和董事会、经营层办公会的目标是一致的,但是在会议依据、会议召集人、议事规则和职责方面不同。混合所有制企业的党委(组)会也可前置研究讨论,对贯彻落实全面加强党对国有企业的领导、完善中国特色国有企业治理体系

等方面具有重要作用。

结合企业实际，确定议事规则和清单

按照公司的主业、规模、行业特点进行完善，公司同步修订董事会、经营层办公会的议事规则，明确党委会前置讨论的具体要求。

明确实现路径

党委（组）会中应该有精通公司业务的成员，建议党委副书记同时也是经营管理人才，党委会成员应有董事会成员和经营层成员。党委会形成意见后，确保能在不同决策会议中得到实现。

提高会议效率

企业面临的市场竞争是非常激烈的，提高决策效率至关重要。对于在授权范围内应由总经理决策的事项和日常事务，党委应支持总经理依法行使职权，提高效率。对于重大事项，公司一般应按照党委会、经营层办公会、董事会的顺序召开会议，确保时间不延误。如果各个会议的成员有重叠，则可同时召开。

混合所有制企业党委会的前置研究讨论

混合所有制企业党委会的前置研究讨论要建立配套措施，比如交叉任职，董事长、党委书记由一人担任，将党的领导与董事会的决策功能有机结合；总经理可同时兼任党委副书记，并主持党委前置讨论会议；符合条件的党委成员可以通过法定程序进入董事会、监事会、经营层办公会，董事会、监事会、经营层办公会成员中符合条件的党员可以依照有关规定和程序进入党委。

坚持市场化改革

国企改革事关国有经济主体地位的问题，事关基本经济制度问题。要真正让企业成为市场主体，国有企业的决策机制、管理机制、激励约束机制等必须适应经济规律，满足市场竞争要求。坚持市场化改革方向，主要有以下两个方面的内容。

赋予董事会经营决策权，董事会没有得到充分授权，企业就不可能形成市场化的决策机制，没有市场化决策机制，资产配置和运営效率就不可能提高，党委（组）在经营上不承担经营责任，可以不需要决策权。

坚决去行政化。国有企业活力不足的一个原因是国有企业和国有企业领导人的行政化和级别官员化。国企混合所有制改革的目标之一就要去除行政化，去除企业负责人的行政级别。把中央或国务院或地方政府直接任命改为通过股东大会和董事会间接任命，既不影响通过党组织的直接管理，又使企业负责人向市场化和企业家靠拢，形成懂政治的企业家群体。

独立董事制度在混改国企中的应用

独立董事制度是指在董事会中设立独立董事，以形成权力制衡与监督的一种制度。独立董事是指不在公司担任除董事以外的其他职务，且所受聘的上市公司及主要股东不妨碍其进行独立客观判断的董事。独立董事对上市公司及全体股东负责。独立董事制度在以美国为首的一些西方国家被证明是一种行之有效、并被广泛采用的制度。一般而言，独立董事制度有利于改进公司治理结构，提升公司质量；有利于加强公司的专业化运作，提高董事会决策的科学性；有利于强化董事会的制衡机制，保护中小投资者的权益；有利于增加上市公司信息披露的透明度，督促上市公司规范运作。我国发展混合所有制经济，独立董事制度可以被更充分地运用于国有资产监管模式的改革中。进一步发掘独立董事制度，可以促使混合经济的成分双方更好地建立互信。独立董事独立于公司实际控制人进行独立判断的特点，使得在民营资本股权代表与国有资本股权代表的意见不统一时，可以借助独立存在的"第三方"协调解决。而独立董事就是最好的"第三方"。

首先，独立董事的地位不受公司实际控制人的左右，可以自由地发表意见，而且在利益上也不存在对公司实际控制人的依赖，所以其可以站在中立的立场对发生的争执进行理性的判断。其次，相较于其他"第三方"来说，独立董事更了解公司的实际经营状况和所处环境。公司董事会成员、经营管理层成员的人格品行都是独立董事所掌握的重要信息资源。这些资源有助于独立董事形成更有利于企业生产经营的判断。最后，独立董事是有任期的，这种轮换制度保证了独立董事不容易被公司的实际控制人影响而转化为实际意义上的"内部人"。

在混合所有制国企中应用独立董事制度应注意以下几点：

第一，明确独立董事的任期及轮换制度。独立董事的任期不能过长，因为任期过长就意味着独立董事与内部董事特别是公司高管相处的时间拉长。这必然导致所谓的"同化现象"，即执行董事与独立董事逐渐磨合、默契串通，使独立董事逐渐失去独立性。当然，独立董事的任期也不能短于执行董事，否则就影响其对执行董事的制衡作用。对此，美国《密歇根州公司法》（Michigan Companies Act）第四百五十条规定：独立董事在公司中任职不得超过3年，满3年后，该独立董事可以继续担任内部董事，但失去担任独立董事的资格。我国《指导意见》规定：独立董事每届任期与该上市公司其他董事任期相同，任期届满，连选可以连任，但是连任时间不得超过6年。与国外相比，我国独立董事的最长任期为6年，此期限显得过长。关于独立董事的轮换制度，我国没有明确要求。如果独立董事与董事一样可以连选连任，那么在出现实际控制人与独立董事达成默契的情况下，独立董事将完全被"内部化"。所以，独立董事任期届满，应当采取轮换制度，不能连续两届担任同一家公司的独立董事。

第二，明确独立董事和监事会的职能分工。建立独立董事制度是为了加强对混合所有制企业的监管，但是在现有情况下，独立董事与监事会存在职能上的交叉，在实际操作中难免产生冲突，因此必须合理界定独立董事与监事会各自的职权范围，理顺独立董事与监事会的关系。一方面，由于我国《公司法》已就监事会制度做了明文规定，应当继续强化监事会的职权并对监事会的具体工作内容进行细化，以强化监事会的监管力度，从而改变目前监事会虚设的状况；另一方面，可将独立董事的职权集中在监督公司经营业务以及参与公司重大事项决策并提出专业建议上。独立董事有权对公司经营者的报酬、业绩考核、关联交易等事项进行表决，并有权就此类问题发表独立意见，以期能使公司在这些重大问题上形成科学的判断。

第三，健全独立董事行使职权的配套机制。独立董事制度的有效实施，除了需要加强独立董事自身制度的建设，还需要相关保障机制的辅助和配合。首先，应当在混合所有制企业内设立由独立董事组成的专门委员会。在董事会下成立审计委员会、薪酬委员会、提名委员会等专门委员会。其次，改变独立董事获取信息的方式。建立约谈制度，独立董事可就相关问题咨询会计师，公司应提供独立董事约谈相关人员的机会。在公司内部建立信息汇报制度。上市公司应保证独立董事享有与其他董事同等的知情权，定期向独立董事汇报公司生产经营情况以及重大事项的进展情况，并向独立董事提供相关资料，以供其做出独立判断。管理层必须对汇报事项和资料内容的真实性负责。在董事会会议中，独立董事可以提出专业意见并与其他董事进一步讨论，提升决策的科学性和效率。

监事会制度与外部监事

监事会的作用

监事理论上是指公司的监察机关成员，其职责是负责监察公司的财务情况、高级管理人员的职务执行情况，以及公司章程规定的其他监察职责。在中国，由监事组成的监督机构称为监事会，是公司法定的监督机构，监事会制度是公司权力制衡机制的组成部分。由于公司股东分散，专业知识和能力差别大，为了防止董事会、经营层滥用职权，损害公司和股东利益，股东大会选举形成监事会，代表股东大会行使监督职能。

有限责任公司

《公司法》中对监事的权责、产生办法做了详细的规定，具体如下：

第五十一条规定，有限责任公司设监事会，其成员不得少于三人。股东人数较少或者规模较小的有限责任公司，可以设一至两名监事，不设监事会。监事会应当包括股东代表和适当比例的公司职工代表，其中职工代表的比例不得低于1/3，具体比例由公司章程规定。监事会中的职工代表通过职工代表大会、职工大会或者其他形式民主选举产生。监事会设主席一人，由全体监事过半数选举产生，监事会主席召集和主持监事会会议；监事会主席不能履行职务或者不履行职务的，由半数以上监事共同推举一名监事召集和主持监事会会议。董事、高级管理人员不得兼任监事。

第五十三条规定，不设监事会的公司的监事行使以下职权：

- 检查公司财务。
- 对董事、高级管理人员执行公司职务的行为进行监督，对违反法律、行政法规、公司章程或者股东会决议的董事、高级管理人员提出罢免的建议。
- 当董事、高级管理人员的行为损害公司的利益时，要求董事、高级管理人员予以纠正。
- 提议召开临时股东会会议，在董事会不履行本法规定的召集和主持股东会会议职责时召集和主持股东会会议。
- 向股东会会议提出提案。
- 公司章程规定的其他职权。

第五十四条规定，监事可以列席董事会会议，并对董事会决议事项提出质询或者建议。监事会、不设监事会的公司的监事发现公司经营情况异常，可以进行调查；必要时，可以聘请会计师事务所等协助其工作，费用由公司承担。

第五十五条规定，监事会每年度至少召开一次会议，监事可以提议召开临时监事会会议。监事会的议事方式和表决程序，除本法有规定的外，由公司章程规定。监事会应当对所议事项的决定做成会议记录，出席会议的监事应当在会议记录上签名。

第五十六条规定，监事会、不设监事会的监事行使职权所必需的费用，由公司承担。

国有独资公司

《公司法》第七十条规定：国有独资公司监事会成员不得少于五人，其中职工代表的比例不得低于1/3，具体比例由公司章程规定。

监事会成员由国有资产监督管理机构委派；但是，监事会成员中的职工代表由公司职工代表大会选举产生。监事会主席由国有资产监督管理机构从监事会成员中指定。

股份有限公司

《公司法》第一百一十七条规定：股份有限公司设监事会，其成员不得少于三人。监事会应当包括股东代表和适当比例的公司职工代表，其中职工代表的比例不得低于1/3，具体比例由公司章程规定。监事会中的职工代表由公司职工通过职工代表大会、职工大会或者其他形式民主选举产生。监事会设主席一人，可以设副主席，监事会主席和副主席由全体监事过半选举产生。监事会主席召集和主持监事会会议；监事会副主席不能履行职务或者不履行职务的，由半数以上监事共同推举一名监事召集和主持监事会会议。

混合所有制企业应正确发挥监事会作用

国有企业进行混合所有制改革后，如何进行监事会的功能定位和设计，成为国有企业混合所有制改革中面临的具体问题。

第一，明确国有股东对混合所有制企业委派监事的管理方法。对于混合所有制企业，国有股东可以委派监事进入监事会，可以是常驻企业的专职监事，也可以是兼职监事，代表国有股东依法履行监督职责，定期和不定期地向国有股东汇报履职情况。国有股东可以通过市场招聘以及自愿转换为市场化身份的人员进入监事会，其薪酬和工作经费可由企业负担，这种管理模式有较高的独立性，也便于实行市场化管理。

第二，明确国有股东对混合所有制企业委派监事的派出方式。从现实情况来看，无论是国有企业、上市公司还是民营企业，普遍存在监事会监督弱化、监督流于形式等问题。这是因为：一方面，股东会更看重董事会和经营层的工作，对监事会的地位和作用认识不够，把监事当成可有可无的闲职；另一方面，有些监事会自身的业务水平不够，发现问题、解决问题的能力不强。

国有股东对国有参控股企业委派监事要处理好的问题包括：赋予监事依法监督的权力，强化监事依法监督的责任，保护监事依法监督的利益。

第三，明确混合所有制企业监事会的履职范围。混合所有制企业的监事会履职范围，要根据其自身业务特点和公司治理结构来具体确定，总体上说需要把混合所有制结构融入其他监事会的日常工作中。与国有独资企业不同，混合所有制企业的监事会不是由上级管理机关派出，而是通过股东大会选举产生，这就决定了监事会的工作机制和履职范围将不同于国资委委派的监事会。

具体而言，混合所有制企业的监事会履职范围包括：一是合理使用在监事会中的表决权。既要维护国有股东利益，又不能损害其他股东利益，对企业损害股东权益的行为，应及时向股东会报告。二是合理使用在监事会中的建议权。对监事会的工作目标、工作方法、工作重点提出合理化建议，通过积极主动的工作，努力改变监事会监督弱化的状况。三是由于混合所有制企业的业务范围涉及国有资产，在公司决策出现重大分歧时，监事会中代表国有资本的监事应当通过其沟通渠道及时向国有股东单位反馈。

第四，可引入外部监事。针对我国监事会缺乏独立性的弊端，可以通过外部监事制度来增强我国监事会的独立性，而外部监事可以主要从非国有股东推荐的人选中选举产生。外部监事是从公司外部选出来的，与公司内部人员没有利益关系，外部监事能够脱离董事、经营层的控制和影响，自主地行使监督权。我国现有的监事会职能难以发挥作用的重要原因是，监事会成员的构成和专业性存在问题，而外部监事制度正好有助于提高监事会的独立性以及监事会成员的专业能力。外部监事的基本职责是，客观评判业务执行的合法性，监督、检查董事会和高级管理人员的业务合规性和合法性。

混合所有制企业可探讨党委会与监事会的结合，形成中国特色的公司治理结构。中国《公司法》规定，监事会具有代表股东会监督公司的权力。根据十九大报告和中国共产党党章的相关规定，企业党委（组）也具有参与重大事项的权力。

国有企业混合所有制改革后，根据公司治理的客观需要，可以将党委（组）和监事会的监督检查职权结合起来，将党委（组）与董事会参与重大事项的职权结合。这时，需要探讨的改革之处是，党委（组）的前置研究讨论是否可放在董事会而非经营层会议前，这样可能会更有效。如果能这样，经营层会议形成具体意见后，党委（组）在董事会议前讨论，可以对重大事项是否符合规定进行研究讨论，形成的意见成为董事会共同讨论的议题。而监事会则与党委（组）共同就监督事项进行研究讨论，并对股东大会负责。党委（组）与监事会、董事会的成员存在交叉任职和重叠现象，能有效避免低效率。

建立长期激励约束机制

建立以员工持股计划为核心的长期激励机制，是增强外部投资者参与国有企业混合所有制改革信心的重要方式，也是加速推进国有企业混合所有制改革的重要方式，更是深化国有企业改革的重要方式。因此，实施员工持股计划并不代表实现了改革目标，更重要的是，要通过建立员工持股计划等长期激励机制，实现物理意义上的产权混合，用产权关系将经营层和员工的利益与公司利益深度捆绑起来，促进员工持股后的"化学反应"，进一步降低委托代理成本等内部交易成本，降低各项经营成本，加强预算约束，选择合适的财务杠杆，主动防范、化解经营风险，增加研发创新投入，提高公司的长期价值。

同时，建立员工持股制度和混合所有制改革，深化国有企业的市场化属性，提高效率，减少行政干预造成的浪费。对符合政策条件的国有企业，要尽快完成员工的国有身份转换，取消计划色彩浓厚的工资总额管理制度，使国有企业真正向市场化迈出一大步。

降低委托代理成本和道德风险，实现预算硬约束

国有企业的委托代理成本和道德风险

在经济活动中，代理人为委托人工作，当委托人支付给代理人的报酬无法准确地交换代理人付出的劳动数量和质量，而委托人又无法使用非经济手段使代理人努力工作时，就会产生委托代理问题和道德风险。

我国国有企业的委托代理问题有三层委托特点：作为初始委托人的全国人民的身份不具体，力量太分散，很难实行有效的监督；各级政府的身份则是双重的，相对于全国人民和上级政府是代理人，相对于下级政府或所属国有企业是委托人；国有企业的负责人和员工是国有资产具体的代理人。这样，国有资产的各层管理者实际上都是代理人，其行为目标与国有资本所有者的利益并不存在必然的完全一致性，如果缺乏科学、有效的中长期激励约束机制，就

第五章 国企混改如何"改"

有可能产生代理风险和道德风险。

在此背景下,国有企业存在以下委托代理问题:

- 对国有资产的监督不均衡、不稳定。行使委托人和监督职能的机构和个人,没有剩余索取权,监督积极性受个体风格、法律体系、政策环境等因素影响,可能监管过头,也可能监管不到位。
- 国有企业经营者的积极性不均衡、不稳定。有些国有企业经营者具有企业家特征,而有些国有企业经营者具有政府官员特征,不同经营者的积极性受个体偏好、能力等因素影响,国有企业之间的效益差距明显,基本统一的限薪制度使部分优秀的国有企业家不能得到公正的回报。
- 委托代理链条长,代理成本高。在每一级的委托代理关系中都会产生代理成本,代理链条越长,累积的信息损失就越大,总的代理成本就越高。
- 非有效竞争和预算软约束,导致国有企业隐含的风险越来越高。由于政府直接控制国有企业,国有企业获得优势资源的能力显著强于非国有企业,成本也低于非国有企业。国有企业短期的资产规模、利润规模和收入规模是衡量其负责人业绩的重要指标,因此企业负责人不愿意考虑长期利益和风险,不重视研发创新等长期投入,而只顾短期表现或者盲目投资,在这样一种缺乏预算刚性约束的环境中,防范、化解风险的难度是极大的,或者说为了管理这些风险,可能会累积更大的风险。

为了有效降低委托代理成本和道德风险,需要建立对国有企业经营者的激励约束机制,尤其是要将经营者的短中长期利益与企业的短中长期利益有机结合起来。激励约束机制其实是一枚硬币的两面,正面是激励,反面是约束。

在坚决去除"行政级别"和"行政化"的基础上，通过加强党组织建设，重视舆论和意识形态领域认同国有企业企业家的人力资本价值等方式，形成对国有企业经营者的精神激励。更重要的是，国有企业经营者的工资薪金、奖励制度、长期收益等要相对市场化，尽量向市场标准靠拢。其中，最为关键的是，建立经营层和员工持股计划，实现利益与风险对应。当然，委托代理成本本质上是无法完全消除的，道德风险更因人而异，规则和机制只是为了形成正反馈效应。

预算硬约束

当国有企业面临经营困难时，出于各种考虑，政府会以财政转移支付、补贴或银行贷款等方式给予支持，从而形成所谓的僵尸企业。国有企业经营者和员工以及利益相关方都认为政府会伸出"援助之手"，企业参与市场竞争的原则被打破。进而，国有企业的经营层逐步意识到，即使不顾风险、不计代价，只要短期形成规模和实现收益，长期风险可以不用考虑，因为未来与自身没有关系，或者政府不会视而不见。

所谓预算硬约束，本质上是优胜劣汰的市场原则，即经济组织的一切活动都以自身拥有的资源约束为限。从理论上看，竞争并不一定会增强国有企业的市场化属性，如果能做到真正意义上的自负盈亏，那么国有企业经营层的风险意识会逐步提高。但是，仅依赖于此显然是不现实的，针对我国国有企业的预算约束，还得提出微观要求，要想完全市场化地打破刚性兑付在目前的环境中是极其困难的。所以，加强党建，将党纪监督与监事会监督结合，控制杠杆比率，通过专业的董事会严格审核对外投资，限制贸易业务等，都是新时代国有企业混合所有制改革过程中应该重视的环节，做到宏观与微观结合、短期与长期结合、个体与企业结合。最终，通过建立经营层和员工持股计划等机制，从产权结构上统一双方利益,实现主动防范、化解风险和公司内部监督下的预算硬约束。

降低经营成本,提升经营绩效

管理层和员工成为国有企业的股东,从雇员身份变为主人身份,必然会更关心成本,避免浪费,互相监督,提高绩效。

企业的利润,是收入减去原材料成本、生产制造成本、管理成本、营业成本、财务成本并缴纳税费后剩余的数额。人们普遍认为,国有企业存在经营绩效不高的现象,其中一个原因是人的身份固化,人浮于事,人多事少,"大锅饭"思想。员工如果不关心企业经营绩效,就不会关心生产经营中的效率和成本浪费。降低国有企业的成本,应该结合经营层和员工持股制度,从以下几方面推动改革:

第一,解决超额负担,降低制度成本。企业在只承担合理负担的情况下,才能面对正常的市场竞争,合理负担之外的负担就是超额负担。中国改革开放约40年的经验证明,当制度成本较低时,企业自然有能力参与市场竞争,此时企业的成本主要是内部成本,而内部成本通过内部改革能获得效用。比如,建立员工持股制度后,管理层和员工会自我驱动,员工之间也会慢慢形成互相监督的风气,在原材料采购、存货管理、生产制造的精细化程度以及管理费用等各个方面,都会自然形成改革动力。进一步说,仅降低内部成本,已经不能应对外部制度成本的冲击,国有企业应该在严格管理内部成本的基础上,逐步推动改革,实现外部制度成本的下降。

第二,破除垄断保护,提高市场竞争力。政府保护必然形成垄断,造成经济低效运行,必须坚决破除垄断保护,尊重市场规律,维护公平竞争格局,倒逼混合所有制企业降低成本,提高产品和服务的市场竞争力。

第三,提升企业效益。成本是一个相对的概念,提升效益其实也相当于降低成本。通过制定适当的产品价格，最大化企业效益，提升利润空间，达到通过提高收入降低成本的目标。提升企业效益取决于两个方面：一是企业自身的改革与创新，二是政府对企业外部环境的保障。这两个方面应当相辅相成，各自找准发力点，相互配合，相互呼应，其中企业自身的改革与创新是内因，也是关键。企业通过制定适当的产品价格，最大化企业利益，提高利润空间，达到通过提高收入降低成本的目标，这取决于企业产品的先进性、运营方式的先进性以及产品的高品质，只有产品、经营具有突出优势，才能够在定价权上取得主动性。政府通过制定引导性措施，促进企业增强产业转型的主体意识，引导企业以转变经济增长方式为主要任务，以增强经济的可持续发展能力和产业的国际竞争力为根本目标，以提高产业的创新能力为核心环节。

第四，转换国有企业职工身份，形成市场化用人机制，逐步消解国企冗员。一些国有企业冗员多、负担重，导致管理成本较高，但国有企业的国有职工身份，限制了企业的用人自主权。建立管理层和员工持股计划后，在符合相关政策的同时，企业应争取完成国有职工身份的转换，这个身份转换的成本应从混合所有制改革前的国有资产中支付或扣除。当然，身份转换是双向选择，考虑到改革的实际操作性，身份转换不宜"一刀切"，有的职工可能不愿意转换为市场化员工身份，那就应该调入国有独资企业，而在非混合所有制企业中，相应地也就不能获得国有身份转换的经济补偿金，更不应参与混合所有制改革后的员工持股计划。

员工持股计划

公司内部是否建立科学的长期激励机制以及如何建立长期激励机制，决定了外部投资者是否有信心参与国有企业的混合所有制改革。建立科学的长期激励机制也是降低与外部投资者沟通成本的有效手段。

第五章　国企混改如何"改"

公司内部的激励与约束历来受到重视。1968年，美国学者加内特·哈定（Garnett Harding）在《科学》（Science）杂志上发表《公地的悲剧》（Tragedy of the Commons），指出产权公有就是产权不清晰的表现，从而导致牧场被过度放牧；意大利经济学家帕累托（Pareto）在经济效率与收入分配研究中所提到的"帕累托最优"和"帕累托改进"，也是在讨论资源分配中的公平与效率问题；契约理论、委托代理理论、交易成本理论、产权交易理论、博弈理论、企业剩余权索取理论等，都会讨论到这一问题；张五常认为，企业就是一系列合约的集合。在这些理论研究和实践过程中，建立与产权制度相联系的股权激励机制，逐步成为对管理层和员工进行长期激励的重要手段。

股权激励的种类

股权激励是指经营层和员工通过获得公司股权的形式获得经济回报并参与公司治理，包括股票期权、限制性股票和股权等。股权激励的目标是让经营层和员工以股东身份参与公司治理、分享利润、承担风险，从而勤勉尽责地为公司的长期发展工作。从表面上看，股权激励是股东对经营层的一种激励，但其实质上将经营层和员工从纯粹的代理人变成了特殊意义上的股东，这个特殊意义上的股东所持有的股票（股权）或者其他财产权利与其他投资者有很大不同。通过股权激励，股东将经营层和员工与公司紧紧"绑"在一起，这无疑是降低道德风险、降低代理成本、实现股东利益最大化的一种很好的途径。

股权激励的形式多种多样，主要包括股票期权、虚拟股票、股票增值权、限制性股权、完整股权等，其中应用最为广泛的是股票期权和完整股权，其他形式的股权激励大致是在这两种形式的基础上变化而得。接下来我们对股票期权、虚拟股票和完整股权做简单介绍。

股票期权

股票期权是指公司赋予行权人（经营层和员工）在一定期限内（及或达到一定条件后）按一定价格购买一定数量公司股票的权利。

对员工而言，股票期权是一种选择权，如果行权人在可行权时，股票期权没有正向激励价值，行权人有权选择不行权。股票期权的关键点包括：期权数量、行权价格、行权条件、行权时间、期权费等。1997年，诺贝尔经济学奖获得者麦伦·斯科尔斯（Myron Scholes）等在20世纪70年代提出了布莱克－斯科尔斯模型（Black-Scholes Model），对期权定价进行了系统的分析和研究。

比如，上市公司A目前的股票价格是10元，公司授予首席执行官100万股股票期权，并规定1年后如果公司净资产收益率（ROE）达到15%，则首席执行官可以按每股10元行权，且行权后每年卖出的股票数量不得超过行权数量的25%。1年后，如果公司净资产收益率达到15%，则首席执行官可以行权。此时，如果股票价格超过10元，假设是20元，则首席执行官会行权，相当于获得了1 000万元的奖励，但行权后首席执行官每年最多能卖出25万股。如果股票价格低于10元，则首席执行官不会行权，因为行权意味着亏损。在这个例子中，如果公司要求首席执行官花钱购买这项权利，如每份1元，即期权费，在股权激励中因为有业绩要求，一般不设置期权费，即期权费为零。净资产收益率达到15%是行权条件，公司也可规定其他行权条件，如净利润增长率和总资产回报率达到某一标准等，当然也可不规定行权条件，因为股票价格是否上涨本身已经隐含了业绩条件。1年后可以10元卖出，这个10元是行权价格，行权价格可以与授予时的股价一致，可略高，也可略低，但对国有企业而言，行权价格一般不宜低于授予时的股票价格。1年后才能行权，这个1年就是锁定期。规定首席执行官行权后每年卖出的数量最多是行权数量的25%，当然也可以不规定卖出的约束条件，则理论上首席执行官行权时可直接获利1 000万元

（未考虑所得税）。需要注意的是，公司授予股票期权，在会计处理上会形成成本，不同国家会计准则下的会计处理方法不同，很多中国科技公司去海外 IPO 时扣除的巨额管理费往往就是期权激励成本。由于未上市公司没有市场价格发现功能，一般不使用股票期权，或者说激励力度有限，但也可以借鉴股权期权的形式，即规定一个远期购买公司股权价格的权利。

虚拟股票

虚拟股票是指公司不授予管理层和员工真实的股票期权或股权，而是以公司股权或股票作为业绩参照基准，当股权或股票升值时，公司按升值部分的一定比例向管理层和员工兑现奖金。比如，国有上市公司授予总经理 100 万股虚拟股票，授予时的股票价格为每股 10 元，3 年后股票价格涨到 20 元，则公司向总经理支付 1 000 万元（或按提前确定的公式计算出金额）的税前奖金，授予时总经理不需要支付成本。采用虚拟股票的激励方式的原理是，公司内在价值的提升会从股权或股票价格上最终体现出来。

完整股权

完整股权是指管理层和员工以完全市场化的方式获得的股票或股权，虽然是股权激励工具，但因其获得条件是市场化的，对应的股东权利也应该是完整的，包括所有权、投票权、分红权和处置权。在国有企业混合所有制改革的员工持股计划中，员工通过持股平台（或直接以自然人身份）所持有的股权会以合约方式设置一些约束条件，主要针对退出时间进行规定。一方面，这些规定由双方自愿约定而成；另一方面，这些约定可以增强外部投资者对混合所有制改革的信心。如果涉及上市公司，完整股权的激励方式不仅要符合国有资产和国有企业的相关管理要求，还要遵守证券监管机构关于股权激励的所有规定。由完整股权变化而来的限制性股票，是指公司通过老股转让或增发新股的方式给予管理层和员工一定数量的股权或股票，且对这些股票或股权设置了条件。设置的条件，可以是业绩，也可以是锁定期等，因为有所限制，限制性股票通常会给出一定的价格折扣或其他优惠条件。由于国有企业不允许以低于评估净值的价格转让股权，在非上市国有企业混合所有制改革中，限制性股票的使用空间较小，激励效果有限，但基于其原理出现的衍生工具不少。

从法律性质上来看，用于股权激励的股票期权、虚拟股票和完整股权，实际上是经营管理层（包括员工）和股东之间的一种附条件、附期限的买卖或合约，该买卖或合约既可以是无偿的，也可以是有偿的，但当涉及国有企业和国有资产时，这些股权激励工具的价格不能低于国有资产评估净值和国有产权转让的相关规定。股权激励是改善公司治理的有效手段，从世界其他国家以及中国的实践来看，股权激励对公司治理的效用是非常正面的。

员工持股计划的关键点

员工持股计划是国有企业建立长期激励机制的主要方式，接下来，我们以员工持股计划为主，描述具体操作中的关键点，其他如股票期权、虚拟股票等长期激励方式的关键点类似。

持股比例

员工持股比例是股权激励中的一个关键问题。确定员工持股比例的标准是：首先，员工股份必须达到足够比例，以促使员工有动力关注、参与公司的经营活动，并影响公司的经营决策，这样才能提高员工积极性，员工持股份额原则上不宜低于公司股本的5%。其次，员工持股比例不能太高，太高就会形成内部人控制，影响企业的控制权，从而损害其他股东的利益，员工持股比例应不超过公司股本的30%。员工持股比例不存在统一的标准，不同企业要根据具体情况而定。

员工持股比例的第二个问题，是内部员工之间的分配比例、管理层和员工之间的分配比例。从激励效果来看，管理层和核心骨干员工应持有更多股权。

参与人

推行员工持股计划，既要保证一定的覆盖面，也要避免出现"平均主义"和"大锅饭"；既要恰当地体现岗位的不同重要性，也要防止福利化倾向。

为防止利益输送，中国证监会发布的监管规定中，明确规定员工持股计划的参加对象为本公司及其主要子公司的正式员工（包括管理层），控股股东不能持有下级公司的股权。

员工持股不一定是全员持股，全员持股并不是可推广和鼓励的方式，股权激励要向关键岗位和科技骨干人员倾斜，并适当拉开差距。

持股价格

员工入股前，国有企业应按照有关规定进行财务审计和资产评估。员工入股价格应与混改中引入的其他外部投资者的入股价格一致，不得低于经核准或备案的资产评估净值。

持股平台

《公司法》规定有限责任公司的股东人数不得多于50人，非上市股份有限公司的股东人数不得多于200人。股东过多、股权过于分散会影响公司的治理效果和操作成本，因此大部分员工持股计划通过持股平台来完成，有限合伙企业、有限责任公司和股份有限公司可以成为持股平台，合规的资产管理计划和信托计划也可以，但职工持股会或工会不可以。

如果管理层中个人持股的比例较高，个人可以直接以自然人的名义成为显名股东；也可以成立有限合伙企业，由主要负责人作为普通合伙人（GP），其他员工作为有限合伙人（LP）。

资金来源

员工持股所需的资金，应是员工个人合法所有的资金或本人其他可用资金，杜绝国有企业提供垫支、担保和借贷等财务支持行为。员工向银行或其他社会组织借款投资的,应当符合《商业银行法》的相关规定。

截至 2015 年 2 月,在已发布员工持股计划的 74 家上市公司中,采用员工自筹资金(包括完全自筹和部分自筹)的,占据绝对多数,达到 62 家,占比高达 85%。

防范、化解重大风险

调整资本结构,降低资产负债率

国有企业的巨大债务负担,既是影响国有企业健康发展的关键因素之一,也是中国经济金融风险的主要源头之一。国有企业一直有能力、有冲动获得更大规模的信贷和隐性债务支持,中国的经济模式也向这类信用扩张发展模式做出了正反馈,尤其是 2008 年金融危机之后,国有企业和地方政府之间互相依赖、互相捆绑。国有企业的规模获得快速增长,但债务负担、中国经济金融的重大风险也伴随而至。国有企业的混合所有制改革,就是要推动国有企业主动调整资本结构,降低资产负债率,优化债务结构,实现国有企业的健康发展,从而从局部和结构上防范、化解金融危机等重大风险。

近年来,中国经济增速逐年放缓,但企业债务却快速增长,导致企业杠杆率迅速上升。目前中国非金融企业的杠杆率已经上升到全球最高的国家之列。高债务杠杆产生了较大的债务风险,给企业带来极大的财务负担,债务压力尤其是短期债务压力非常不利于国有企业的转型升级,债务负担导致的短期偿债付息压力与转型升级需要的长期持续资本投入之间存在矛盾。

高负债下,还本付息占 GDP 的比例高,进而拖累了经济的增长速度。美国的还本付息占 GDP 的比例在金融危机前是 18%;中国在过去 10 年间，还本付息占 GDP 的比例越来越高，目前 GDP 产出中约 20% 要用于还本付息，新增贷款对经济增长速度的拉动作用越来越小。

杠杆率就是负债水平，对于具体企业来说，资产负债率通常可以作为衡量杠杆率的简单指标。但如何衡量宏观杠杆率呢？由于没有准确指标计量资产价值，人们通常将家庭和企业部门的债务总额占 GDP 的比率作为宏观杠杆率。而宏观杠杆率是不同地区、不同家庭和企业的统计总额，这就出现了一个复杂的问题：如何解决杠杆的结构性问题？正是因为杠杆本身是结构性的，才有了"结构性去杠杆"的说法。

中国的全社会杠杆率尤其是非金融企业的杠杆率逐年上升。据相关测算，2017 年全社会杠杆率达到 251%，而 1999 年全社会杠杆率仅为 145%。居民部分债务占 GDP 的比例，从 2004 年到 2017 年，从 17% 升至 49% 左右。非金融企业杠杆率达到 157%，同比增幅远超政府部门、金融机构和居民部门。

从工业企业内部看，整体负债率从 2007 年的 58.3% 降低到 2016 年的 55.8%，下降驱动力主要是民企，民企负债率同期由 59.11% 下降到 50.7%，国有企业反而从 56.5% 上升到 61.4%。从全国国有企业看，资产负债率从 1997 年的 63.1% 上升到 2016 年的 66.08%，同期中央企业的负债率从 54.3% 上升到 68.46%，地方国有企业从 68.66% 下降至 63.28%。轻工业负债率下行，重工业负债率上升；中小企业负债率下行，大型企业负债率上升。

研究我国的杠杆率和国有企业的资产负债率时，必须要正视一些现实问题：如何准确计量真正的债务总额？统计出来的表面负债是否是全部的负债？如何识别和统计"明股实债"的数量？在国家资产负债表的概念下，如何实质性区分"股"和"债"？何佳教授提出，如果国有企业和国有银行的出资人都是财政部，讨论国有企业的杠杆其实是没有意义的，国家给出的资金，其实很难区分其是股权还是债权，这其中涉及极复杂的因素。

从微观上看，国有企业去杠杆的根本之道在于实现转型升级。通过改革发展和转型升级，国有企业可以不放弃长期有利的优质投资项目，同时短期内资产收益率能高于债务付息率，平衡短期和长期关系，使杠杆能发挥正向作用。接下来，我们看一下具体去杠杆的措施。

主动调减并淡化GDP增长目标。信用扩张对GDP的短期增长是有效的，但其边际效用在下降。客观上，过度追求GDP增长目标，导致杠杆率持续上升，加剧了实体经济产能过剩，强化了金融业的虚假繁荣，也继续扭曲了经济结构。经过近四十年的高速增长，中国经济要继续保持高速增长是不符合规律的：一是资源和环境的约束使得原来通过要素投入拉动经济高速增长的模式难以为继；二是要素投入需要投入大量资金，会导致杠杆率偏高，容易带来债务和金融风险。十九大报告明确指出："我国经济已经由高速增长阶段转向高质量发展阶段。""两个一百年奋斗目标"及"两步走战略安排"都没有再提及GDP目标，这主要考虑的是我国社会主要矛盾已经发生根本变化，产能不足及总量问题已经不再是我国经济发展的主要问题，突出问题是发展质量还不高，以及不平衡、不充分发展的结构性问题。结构性问题不能依赖总量发展来解决，必须通过质量、效率、动力的变革来解决。接受经济增速的适度放缓，通过主动调降和淡化GDP增长目标，为经济转型留足空间，有利于消除高杠杆率产生的宏观环境。

转变增长方式，从粗放发展转向集约发展，贯彻新发展理念，形成质量第一、效益优先的现代化经济体系。未来必须要摆脱粗放型经济发展方式，朝着集约型、创新型方向发展。十九大报告强调以供给侧结构性改革为主线，推动经济发展质量变革、效益变革、动力变革，进而使全要素生产率达到先进水平，形成市场机制有效、微观主体有活力、宏观调控有动力的经济体制。只有经济发展方式真正转型,才能从根本上减少经济增长对粗放投资的依赖、对要素投入的依赖以及对债务投放的依赖。

实现经济增长动能转换。未来经济增长要以科技创新驱动代替要素驱动,成为以创新引领发展的创新型国家。创新型企业是技术密集型企业,其一般不依赖间接融资,而主要靠股权融资等直接投资支持。

落实债转股及国有企业的债务约束。细化债转股的实施规则,完善法律法规体系,规范交易双方的权责边界,加强技术设计和相关政策准备;加快建立国有资本投资和国有资本运营公司,加快推进现代企业制度建设和所有权改革。此外,进一步落实国务院《关于积极稳妥降低企业杠杆率的意见》,加快推进国有企业降杠杆的考核机制,将降杠杆纳入国有资产管理部门对国有企业的业绩考核体系,调动国有企业降杠杆的积极性。

平衡短期与未来增长。不要指望没有痛苦的去杠杆,如果再走回老路——简单的信用扩张,将会继续鼓吹房地产泡沫。房价不跌,难以去杠杆。资产端不调整,仅仅调整负债端,融资紧缩会更加伤害地产以外的实体经济部门,因而需要长效机制降低地产的金融属性。财政功能扩张不仅有利于防范系统性风险,还有助于结构调整,财政功能就是增加赤字、大幅度减税。当然,也要仔细区分信用放水与改善金融结构的关系,松货币不一定是放水,也可能是改善金融结构,在紧信用条件下松货币,实际上改善了金融结构,而不是简单的放水行为。

降低短期盈余管理,重视长期高质量发展

盈余管理本质上是一种会计管理手段,如果使用得当,则能有效调整企业经营策略的短中长期关系。由于公司治理的特殊性和国有企业的短期性考核原则,国有企业的经营管理层便有动机过度使用盈余管理来达到短期目标,甚至"饮鸩止渴",损害国有企业的

长期利益，比如，对创新投入不积极，会计政策激进，过度追求资产规模和营收规模，看重短期盈利表现等。近几年，国有企业普遍开展了极大规模的融资租赁业务、保理业务、贸易业务和供应链业务，这也是看重短期利益的体现。

企业的盈余管理行为会损害每个企业关联方的利益，严重影响到会计信息的可靠性，误导信息使用者的决策，从而影响国有企业的业绩和未来发展。

第一，盈余管理是一种无效益的短期行为，它不会增加企业的盈利，反而可能会加剧企业的经营困境，对股东利益造成损害。事实上，许多企业在实施盈余管理时，并未充分考虑企业的未来发展，而只是作为权宜之计，没有采取切实措施改善企业的生产经营状况以提高经营业绩。一项调查表明，利润在盈余管理以后的转回将使投资者对企业的经营业绩感到失望。公司通过盈余管理增加当期利润，将使预期目标利润变得越来越大。如果没有同时改善企业生产经营活动，下一会计期若达不到预期的目标，只能变本加厉地进行盈余管理，甚至进行不合法的利润操纵和会计欺诈，最终将破坏投资者对收益质量的信心，最终导致企业收益下滑，对企业的长远发展造成影响。

第二，盈余管理粉饰了一些会计数据，降低了财务报表信息的可靠性、公允性和可比性。企业管理层通过内部控制的便利条件对会计信息按照其管理目标的需要进行加工、"改造"，其披露的会计信息往往缺乏充分性和全面性，甚至缺乏客观真实性，从而使整个财务报告的可靠性大打折扣，对外部会计信息使用者来说也将是无效的。

第三，盈余管理可能导致局部利益损害全局利益，使企业的持续经营有一定风险。由于企业管理层的经济利益与投资者、债权人及国家的利益存在不一致性，一般情况下，盈余管理会使企业管理水平提高，但不能忽略管理层为了维护自身的经济利益而损害投资者、债权人和国家的经济利益的事实。过度地运用盈余管理，会导致因为局部利益而损害全局利益。

第四，盈余管理不利于社会的资源配置和协调发展。盈余管理行为的普遍存在使财务信息的质量严重下降，经过粉饰的收益信息无法公允地反映企业的财务状况和经营成果，并降低了财务信息对其使用者的决策价值，有可能误导投资者的判断和决策，并损害市场资源的有效配置。

因此，企业管理层需要谨慎使用影响公司短期业绩的盈余管理，重视国有企业的长期高质量发展。国有企业应加强内部控制，董事会、党委会和监事会要就盈余管理建立专门的内审机制；对存在造假和粉饰行为的企业，要给予严厉惩罚；加强外部审计能力，建立健全信息披露机制；提高对关联交易的信息披露要求，抑制盈余管理行为，提高会计信息质量。从根本上看，还是要通过国有企业的混合所有制改革，形成科学的产权多元化结构，以健康的公司治理结构，保护各方投资者利益，进而促使国有企业形成稳健的会计管理和经营行为。

加大研发和创新投入

中国经济依靠要素和投资驱动的发展模式已经不能持续，中国经济必须走创新驱动发展模式。创新是经济社会发展的永恒主题和文明进步的不竭动力，中国经济从高速增长转换到高质量增长，必须集中力量推进科技创新，推动企业成为创新主体，提高企业的研发投入，增强企业的创新能力，是一项事关国家长远发展的基础性、全局性、战略性的重大任务。企业的创新能力，在很大程度上决定了中国经济的发展前景。

2018年9月5日，中共中央政治局委员、国务院副总理、国家科技体制改革和创新体系建设领导小组组长刘鹤主持召开"国家科技体制改革和创新体系建设"领导小组第一次会议，强调要认清形势，转变作风，推动创新型国家建设。会议指出，要充分认识科技体制改革和创新体系建设的重要性，我国经济已由高速增长阶段转向高质量发展阶段，外部发展环境发生深刻变化，科技创新能力将是决定综合国力和国际竞争力的关键因素。要广泛深入开展学习研讨，理清科技发展的基本思路，确定科技强国建设的大政方针，明确科技创新的重点任务。

国有企业作为中国社会主义市场经济的公有制主体力量，应该发挥国有资本的引导作用，进一步加大研发和创新投入，使其成为中国经济创新发展的重要力量。其中，基于产权结构和发展长期性的原则，实现产权多元化的混合所有制企业，必然会成为创新发展的核心力量。

创新驱动是国有企业的必然选择

改革开放约四十年来，中国经济发展取得了举世瞩目的巨大成就，甚至被称为"中国奇迹"。与此同时，中国经济社会发展也面临许多突出的矛盾和问题，可持续发展的压力极大。中国人口众多，生态脆弱，人均资源占有量不足，人均GDP还较低，仍有较多的贫困人口，资源、环境对经济发展的约束增强，区域发展不平衡问题突出，科技创新能力不强，经济效率不高，改善民生的任务十分艰巨。据统计，中国单位GDP能耗相当于德国的5倍、日本的4倍、美国的2倍，劳动生产率不到经济合作与发展组织（OECD，简称经合组织）成员国的50%，中国经济呈现出高投入、高消耗、高排放和低产出、低效益的特征，依靠要素驱动和投资驱动的发展模式受到了前所未有的挑战。我们必须及时、果断地转变发展模式，创新驱动发展之路成为中国经济的必然选择。

中国经济发展模式的转型，关键在于企业发展模式的转型，其中国有企业的转型升级发展是重中之重。由于缺乏对创新、人才和研发的长期持续投入，在激烈的市场竞争中，我国是发展中国家，企业形成了低成本驱动的发展模式，行销全球的劳动密集型产品背后，是低要素价格，包括低人力成本和资金成本、环境成本、土地成本等。从内部看，随着劳动力成本、环境成本和制度成本大幅提升，低成本模式的空间越来越小。从外部看，新一轮产业转移已初步形成，印度、越南等东南亚国家和非洲的低成本制造角色正不断加强；而且，新的全球化环境也发生了深刻变化，中国不再是合适的"大型工厂"。所以，中国经济能否实现成功转型，取决于中国企业包括国有企业能否很好地实现从低成本驱动向创新驱动的转型，从价格竞争向价值竞争的转型。

创新驱动发展是国有企业的现实选择

国有企业大多集中在关系国家安全和国民经济命脉的重要行业和关键领域，是中国经济社会发展的核心力量，对于贯彻落实国家重大发展战略负有不可推卸的责任。当前，受国内外经济形势和政治环境的影响，提高自主创新能力成为中国十分紧迫的重大课题。

国有企业在国家创新体系中占有重要地位，具备创新驱动发展的良好基础。国有企业大多是行业排头兵，科技基础雄厚、创新资源丰富，有条件在加快提升自主创新能力中发挥引领带动作用，在追踪世界科技革命前沿和紧跟新兴产业发展潮流的进程中，有能力担负起更大的责任，在提升自主创新能力、发展创新型经济中发挥表率作用。

创新驱动发展也是国有企业做优、做强的必经之路。国有企业要么是自然垄断或行政垄断性企业，要么虽然是竞争性企业，但获得了政府较多的政策优惠及资金、土地、资源等方面的支持，显性成本低。在这个背景下，举国家之力发展的事关国家战略安全的核心国有企业的创新能力近年来提升较快，但绝大部分国有企业缺乏自主创新的动力和能力。随着国有经济结构调整和国有企业改革的不断深化，大部分国有企业的垄断地位已经或正在被打破，其所面临的竞争已经是全球化竞争。跨国公司在技术水平、研发能力、管理效率等方面拥有更大的竞争优势，控制了所在行业或领域的科技制高点。如果不能尽快提高自主创新能力、掌握核心技术，国有企业的发展就会受制于人，难以向国际产业链分工的高端移动，难以改变在国际竞争中的劣势地位。可见，加快提升自主创新能力，增强核心竞争力，不仅是实施建设创新型国家战略的需要和国有企业自身发展的需要，也是国有企业混合所有制改革如何"改"的重要内容。

创新驱动发展的内容和路径

近年来，国有企业积极探索建立有效的创新路径与创新机制，以创新求发展，以创新求实力，自主创新能力显著增强。中央企业在技术创新上持续投入，国家也加大对中央企业创新的支持力度，创新环境不断改善，中央企业技术创新取得突出成就，成为中国科技创新的中坚力量，涌现出大批创新成果。"十一五""十二五"期间，中央企业的科技创新投入持续保持高速增长，创新投入产出比逐年提高；实施科技发展规划，创新体系不断完善，资源配置不断优化。中央企业直接参与的载人航天工程、特高压输电工程、百万吨级煤化工示范工程、高铁工程、国产大飞机工程、建筑桥梁隧道工程等科研创新成果，具有国际先进水平，引领了行业技术的进步方向，是中国自主创新的典范。

完善国有企业的技术创新体系

其一，国有企业加强推动产学研合作。通过自建研发机构，与高校、科研院所等研发机构进行合作，共同分担风险和成本，共同推进科研成果的产业化、工程化，实现创新资源的协同效应和科研开发的规模效应。企业提供市场和资金，科研机构提供技术，好的产学研合作机制能大大提高创新产出能力，企业、高校和科研机构之间实现强强联合，有利于信息、资源共享，实现优势互补；其二，国有企业之间、国有企业与非国有企业之间可不断深化创新合作，上下游企业间、不同企业间的合作，有利于产业链优化，节省成本，提高创新效率；其三，国有企业可通过风险投资等新型手段，加强研发和创新力度，充分发挥国有企业的资源优势和应用价值，形成企业风险资本，带动、提高国有企业和国有资本的创新能力。

国外如思科（Cisco）、三星（Samsung）、谷歌（Google）、苹果（Apple）等，国内如美的集团、航天科技集团等，企业风险资本对这些企业的创新发展贡献极大。但要注意的是，我国国有企业的风险投资资金，在新领域的投资方式还比较单一；或者挂羊头卖狗肉，以创新资金的名义形成资本，但投向并不是创新和研发；或者完全自主地上新项目、大项目，而不习惯以少数股权投资的方式结合创新各方的优势。目前，大量国有企业都有自己的投资部门和投资机构，但如果仔细分析其投资组合，就会发现其目的更多是获取资源、扩大规模、形成短期盈利能力等。国有企业在混合所有制改革后，必须也应该控制投向房地产、传统规模扩张、跑马圈地等方面的资金，真正致力于形成创新投资和创新能力。

发挥国有企业的"排头兵"作用

根据国家中长期科技发展规划，中国需要突破的11个重点领域和16个重大科技专项，中央企业几乎全部涉及。"十一五"期间新建的国家重点实验室，有一半建在中央企业。有54家中央企业被正式命名为"创新型企业"。56个产业技术创新联盟中有24个由中央企业牵头或参与组建。"十二五"期间，中央企业共有450个项目获得了国家奖励，包括特等奖、一等奖、二等奖以及科技进步奖、发明奖等。国家科技进步特等奖大部分是由中央企业获得，如981

钻井平台、蛟龙号深潜器、特高压输电等。第三代核电由中国核工业集团和中广核集团联合自主研发，使我国成为继美国、德国和俄罗斯之后又一个独立掌握该项技术的国家。代表先进技术水平的载人航天、绕月探测、特高压和智能电网、5G 通信标准、高速列车等重大科技创新成果和三峡工程、青藏铁路、西气东输、西电东送等重大工程建设，都主要由中央企业承担完成，展示了中国的科技水平和创新实力。中央企业中两院院士，特别是工程院院士达到了 188 人，占全国院士人数的 1/4。中央企业中中科院院士大概有 49 人，两院院士大概有 200 人。另外，我们有一大批领军人才，包括相关团队，还有一大批青年科技人员和高技能人才，队伍在不断成长。在这些技术创新人才队伍的带领下，中央企业取得了一些关键技术和研发领域的重大突破，一些成果已跻身世界领先水平。

国有企业混合所有制改革后，要进一步发挥国有企业的人才和资源优势，加大研发和创新投入，利用混合所有制企业的机制优势，进一步发挥国有企业在建设创新型国家中的"排头兵"作用。具体办法包括：提高研发投入在营收中的占比，增加创新人才，推动国家调整税收政策，调整、优化研发支出的会计处理方式。

提高自主创新的产出与绩效

国有企业专利申请和授权数量保持了较高的年增长率，在国民经济发展和关乎国家经济安全的重点领域中，国有企业掌握了一批先进技术。2004—2010 年，中央企业申请专利数量从 6 579 项增加到 52 283 项，授权专利从 3 886 项增加到 30 616 项，年均增长率分别达到 42.9% 和 39.4%。2009 年，中央企业累计拥有专利数量达到 76 138 项，是 2005 年统计数量的 25 倍，其中发明专利占 27.9%。值得注意的是，中央企业发明专利的比重呈现出总体上升的趋势，从 2004 年的 43.37% 增长到 2009 年的 51%。2009 年，中央企业申请专利中的发明专利比重和授权专利中的发明专利比重均高于国内平均水平20个百分点以上。从单个企业来看，截至2008年年底，15家中央企业累计拥有有效专利超过1 000项，其中排名前5位的中国石油化工集团公司、中国石油天然气集团公司、电信科学技术研究院、中国兵器装备集团公司和宝钢集团有限公司拥有的有效专利数量分别达到了8 668项、5 601项、4 835项、3 418项和2 726项。另外，中国石油化工集团公司、电信科学技术研究院和中国化工集团公司三家企业的累计发明专利均超过1 000项，分别达到6 163项、4 361项和1 626项，位于全部中央企业的前列。这些成果的应用，为中央企业加快实现产业结构、产品结构调整和优化升级发挥了积极作用。

国有企业正在初步形成自主创新模式。例如，宝钢集团形成宝钢式创新模式，该模式最大的特色是"蓝领创新"：每天产生专利四项，其中50%由一线职工创造；每天产生六项企业技术秘密，其中40%由一线职工完成；在全国获国家科技进步奖的10名职工中，宝钢有三位；近三年来，宝钢职工提出并实施合理化建议48.9万条，申报专利4 178项，授权专利2 841项；职工经济技术创新作为自主创新的基础，已经成为宝钢集团技术创新体系的重要组成部分。

国有企业在研发创新上的投入绝对值虽然不小，但其占营收的比例非常低，与国有企业占据的优势地位是完全不匹配的。本应成为国家创新能力建设中最主要载体的国有企业，和优秀民营企业在研发上的投入相比，差距是非常大的。新能源动力电池的代表企业宁德时代，多年来研发费用高速增长，2017年的研发费用为16.3亿元，2014—2017年的年复合增长率为214%；2015年、2016年、2017年研发费用占营收比例分别为5.0%、7.8%、8.5%；研发人员占比分别为16.3%、19.1%、23.3%。

华为公司多年来持续全力投入研发和创新，才打造出今天全球第一的通信巨头地位，华为凭借自身的科技能力和市场化竞争力，成为最具代表性的中国高科技公司。2017年，华为的研发投入为

800亿元，排全球第六位，超过苹果，是中国唯一进入前50名的中国企业。华为创始人任正非表示，希望从每年的总研发费用中拿出20%~30%用作基础研究投入。海康威视于2002年进行混合所有制改革后，持续高比例投入研发，如2017年研发费用为31.94亿元，占公司销售额的7.62%，其目前已成为今天全球安防领域的龙头企业。从这些创新产出及绩效来看，加大研发和创新的持续投入，是国有企业混合所有制改革中的重要内容。

创新驱动发展的基本路径

大多数国有企业尚未彻底摆脱高投入、高消耗、低产出、低效益的粗放型增长模式，普遍面临能耗高、产能过剩等共性问题；缺少具有自主知识产权的关键技术，缺乏核心竞争力，在全球产业链中处于不利地位；对外技术依存度较高，一些领域的关键技术、大型成套设备、核心元器件、重要基础软件、关键新材料，包括很多涉及国计民生的生产资料、生活资料仍大量依靠进口。与跨国公司等现代化企业相比，国有企业在自主创新理念、意识和管理上还存在较大差距，创新驱动的内涵成长模式尚未真正形成。对于大多数国有企业而言，加快提升自主创新能力，进而在中国经济转型发展和创新型国家建设中发挥国有资本的引导作用，是当务之急。

提高国有企业的自主创新能力，适应创新型国家建设，关键在于塑造国有企业创新驱动发展的动力，完善相关体制与激励机制，营造支持、鼓励企业自主创新的文化氛围与政策法制环境。

从政府层面来看，一是要进一步确立企业的技术创新主体地位，以及国有资本在国家创新体系中的引导作用。国有企业具有其他企业不可比拟的创新资源优势，特别适合集中力量攻克重大科技难题，在中国自主创新水平较低的背景下，提高国有企业的创新能力，是实现跨越式赶超发展的重要内容。二是建立完善国有企业管理层关于创新发展的激励机制，考核高层管理者时，把企业研发和创新能力建设作为一项重要指标，选拔、任用、爱护具有创新创业精神的企业家，是提升自主创新能力的关键。三是强化市场竞争的作用，垄断不利于自主创新，打破垄断，引入竞争机制，通过倒逼机制，塑造企业自主创新的内生动力。四是为企业提高自主创新能力营造良好的外部环境。加大研发投入，提高自主创新能力，不仅需要政策法规支持和财政税收支持，也需要国家科研资源的支持，同时需要适宜自主创新的教育与文化环境，全社会对创新投入要有耐心，不能急功近利、寅吃卯粮，要对研发和创新有宽容的容错机制。

从企业层面来看，一是要加大科技研发与自主创新的投入力度。国有企业要率先加大研发投入，优化科技资源配置，考虑建立企业专项研发资金制度，形成科技研发投入持续稳定增长的长效机制。二是加强科技创新人才队伍建设。加强创新人才的培养和激励工作，引进高层次科技人才与培养基础人才并重，培养敢于创新、善于创新的科技人才队伍和高水平研发团队。三是建立企业内部创新激励机制，提高创新积极性。国有企业要深化改革，着力构建充满活力、富有效率、更加开放、有利于创新发展的体制机制，形成有利于激发创新活力、鼓励创新实践的制度安排，尤其要加大管理创新力度，构建更加合理的管理架构和组织体系，完善研发人才的使用和评价机制，通过分配制度改革和长期激励机制，形成鼓励创新、宽容创新的机制。四是积极培育企业的创新文化和企业家精神。前面几点如果做得好，鼓励创新的企业文化自然就会慢慢建立起来，便可逐渐树立正确的创新价值观，形成持续创新、积极进取、勇于担当、包容失败的企业家精神。重视形成企业家队伍和企业家精神，这是企业创新发展的灵魂，企业家是国有企业混合所有制改革中的最重要元素，没有优秀企业家的国有企业，仅依靠产权多元化改革和激励机制，是难有作为的。

当然，国有企业进行混合所有制改革后，加大研发投入，向创新发展转型是一个痛苦而艰辛的过程，必须以更长远的战略眼光、更宽容的制度环境、更市场化的持续改革，来赢得这场艰苦卓绝的中国经济转型升级战役。

加快资产证券化

广义的资产证券化，是指将不具有流动性的国有资产（资产、收益权、债权等），通过企业改制、重组、风险隔离等手段，转换为在金融市场上可以自由买卖的证券，使其具有流动性的行为。狭义的资产证券化，是指国有企业混合所有制改革后，通过经营，使改制企业符合资本市场的上市条件，通过 IPO 或并购成为公众公司的行为。

资产证券化是国有企业混合所有制改革后期的一个重要阶段，可以使国有资产和非国有资产价值通过公开市场得到相对客观的定价，有利于发行各类债券和使用各类金融工具，提高资产运营效率，有利于通过收购兼并帮助企业实现转型升级和发展，也有利于借助资本市场的定价功能和流动性建立科学的长期激励机制。当然，对于参与混合所有制改革的各方投资者，资产证券化也是一个合适的退出渠道。

国有资产的证券化路径

对于进行混合所有制改革的国有企业来说，目前资产证券化的主要路径是进入公开市场上市交易，具体包括整体上市和 IPO 两大类。IPO 是指一家混合所有制公司在满足中国证监会《首次公开发行股票并上市管理办法》相关规定的前提下，首次向公众公开发行出售其股份的行为。关键要求包括：合法存续时间超过三年、具有持续盈利能力、财务状况良好、股权清晰、资产完整等。关于 IPO 的条件、要求和程序，中国证监会已经有明确而清晰的规则，接下来，我们主要介绍整体上市。

整体上市是指一家混合所有制企业的关联公司中有一家已上市公司（控股公司或控股子公司或关联公司），该混合所有制企业的各方股东将所持股权通过监管机构允许的市场化交易方式出售/换股给已上市公司，混合所有制企业成为上市公司资产的行为。整体上市具体又可分为若干形式：控股子公司是上市公司、参股公司是上市公司、同一实际控制人控股的上市公司、混合所有制改革引入的某个股东同时控股的上市公司等。但不论哪种形式，基本要求都是混合所有制企业的资产质量、盈利能力等指标符合上市公司收购的相关条件，这有助于减少关联交易和同业竞争。整体上市的具体方式包括资产购买、换股交易等。

整体上市的优点

概括地说，整体上市有三个优点：其一，整体上市符合产业整合功能，有利于降低交易费用与交易成本，提升市场资源配置效率，实现产业整合功能。其二，整体上市有利于消除关联交易和同业竞争。其三，整体上市有助于实现向"管资本"的转变。国有资产管理中一直存在的问题就是如何确定"管资产"和"管资本"的边界，通过整体上市，国有股东的股权成为具有流通权的股票，不但是标准资产，而且流动性好，国有资产管理就可以通过市场化的股东行为实现管理功能，可进可退，形成动态的、真正意义上的"管资本"。

整体上市的基本条件和潜在对象

进行了混合所有制改革的国有企业，整体上市需要符合以下基本条件：

第一，需符合有关上市政策法规的要求。关联公司的融资有法律、法规和规范性文件等要求。如果混合所有制企业与其关联公司之间在业务的经营上有密切联系，那么其整体上市就可以产生避免同业竞争和大量减少关联交易的积极效应。

第二，资产质量较好。衡量资产质量的指标有两个：一是资产负债率，按规定，企业上市融资时的资产负债率不超过70%；二是赢利能力，具体主要通过净资产收益率、主营业务收入、主营业务利润、主营业务利润率等指标来反映。

第三，混合所有制企业和其关联公司之间有相对简单的股权关系。显然，混合所有制企业和其关联企业之间简单清晰的股权关系，以及上市公司自身简单清晰的股权结构，有利于在整体上市时降低实际操作难度。

第四，已上市资产与未上市资产有较好的产业关联性。现在，国内证券市场的投资者和监管部门都希望上市公司的主业明确、突出，不要散而杂。如果未上市资产既不能与上市资产通过合并实现规模效应或优势互补，又不能通过上下游产业的合并实现产业链的整合或价值链的增值，那么硬性地把它们装入一个上市公司就很难得到证券投资者和监管部门的认同。

第五，可以通过上市来消除或避免大量关联交易。必须尽可能把关联公司中关联关系较大的业务装入一个上市公司内，或者能够减少现有上市业务同未上市业务之间的关联交易，但这必须满足两个前提条件，即保证总资产质量符合上市的要求，有利于增强上市公司的综合竞争优势和持续健康发展的能力。

我们可以从两个视角具体分析整体上市的潜在对象。一是从国有企业所处的行业来看，规模效应显著且成长性好、在新一轮经济增长期受益较大，或者最近几年增长比较快、效益比较好的行业的国有企业，它们有望在整体上市方面走在前列。二是已上市资产和未上市资产之间具有相对较好的产业关联性、操作起来方便的企业。

整体上市的必要准备与操作

重组并整合上市公司内部的资产和业务

整体上市前，公司需要根据上市的要求，对已上市和未上市的资产和业务进行梳理、归类、重组并整合，同时，还应当在组织结构、产品品牌、企业文化等方面实施全面整合，使拟上市或者拟进入上市公司的有形资产和无形资产有机结合，总的就是要形成比较完整的业务体系和管理体系，以增强公司价值创造的能力，形成对资本市场和投资者的吸引力。

理顺公司内部的产权（股权）关系

在明确了哪些资产（业务）拟上市或者拟进入上市公司之后，就需要把这些资产（业务）的产权关系理清楚，如果需要，还应该对相关的产权进行转让，使上市公司的股权和拟注入上市公司资产的产权在公司与上市公司之间清楚明了，而且尽量简单。

在利益关系处理上应尽可能实现各相关利益主体的"多赢"

这其中的关键是要处理好已上市资产和未上市资产之间的关系，使整体上市能够得到资本市场和普通投资者的认同，尤其必须确保得到现有上市公司流通股股东的支持和认可。

推动资产证券化的建议

资产证券化对缓释风险、盘活存量、推进供给侧结构性改革具有现实意义。国有资产是实体经济的骨架和国家竞争力的基础，同时也是稳增长、调结构、转方式的主战场，对经济发展的全局至关重要。国企改革并不是一蹴而就的，其中一个难题就是，利益重新分配涉及各方利益的博弈，同时改革之后的效果也不一定能马上显现出来，而是需要很长一段时间。

加快资产资本化，奠定资产证券化的基础

在资本证券化过程中遇到的一系列历史遗留问题、政策障碍问题等，归根结底是资产资本化进行得不够彻底。要加快资本证券化进程，就必须进一步加大企业的股份化改制力度，建立现代企业产权制度。政府相关部门应出台一些关于推进企业股份化改制的相关政策，及时解决相关的改革阻力问题，如减轻改制企业因为改制过程产生的税收负担，在改制过程中提供财政上的支持等。

提升纽带作用，发展资产证券化中介机构产业链

相关部门要积极发展金融中介机构产业链，积极引进境内外战略投资者，为国有资产证券化提供重要的外部条件；通过推动第三方支付、互联网金融、区域性产权交易中心等多种新型金融业态的聚集和建设，发挥其纽带作用，为资产证券化保驾护航；此外，要不断推动资产证券化的中介机构形成统一的行业标准，引导相关机构加强自身建设，保持规范运作，树立中立、公正、专业的行业形象。

加强政策支持，积极指导拟上市企业

企业在上市时肯定要面临税收和土地的问题，例如重复征税、税负过重以及各税种享受税收优惠政策的前提条件各不相同等。企业应加强与税务部门的沟通与联系，获得税务部门的指导，综合设计上市税收方案，从而达到可以享受优惠政策的条件，降低税负。针对土地权证、土地用途变更问题，企业应将上市准备工作前置，提前做好土地处置的相关准备工作，加强与政府相关部门以及土地原所有者之间的沟通。

总结先行经验，处置存续资产

在资产资本化、资本证券化过程中不可避免地要剥离出大量存续资产。近年来，上海等先行城市通过开放性市场化重组、非主业资产调整、壳体企业清理等工作，已在企业清理、人员安置、房产

变更等方面积累了许多经验。存续资产的处置方式主要有两种：一是整合与优化存续资产，使其后期进入上市公司；二是清理存续资产并彻底剥离。采取的方式可以是企业自我处置，也可以交给专业的资产管理公司等第三方平台通过资本运作处置。

深度挖掘潜能，探索非经营性资产证券化

根据相关数据，单纯的证券化率最多能达到40%，这表明市属经营性资产能够达到证券化水平的存量并不多，未来证券化空间有限。与经营性资产的证券化进度和程度相比，非经营性资产的证券化程度较低。这些非经营性部门（如文化宣传部门及科研院所）的业务正是未来社会经济转型与发展的重要推动力之所在。但是，这些领域的证券化一直比较缓慢，可能受制于行业本身或企业的发展特性，需要深度挖掘可证券化的潜能。

转变政府职能，提前解决国资委的定位问题

整体上市后的治理机构将可能改变现有的国资管理体制，即"国资委（监管者）—集团公司（控股股东）—上市公司（经营主体）"的三层结构转变为"国资委（监管者）—上市公司（经营主体）两层结构或国资委（监管者）—国有资本投资运营公司（持股主体）—上市公司（经营主体）"的新三层结构。我国在现有法律框架下，明确国资委的定位，适应整体上市要求，通过对国资委的职能定位分解和重构，明确区分出资人职能和监管者职能，分类配置职能机构，转变国有资产管理体制，尽可能规范和化解整体上市后的法律风险。

着眼长期发展，制定资产证券化的法律法规

资产证券化的核心是以未来现金流作为支撑进行融资，无论是资产转移还是证券发行都涉及会计、税收、法律等诸多方面的配合。如

果法律法规的制定长期滞后，会影响国有资产证券化工作的正常推进，国有资产证券化的实施也难以规范化。随着我国资本市场的发展和成熟，以及国企改革成效的显现，现阶段是国企利用资本市场加快发展的有利时机，应抓住机遇，以企业为主体，以市场为导向，充分利用资本市场来推进国资证券化。因此，尽快完善促进资产证券化发展的法律法规，有助于国有资产证券化的长期健康发展。需要注意的是，资产证券化只是国有企业改革的手段而非目标。

从某种意义上说，资产证券化只是一种融资方式，企业可以通过资产证券化来获得稳定的资金来源。也就是说，国有企业实现资产证券化，只是改善国有企业经营状况、优化公司治理结构，进而增强企业竞争力的必要而非充分条件。如果把国有资产证券化仅当作目的而非手段，就容易掉入为上市而上市，甚至为上市而不惜造假包装，或者打着市值管理的旗号操纵价格的陷阱之中。此外，还应防止一些地方政府趁机把质量不高、盈利能力较差的国有资产当作包袱甩到资本市场中，最终让广大投资者来承担这种不应该有的风险。

操作流程

国有企业的混合所有制改革是一项复杂的工程，需要系统的顶层设计和细致严密的操作，过程中要注意处理好利益相关方的关系，尽量以增量改革对冲存量矛盾，尤其要重视在混合所有制改革中持续深化改革的问题（可暂且称为"二次混改"），以下是国有企业混合所有制改革的流程：

确定混改模式和基本原则，形成整体框架方案和实施路径

每个国有企业都应该根据自身实际情况，选择符合自身发展和改革需要的混改方案。有的国有企业，国有股东需要保持绝对控股地位；有的国有企业，国有股东应该相对控股；有的国有有企业，应该以引进财务投资者为主；有的国有企业，则需要引进行业或战

略投资者；有的国有企业，可一次改革到位，有的则需要分阶段进行混改；等等。要"因企定策"、一企一策，制定和确定符合国有企业客观实际情况的混改框架方案和实施路径，是新时代国企混改的一个典型特征。

通过审批程序，确定混改方案的关键要素

确定了混改框架方案之后，公司应按照公司章程和相关议事规则，形成书面决议，完成内部决策后，根据国企混改试点意见提交国有资本授权经营单位或国有资产监督管理部门或政府相关管理部门审批。早期试点的国有企业的混合所有制改革方案，有的还需要报国家发改委备案。

获得审批后，公司要将混改方案细化，确定关键要素，比如各方股权比例的具体设置、对新投资方的要求、管理层和员工持股的核心要素等。

2016年，国家发改委会同相关部门确定了第一批混合所有制改革试点单位，包括东航集团、中国联通、南方电网、哈电集团、中国核建和中国船舶的中央企业及浙江省国资委，即所谓的"6+1"混改试点。2017年4月，国家发改委会同相关部门启动了第二批的10家企业的混合所有制改革试点工作。2017年11月，国务院国企改革领导小组审议通过了第三批混改试点名单，已确定将31家国有企业纳入第三批试点范围，其中既有中央企业，也有地方国有企业，混改企业的覆盖面扩大。截至目前，三批混合所有制改革试点示范项目，涵盖了中央企业和部分地方国有企业，涉及电力、石油、天然气、铁路、民航、电信、军工七大重要敏感领域。

启动财务审计与资产评估，确定价格基准

混合所有制改革的资产定价首先要解决科学估值问题。按照国有资产管理的有关规定，国有资产交易时不能出现国有资产的流失，应委托具有相关资质的资产评估机构进行财务审计和资产评估，以资产评估结果作为交易定价的主要依据。

合理选择资产评估方法

首先，资产评估方法要与价值类型相匹配。按照中国资产评估协会颁布的《资产评估价值类型指导意见》的相关规定，资产评估价值包括市场价值、投资价值、在用价值、清算价值、残余价值等价值类型。资产评估选择不同的价值类型和评估方法，评估结果会有所不同，甚至差异很大，这取决于市场条件、资产使用状态、资产评估目的等因素。

目前，国有资产评估项目通常采用市场法，并假设被评估企业按照交易前的状态持续经营。市场价值是指理性的买卖双方在评估基准日对评估对象进行正常公平交易的价值估计数额，是一种普遍适用的价值类型。混合所有制改革的目标是通过混改激发国有资本的活力，与非国有资本形成协同效应，这种协同效应和改革诉求应当在资产评估时选择评估方法中体现出来。国有资产的评估既要确保国有资产不流失，又不宜人为地评估过高，否则不利于引进优秀的外部投资者，也不利于混改后企业的发展需要，让各方达成交易且交易后企业有增长的定价才是科学的。

其次，应同时使用多种评估方法，确定合理的资产价值区间。从理论上讲，在相对完善的市场经济中，如果不存在资产的购建成本与效用严重不对称的情况，运用不同方法评估同一资产的公允价值，其评估结果不应存在太大差异。但从实践来看，几种评估方法的评估结果可能相去甚远，主要的原因可能有几个：一是重资产行业的企业，如钢铁、水泥、化工等企业，可能因为经济形势、经济周期等导致经营效益差，利用收益法评估的资产价值可能远低于成本法。二是某些国有企业仍然占据了优质资源，国有企业的股权具有相当的稀缺性，按照当前收益预测未来收益也可能未反映国有资产的真实价值。三是国有企业拥有的垄断性资源、特许经营权、各种牌照等，也很难准确评估。

充分评估表外项目

资产评估需要综合评估市场环境、目的，但是无论哪种方法，都需要搜集财务相关信息，财务数据是资产评估的基础信息。随着业务的不断创新，会计受制于确认、计量的困难和相关准则的约束，表外项目越来越多，越来越复杂。很多对企业的长远发展及价值有重大影响的项目，如商誉、专有技术、商标权等可能处于表外。进行资产评估时，应当将表外项目纳入资产评估范围，以避免国有资产流失。

寻找外部投资者，协商确定股权比例

完成财务审计和资产评估后，混改企业应寻找适合自身需要的外部投资者，其不仅要具备资金实力，也应与混改企业至少在某方面具有协同性，且愿意与混改企业共同发展。

外部投资者的数量不宜过多，持股比例要适中，太高会涉及控制权的安排，太低则不能达到改革效果。

建立管理层和员工持股计划

国企混改应同步建立管理层和员工持股计划，并注意以下几点：第一，应审慎确定管理层和员工持股的范围，管理层和核心员工肯定应该纳入范围，是否扩大持股人员范围则要根据企业的具体情况而定；第二，管理层和员工持股的比例不应过低，持股比例过低不利于将核心员工的利益与企业利益绑定，具体比例应当视企业规模和所处行业等确定；第三，管理层和员工持股的价格应与引入外部投资者的体系一致，同股同价才符合公允定价原则，也才能提升外部投资者的信心；第四，管理层和员工持股应设定锁定期，不以短期获利为目的，且可根据任职时间、IPO或整体上市进程及绩效考核结果等逐步实现股权的流动和退出。

履行产权交易流程

在国有企业混合所有制改革中，根据《国有企业资产交易监督管理办法》的规定，国有产权交易需要通过市场化、公开化的进场方式进行，在产权交易市场挂牌交易，通过公开方式引入投资者，一般的进场挂牌期是一个月。

进入产权交易所挂牌交易，具有一定优势，如能提高交易过程的透明度和公允性。但产权交易是非常繁杂的系统性工程，国有股权不是标准化的证券产品，不可避免地需要若干场外的讨论和协商。因此，进场交易主要解决信息的公开问题，但不能被动地在产权交易所等投资者。如以增资而不是存量转让的国有产权交易，在经过国有资产监督管理部门批准后，也可豁免进场交易。

签署正式的投资协议

企业确定外部投资者和内部投资者（管理层和员工）后，签署正式投资协议，明确各方权利、义务。各方投资协议生效后，企业按照工商登记相关要求办理相应的变更登记。

形成股东会，产生董事会与监事会，加强党的建设

国有企业混合所有制改革的重要目标，就是要在产权结构多元化的基础上，规范公司股东会、党委会、董事会、监事会、经营层、员工之间的关系，使之既有利于提高公司效率、降低交易成本，又有利于各利益相关方之间的相互制衡和相互支持，形成科学的公司治理体系。

着力完善法人治理结构，由股东会选举形成合理的董事会，各股东按出资比例和价值贡献确定推荐董事的名额。董事会是市场化企业的决策中心，股东会、董事会、经营层之间权责分工明确，改变混改前股东会、董事会决策后要逐层上报审批的低效现象，国有股东可只

通过股东会和派出董事行使权利。比如，工资总额制度应该由董事会根据市场水平决策，而不是由控股股东规定一个平衡各方的总额。

新时代国企混改的主要特征，就是在加强党建的前提下，通过改革让国有企业提高市场化水平。加强党组织建设，是为了把握方向和大局，避免发生违法违规现象；提高市场化水平，是为了提高国有企业的市场化竞争力。党组织具有监察职能，可探索与监事会的监督职能合并，党委会与董事会、经营班子会应探索交叉任职等形式，或者将党委会放在班子会与董事会之间召开。

"二次混改"

大部分国有企业的混合所有制改革不是一次性完成的，而是一个逐步深化改革的过程，混合所有制改革的混合只是方式，改革发展才是目的，国企混改"混"得好很重要，但"改"得好更重要。深化改革包括：降低内部交易成本和经营成本，调整优化股东结构，优化形成更高效、更专业的董事会并确保股东会、董事会决策的有效性，解决职工的国有身份置换问题，改变工资总额管理制而实施市场化的激励薪酬制等。

资本化

国有资产真正实现只管资本，国有股东、外部投资者和员工股东才能达到资本化的动态管理目标，并通过股东会、董事会行使股东权利，所持股权才能成为具有流通能力的类标准产品，增加时买得进、减持时卖得出。

案例分析：云南白药——靓女先嫁迎来新期待

背景介绍

国有企业的混合所有制改革中，云南白药的改革模式极具代表性,"白药模式"成为国企混改的典型代表。是什么原因让云南省政府同意云南白药这个云南最好的国有企业启动混合所有制改革,并愿意放弃对云南白药的绝对控制权?又是什么机缘巧合让非国有投资方愿意增资 254 亿元到国有企业并成为并列第一大股东?混改后的云南白药发展如何?

云南白药近年的经营情况见表 5-1。

表 5-1 云南白药近年的经营情况

时间	2017 年	2016 年	2015 年	2014 年
营业收入(亿元)	243.1	224.11	207.38	188.14
净利润(亿元)	31.4	29.20	27.71	25.06
净资产收益率(%)	18.55	20.03	22.43	24.86
负债率(%)	34.51	35.56	29.87	30.88

可以看出,云南白药近几年的营业收入和净利润不断增加,虽然净资产收益率有所下降,但是仍然处于医药行业内较高水平。此外,公司整体负债率不高,总体发展状况良好。

截至 2016 年 7 月 19 日启动混改前,云南白药的前十大股东见表 5-2。

表 5-2 混合所有制改革前云南白药的前十大股东

股东名称	持股比例
云南白药控股有限公司	41.52%
云南红塔集团有限公司	11.03%
中国平安人寿保险股份有限公司	9.36%
新华都实业集团股份有限公司	3.39%
中国证券金融股份有限公司	2.85%
中央汇金资产管理有限责任公司	1.16%
陈发树	0.86%
上海重阳战略投资有限公司-重阳战略汇智基金	0.79%
上海重阳战略投资有限公司-重阳战略创智基金	0.73%
上海重阳战略投资有限公司-重阳战略聚智基金	0.69%

注:新华都与陈发树累计持有云南白药 4.25% 的股份,为第四大股东。

第五章　国企混改如何"改"

改革方案

2016年,国有企业改革进入新时代,明确混合所有制改革是国企改革的重要突破口。一方面,云南省希望通过"靓女先嫁",树立改革榜样,将云南省属国有独资企业白药控股批准为国有企业混合所有制改革的试点单位,改善白药控股的公司治理结构,引入长期战略投资者,进一步做大、做强民族品牌,成为云南省医药大健康产业的标杆企业;另一方面,陈发树及其控股的新华都通过公开市场买入股票,已成为云南白药的第四大股东,对云南白药的了解较深入,与白药控股的经营管理层非常熟悉,借助国家和云南省对国有企业改革的政策支持,迅速与白药控股达成合作共识。

时间轴

2016年7月19日,云南省国资委筹划推进白药控股的混合所有制改革,云南白药股票停牌。

2016年12月16日,新华都召开2016年第二次临时股东大会,审议通过新华都以现金增资方式获得白药控股50%股权的重大事项。

2016年12月23日,云南省政府、省国资委批复同意白药控股的混合所有制改革方案。

2016年12月29日,云南白药公告,称控股股东白药控股拟通过增资方式,引入新华都,新华都向白药控股现金增资约254亿元。交易完成后,云南省国资委和新华都各持有白药控股50%的股份,白药控股持有云南白药41.52%的股份,仍为控股股东。同时,白药控股的董事、监事及高级管理人员均以市场化原则选聘。

2016年12月30日,云南白药股票复牌。

2017年2月27日，白药控股收到商务部反垄断局的《不实施进一步审查通知》。

2017年3月16日，白药控股的工商变更登记完成，注册资本由15亿元变更为增资后的30亿元。

2017年3月23日，白药控股向除白药控股之外的云南白药全部无限售条件流通股东发出全面收购要约，要约价格为64.98元/股，要约收购数量约6.09亿股，占云南白药已发行股份的58.48%。

2017年4月17日，云南白药总部召开云南白药控股有限公司混合所有制改革干部大会，云南省国资委宣读了相关人员的免职文件，白药控股高级管理人员不再保留省属国有企业领导身份和行政职级待遇，新任高级管理人员将以市场化方式选聘。

2017年4月19日，云南白药发公告称，白药控股完成了董事、监事、高级管理人员改选工作，设立四名董事，其中王建华、陈春花由新华都提名进入董事会，汪戎、纳鹏杰由云南省国资委提名进入董事会，董事会选举王建华担任董事长，白药控股原董事长兼总裁王明辉继续担任总裁及上市公司云南白药的董事长。

2017年6月6日，云南白药发布公告，控股股东白药控股拟通过增资方式引入江苏鱼跃科技发展有限公司（简称鱼跃科技）为第三方股东，鱼跃科技向白药控股增资56.38亿元。交易完成后，鱼跃科技持有白药控股10%的股份，云南省国资委和新华都分别持股45%，董事会由5名董事组成，除云南省国资委和新华都各提名2名外，鱼跃科技提名1名。

股权特别条款：自协议生效之日起六年内，未经其他股东的书面同意，任何股东不得向第三方转让、出售、赠予或以其他方式处置其持有的白药控股股权（不含股权质押）；六年期满后，一方股东向股东以外的第三方转让其持有的白药控股股权，在同等条件下，其他股东享有优先购买权。

第五章 国企混改如何"改"

具体改革措施

此次混合所有制改革，新华都和鱼跃科技分别向白药控股增资约254亿元、56亿元，云南省国资委、新华都、鱼跃科技分别持有白药控股45%、45%、10%的股份。

混改前白药控股的股权结构如图5-1所示。

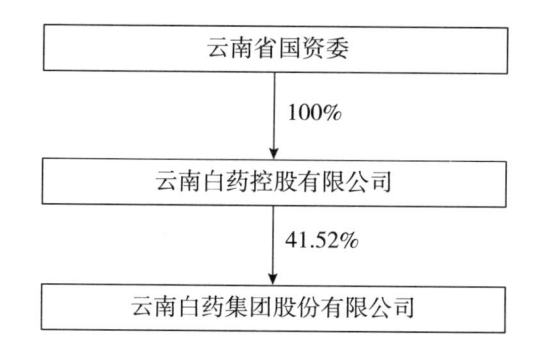

图5-1 混合所有制改革前白药控股的股权结构

混改后白药控股的股权结构如图5-2所示。

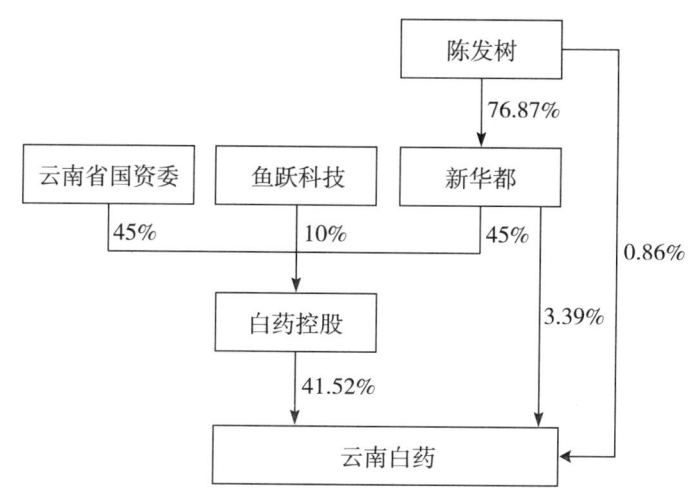

图5-2 混合所有制改革后白药控股的股权结构

截至 2017 年 10 月 30 日混改完成，云南白药前十大股东见表 5-3。

表 5-3 混合所有制改革完成后云南白药前十大股东

股东名称	持股比例	变化
云南白药控股有限公司	41.52%	不变
云南合和股份有限公司	10.09%	-0.94%
中国平安人寿保险股份有限公司	9.36%	不变
香港中央结算有限公司	5.40%	新增
新华都实业集团股份有限公司	3.39%	不变
中国证券金融股份有限公司	2.40%	-0.45%
中央汇金资产管理有限责任公司	1.16%	不变
全国社保基金一零八组合	0.94%	新增
陈发树	0.86%	不变
香港金融管理局-自有资金	0.59%	新增

注：云南红塔集团有限公司所持有的云南白药股份已全部过户至云南合和（集团）股份有限公司（简称云南合和）名下，云南合和共持有 1.15 亿股，持股比例 11.03%，为公司第二大股东，云南合和的实际控制人是中国烟草总公司。2017 年 4 月，云南白药公告显示，云南合和减持，持股比例降低至 10.09%。

分析与总结

改革力度大，国有资本放弃实际控制权

白药控股的混改完成后，云南省国资委、新华都、鱼跃科技分别持股 45%、45%、10%，作为国有股东的云南省国资委放弃了绝对控股权，而非国有股东合计持股 55%，虽然两家非国有股东承诺并非一致行动人，但非国有股权比国有股权大，对省属一级企业尤其是经营最好的省属企业而言，这一改革力度是很大的。

股权结构设计巧妙，平衡各方诉求

本次混改，股权结构设计分为两步：首先引入外部投资者，形成各持有 50% 股权的局面；其次引入第三方股东，稀释两大股东的

持股比例。这样既提高了操作效率，又确保了股权结构之间的制衡和决策操作性。云南省国资委虽然放弃了白药控股的实际控制权，但还保留了并列第一大股东的地位，短期内应该还可以合并报表，并能发挥国有资本"管资本"的引导作用。从董事会的设置来看，非国有股东已达到3/5，对关键事项上具有较大话语权，弱化了国有资本"管事"和"管人"的权限。

混合所有制主体是上市公司的控股股东，不但有利于产权混合改革的操作性，也为未来白药控股的整体上市等证券化方式提供了空间和路径。

锁定期长，构造利益共同体

六年的股权锁定期，将各方股东利益在较长时期内绑定在一起，避免了短期的套利行为。白药控股至少有六年的周期来考虑经营和发展问题，稳定、强化了股东结构。

"靓女先嫁"，显示云南省政府对混合所有制改革的决心

白药控股是云南省属一级企业中最优质的资产，是云南国有资产中的"靓女"。云南省政府愿意从优质资产入手，启动省属国有企业的混合所有制改革，表明了其进行国企改革的决心和勇气，也表明对白药控股经营管理层的认可和信任。

战略协同效应不只体现在产业上，更体现在双方团队的融合上

协同效应是引入外部投资者的重要标准，各地在不断强调要引入战略投资者。但战略投资者，不一定必须反映在产业协同性上，对参与改革的国有企业来说，新股东对产业的理解和资源贡献很重要，改革方法、转型升级、市场竞争、管理能力优化等方面，都可以体现战略协同性，而且，并不是所有非关联产业投资者都是财务投资者，有些看上去不是关联产业的投资者或许是更重要的战略投资者。

白药控股引进的两名投资者，除了在产业上有一些协同效应外，更重要的是，新华都的实际控制人和领导团队与白药控股的经营管理团队互相熟悉、互相欣赏，为后续的公司治理和改革发展提供了坚实基础。

不仅"混"得好，还"改"得好

白药控股是云南省属国有独资一级企业，董事长是省委组织部任命的"正厅级"干部，其他高管人员也享有"副厅级"待遇，完全放弃这些行政化身份，对经营管理团队的心理是很大的挑战。但白药控股在去除行政化问题上非常迅速和利落，说明高管团队和员工对公司未来非常有信心，对混合所有制改革有信心。甚至，云南省国资委委派至白药控股的董事，都愿意放弃原有事业单位或高校领导职务，以符合规定地出任混合所有制企业的国有资本董事。

国有企业的混合所有制改革，"混"得好很重要，但"混"是方式，"改"才是目标，"改"得好更重要。而所谓改革，主要就是指去除行政化，坚持市场化改革，强化国有企业的市场化属性，通过改革进一步提高国有企业的资源配置效率和市场竞争力。

通过混改，助推国有资产管理实现向"管资本"的转变

白药控股完成混合所有制改革后，云南省国资委不再需要同时"管人""管事""管资产"，而转变为根据国有产权比例"管资本"，并通过股东会和董事会积极发挥国有资本的引导作用，为云南省的国有资产管理提供了新路径和新方法。

推动公司新业务发展

云南白药2017年年报显示，全年实现营业收入243.15亿元，较上年同期的224.11亿元净增19.04亿元，增幅为8.50%；实现利润总额36.22亿元，较上年同期的33.98亿元净增2.24亿元，增幅

为6.60%；归属于上市公司股东的净利润为31.45亿元，较上年同期的29.20亿元增长2.25亿元，增幅为7.71%；实现利税50.20亿元，较上年同期的48.32亿元增长3.89%，加权平均净资产收益率是18.55%。

外部投资者向白药控股增资了约300亿元，大大提高了公司的现金储备能力，进一步形成了稳健的资本结构，为后续发展提供了坚实的基础。

云南白药虽然经营情况良好，但传统主业发展也遇到了瓶颈，2018年半年报显示，营业收入为129.7亿元，增长8.47%。但分行业来看，工业收入增长不到1%，说明自制产品增长乏力。上市公司股东净利润为16.33亿元，较上年同期增幅4.35%；净利润较去年同期下滑1.21%，这说明公司需要积极寻找业务突破口。

第六章
国企混改与债转股

截至2018年6月，工商银行、建设银行、农业银行、中国银行和交通银行都已分别注册成立具有独立法人资格的债转股公司，每家债转股公司的注册资本为100亿~120亿元。债转股公司成立后，这几家银行结合中国降杠杆的大环境，迅速发展，以债转股为主要方式，参与了大量国有企业的混合所有制改革。但在实际操作过程中，并不只是简单意义上的债转股业务，而是结合应用了直接投资、债务置换、资产管理等金融工具和手段，成为近两年来中国金融市场最积极的金融机构。2018年出台的"资管新规"和"实施细则"严格限制了2008年以来名目繁多的所谓金融创新业务，但对债转股公司形式大开绿灯。比如，债转股可以设立私募股权投资基金，可由受托管理银行理财出资。可以预见，债转股公司未来将成为中国金融市场尤其是中国经济转型升级过程中的主要参与者之一，如同当初四大不良资产处置公司（AMC）今天已经发展成为综合性金融控股集团。当然，这需要债转股公司提高主动管理能力，摒弃传统商业银行的信贷思维，发现、重组真正有价值的基础资产，形成长期投资能力，解决好基础资产的期限错配和资本结构失衡问题。

人们普遍认为，中国的债务问题是中国经济和中国金融市场的"灰犀牛"，它不像"黑天鹅"那样不可预测，但当它慢慢走来时，

第六章　国企混改与债转股

多数人却选择视而不见。无论问题多么复杂，我国政府积极在采取措施，如十九大提出的三大任务中的第一个，就是防范、化解重大风险。与其他国家相比，中国储蓄率较高，家庭和私人负债率较低，而国有企业（包括代表地方政府的融资平台类国有企业）的负债率较高。而解决中国的债务问题，最难的是确定如何准确统计、量化债务总量，如何区分结构性债务风险，目前各方数据是否能真实反映中国债务情况。

何佳教授提出，人们一般会认为过高的杠杆和金融危机相关，但是我们必须分清形式上还是真正意义上的杠杆……如果国有企业和国有银行的出资人都是财政部，讨论国有企业的杠杆还有意义吗？当然实际情况会更复杂，这些年对国有企业和银行进行了股份制改革，但是如何衡量国有企业真正意义上的杠杆问题依然存在，同样的逻辑可用在地方政府债务上。中国是一个政府、银行、国有企业、个人之间关系紧密的国家，要统计出真正意义上的杠杆是不容易的……从道理上讲，杠杆高低本身并不是最重要的，重要的是杠杆对实体经济的影响，去杠杆的目标是为了有效促进实体经济的发展，为了企业不放弃好的项目和机会，有效去杠杆会让各方都获利。中国国有企业的杠杆偏高，部分是由于股权融资渠道不畅通，部分是由于没有区分股权和债券在形式上的差别所至……至于资金投向的偏离，和杠杆本身无关，这还是由于我们定价体系严重扭曲的问题，这个问题解决不了，我们这种形式上的去杠杆会影响实体经济的发展，加剧定价体系的扭曲，加剧金融不稳定。

过去数年，中国经济，包括国有企业在内，主要是依靠信用扩张来获得增长，不断扩大债务，增长速度快但发展质量不高，结构性问题较大。按照古典经济学的逻辑，变现资产和违约都有利于去杠杆，但短期内对增长不利，长期则有利于经济增长，去杠杆其实就是平衡短期增长和长期增长的矛盾。美国、日本去杠杆的过程，都经历了紧货币，通过其影响资产价格，带来去杠杆的动力，市场从而自发去杠杆。中国则是紧信用和强监管，货币政策和监管政策的作用机制不一样，货币政策是价格和总量的政策，监管是结构性的政策。微观层面看，2018年去杠杆的一个重要体现就是债务违约，国有企业债转股、地方政府债务置换是有序的债务违约，市场自发的是无序的债务违约。

在上述背景下，国企混改与债转股就不可避免地绑在了一起。

资产管理新规

2017年是监管大年，监管政策不但发布得多，而且监管内容和程度不断升级，其核心思路是金融体系"去杠杆"。2008年之后宽松的货币环境助推了资管市场野蛮生长，影子银行的规模膨胀导致债务链条过于复杂，而国有企业没有预算硬约束，造成过度运用杠杆追求资产规模，给我国金融体系带来了系统性风险隐患。究其深层次的原因，还是金融市场定价体系缺失，造成套利机会盛行，资金追逐的不是实体经济的经济效益而是套利机会带来的投机收益。近期债券违约频频发生，地方政府融资平台雷声四起，是因为投资方基于对政府信用的依赖，青睐地方融资平台和大型国有企业，在宽松的货币环境下过度融资，然而实体经济获得的收益不能覆盖成本，出现了花样繁多的期限错配、区域错配、行业错配等看似创新实则套利的行为，一旦资金收紧，风险就会暴露。因此，通过国企混改建立正向约束机制，推动市场化债转股，最终通过转型升级和结构调整提高实体经济部门的盈利能力和现金流创造能力，才是降杠杆的实质意义，才能够有力防范系统性风险。债转股无疑是实现国有企业降杠杆和混合所有制改革顺利推进的重要工具。

2018年4月27日，"一行两会一局"（即中国人民银行、中国银行保险监督管理委员会、中国证券监督管理委员会、国家外汇管理局）联合印发了《关于规范金融机构资产管理业务的指导意见》（以下简称资管新规），千呼万唤始出来的资管新规终于落地，这意味着百万亿元规模的资管市场将迎来史上最专业、最严厉的监管。资管新规第十条规定，"私募产品可以投资债权类资产、上市或挂牌交易的股票、未上市企业的股权（含债转股）和受（收）益权以及符合法律法规规定的其他资产，并严格遵守投资者适当性管理要求。鼓励充分运用私募产品支持市场化、法治化债转股"。第十一条规定，"鼓励金融机构通过发行资产管理产品募集资金支持经济结构转型，支持市场化、法治化债转股，降低企业杠杆率"。在监管范围如此广泛、力度如此大的新规中两次提到了鼓励债转股，是不应该被忽视的。资管新规之前，监管政策的天平已经不止一次偏向了债转股，这意味着应该期待债转股未来几年的发展空间及其在混改中的积极作用。

政策梳理

2016年10月10日发布的《关于市场化银行债权转股权的指导意见》（以下简称指导意见）首次将债转股拉回公众视线，遵循法制化原则、按照市场化方式有序开展银行债权转股权，是该轮债转股的总领指导意见，标志着新一轮债转股正式启动。2016年12月发布的《市场化银行债权转股权专项债券发行指引》，明确了债转股中债券的发行条件。然而，后续债转股实施并不顺利，整体进程非常缓慢。根据瑞银统计，81个已签约的项目已经执行的不超过两成。监管机构为积极推进新一轮债转股，于2017年8月发布《商业银行新设债转股实施机构管理办法（试行）》（以下简称管理办法），该办法提出了实施机构、实施途径、业务范围、标的选择、风险控制等细则，提出了该轮债转股实施过程中可行的创新要点。2018年1月发布的《关于市场化银行债权转股权实施中有关具体政策问题的通知》，则进一步明确了试行办法中的实施要点。同年 6 月 29 日晚间，银保监会正式发布《金融资产投资公司管理办法（试行）》，该办法主要内容包括总则、业务范围、业务规则、风险管理、监督管理和附则等。细细品味不难发现，相比 2017 年 8 月发布的《商业银行新设债转股实施机构管理办法（试行）》（征求意见稿），其中的数个要点都进行了调整，取消了债转股实施机构必须由一家商业银行控股的要求，放开了外资机构参股窗口，新增了先购股票后置换债权的实施方式，提出金融资产投资公司资本充足率等核心指标与四大资产管理公司相同的要求，缓解了商业银行债转股资本占用限制等，整体来看，政策基调更加宽松灵活。

近期针对债转股发布的政策基本明确了几个要点，该轮债转股相对于 20 世纪 90 年代末期债转股已经脱去了政策指导的色彩，鼓励市场化行为；除传统的四大资产管理公司外，商业银行可新设债转股实施机构，为债转股明确了创新实施机构；鼓励从债转股标的、实现途径、资金来源等方面开拓创新，而资管新规作为资管市场纲领性监管文件再次肯定了鼓励态度。债转股相关政策文件见表 6-1。

表 6-1 债转股相关政策文件

时间	文件
2016 年 10 月	《关于积极稳妥降低企业杠杆率的意见》 《关于市场化银行债权转股权的指导意见》
2016 年 12 月	《市场化银行债权转股权专项债券发行指引》
2017 年 8 月	《商业银行新设债转股实施机构管理办法（试行）》
2018 年 1 月	《关于市场化银行债权转股权实施中有关具体政策问题的通知》
2018 年 6 月	《金融资产投资公司管理办法（试行）》

债转股的历史

债转股最早出现在海外，欧美、亚洲的多个国家都曾经在面临严重债务危机时通过债转股化解债务压力，缓解银行体系不良资产压力，见表6-2。

表6-2 海外各国债转股梳理

国家	债转股时间	债转股启动原因	债转股模式	债转股主体	债转股过程
智利	1985—1991年	20世纪70年代，油价暴涨和低利率资金诱使拉美国家借入大量外债。第二次石油危机之后，利率上升，资金流向率先复苏的美国，发展中国家货币面临贬值压力，无力偿还外债本息，拉美国家债务危机爆发	银行主导	市场运作	债权国企业购买银行债权，在智利央行购买可以购买智利企业股权的货币基金，获取股权分红。智利央行控制转股额度
波兰	1992—1995年	20世纪90年代初，波兰进入严重的经济衰退期，经济转轨过程中产生了大量历史坏账。大型国有企业面临严重债务危机，使银行不良资产急剧上升	银行主导	银行成立不良资产处置部门	政府注资并在国有银行内部成立不良资产处置部门，由银行主导处置行内不良资产，允许银行持有股权和股份上市转让
美国	1988—1991年	20世纪80年代，拉美国家经济危机，美国作为主要债权人产生大量不良贷款，部分银行濒临破产	银行主导	银行	美联储修改条例K，允许银行对外国公司持股，银行直接将债权折价换为债务人国公司股权

续表

国家	债转股时间	债转股启动原因	债转股模式	债转股主体	债转股过程
日本	1999—2005年	1988年《巴塞尔协议》造成银行收紧银根，利率上升。经济步入下行周期，企业无法按期偿还贷款，不良贷款激增	政府主导	政府设立清盘与托收公司	政府成立清盘与托收公司，承接银行不良资产进行债转股
韩国	1997—2002年	金融危机前企业大规模举债，粗放式地规模扩张，导致企业负债率居高不下。1997年亚洲金融危机冲击下，银行不良问题暴露	政府主导	政府设立资产管理公司	政府设立资产管理公司，并与存款保险公司重组，通过发行由政府担保的不良贷款资产管理基金债券，筹措资金承接银行不良资产转股权并对困难银行注资

从海外经验来看，债转股大多发生在经济周期转弱、债务危机发生之时，政府为保护脆弱的实体经济，减轻银行不良资产负担，缓解金融危机压力，是特殊经济周期的产物。债转股成功实施的关键有几点：一是及早处理，智利由于处理及时，在20世纪70年代拉美债务危机中利用债转股手段成功将国家从经济衰退的泥沼之中解救出来；二是政府提供支持，对债转股，政府都施以援手，甚至美国这样的市场化国家，在银行出现大量不良资产时，政府也对银行给予了足够的支持；三是市场化选择标的，凡是由投资者自行甄别标的，债转股都较为成功，而波兰是纯粹通过政策指导国有企业进行债转股，实施效果并未达到预期；四是通畅的退出渠道，通常债权转为股权后，持股方并不倾向长期持有，在经济周期转强后需要成熟的股权交易市场给予退出通道，可通过一、二级市场进行交易，也可以回购、拍卖或出售给政府。

反观国内，20世纪90年代是债转股在我国经济发展历程中第一次亮相。当时国有企业依靠贷款创业经营，经济体制落后、经营

第六章　国企混改与债转股

效率低下,加上盲目投资等因素,造成银行体系累积了大量坏账,相当数量的国有企业出现了经营困难。1998年,我国提出了国有企业三年脱困的大目标,也就是在这一历史背景下,债转股初次登上我国历史舞台。

此轮债转股的主要目标是,给国有企业减轻经营负担,缓解银行坏账压力,防范和化解银行体系的金融风险。主要手段是,成立信达、长城、华融和东方四大资产管理公司,以政府出资,结合国家开发银行和四大行发行金融债券的方式给予资金支持。选择产品有市场、发展有前景、由于债务过重而陷入困难的国有企业,四大资产管理公司按照面值购买银行不良资产,20世纪90年代的债转股,带有政策指引色彩,对象限于国有企业,购买的是银行不良资产。最终完成了580多家债转股,转股金额超过4 000亿元人民币,四大行不良资产率下降了10个百分点。以时间换空间,减轻债务压力后,很多企业获得珍贵的发展机遇,迅速扭亏为盈,例如宝钢、苏玻等知名企业。

如今,宝钢已经成为我国钢铁行业的领军企业,以191.7亿元人民币,位居2017年钢铁行业A股上市公司净利润排第一。然而,宝钢的经营并非一帆风顺,20世纪90年代后期,宝钢旗下的上海一钢、浦钢、五钢、梅山几家企业几乎集中了当时困难国企的所有特性:人员冗余、技术装备落后、历史包袱沉重、经营绩效差。1999年,其共计亏损9.22亿元,负债总额83亿元,资产负债率高达76%。在债转股政策指引下,宝钢制订了债转股方案:将四家66亿元银行贷款转股,占其整体贷款总额的64%。转股配套企业改制,一钢和五钢整体改制成为新公司,从宝钢全资子公司转为宝钢的控股子公司;浦钢和梅山将钢铁主业剥离改制为新公司,成为宝钢集团孙公司,同时淘汰落后产能,冗余人员下岗分流,建立现代企业制度。债转股及配套改革措施实施的当年,企业就扭亏为盈,2005年宝钢集团对转股股权进行了增发回购。

债转股与国企混改的结合

此轮债转股的不同之处

2016年开启的新一轮债转股和20世纪90年代后期的债转股有许多不同之处,如下:

为企业降杠杆的目标

中国银保监会发布的2018年一季度银行业主要监管指标数据显示,商业银行不良率为1.75%,且表现较为平稳。根据海通证券姜超的测算,截至2016年年底,我国政府、居民和非金融企业部门的杠杆率分别为46%、50.6%和141%,总杠杆率为237.6%,而2010年只有177.8%,6年增长了33.6%。非金融企业杠杆率偏高,国有企业杠杆问题比较突出。此背景下,此轮债转股的目标并非缓解银行不良资产压力,而是降低企业杠杆率。

市场化原则

指导意见要求,"要充分发挥市场在资源配置中的决定性作用,建立债转股的对象企业市场化选择、价格市场化定价、资金市场化募集、股权市场化退出等长效机制,政府不强制企业、银行及其他机构参与债转股,不搞拉郎配"。这意味着此轮债转股的驱动力来自市场,政府不再进行行政安排,让市场化力量主导实施债转股,让投资者鉴别有投资价值的实施对象,设定实施方案,避免没有市场竞争力的僵尸企业利用债转股逃避债务,浪费资源。政府不会为债转股兜底,不会把债转股演变为政府的变相补贴。

实施对象、实施机构、实施途径、资金来源的不同

实施对象

首先是所有制的突破，原有债转股标的主要集中在国有企业，此轮债转股对象可以是符合规定的民营企业和外资企业。其次是债权种类的突破，以银行对企业发放贷款形成的债权为主，允许扩展到其他类型银行债权和非银行金融机构债权。此轮债转股的实施对象更为多元化，将更多的标的纳入了实施范围。这体现了监管期待通过此次债转股能更全面地将企业杠杆水平实质性降低。

实施机构

传统四大资产管理公司以外，商业银行可出资设立债转股实施机构，银行不得直接转化股权，将债权转让给债转股实施机构，再由实施机构转化为股权，银行作为实施机构的主出资人占股比例不低于50%，且纳入并表管理。在此政策鼓励下，数家银行都迅速行动，短时间内成立了金融资产投资公司，作为债转股专营机构。这意味着在债转股市场上将出现更多的实施机构，实施机构多元化的股权结构可更大限度地调动市场资源进入债转股领域。

实施途径

实施途径不拘泥于债权转为股权的简单模式，允许采用股债结合的综合性方案降低企业杠杆率，可针对不同企业的个性问题，结合各类金融工具设计更具操作性的灵活方案，增加债转股方案的可行性，促使债转股更顺利落地。

资金来源

除自有资金外，债转股实施机构允许依法、依规向合格社会投资者募集资金，发行金融债券，通过债券回购、同业拆借、同业借款等方式，向外部募集资金实施债转股。此外，实施机构可以发起设立私募股权投资基金开展市场化债转股，符合条件的银行理财产品可依法、依规向实施机构发起设立的私募股权投资基金出资。对

于银行理财资金来说，非上市公司股权投资是"非标"资产，资管新规对理财投资非标在各方面都做了严格的限制，此处提到的银行理财资金，可对债转股实施机构设立的私募股权投资基金出资，为银行理财资金开启了新的投向，未来是否会在实施过程中有适当针对性的放松鼓励政策，是值得期待的。

国企混改能强化债转股的战略目标

国有企业的负债率过高，是我国经济发展面临的重要问题。我国的国有企业负债率有两个特点：一是国有企业负债率普遍过高。根据财政部发布的数据，截至 2018 年 3 月末，我国国有企业资产总额为 164 万亿元，负债总额为 106.6 万亿元。经计算可得出，国企负债率接近 65%，这一数据尽管比 2017 年 6 月末的数字 65.6% 有所降低，但与国内企业平均水平相比仍然偏高。二是产能过剩的基础型行业杠杆较高，也就是说这个杠杆率的结构失衡，资金使用效率不高。国有企业的杠杆率偏高，容易引发系统性风险。国有企业的高额负债不是短期问题，而是历史原因加上长期积累造成，这是我国宏观经济周期的产物。自 2012 年后，我国经济进入下行周期，国有企业从银行获得贷款，依靠资金杠杆作用增加资产规模，粗放扩张。20 世纪 90 年代第一轮债转股已经给予了我们历史经验，债转股是有效可行地降低企业债务负担，以时间换空间的解决问题的手段。

前面提到，此轮债转股的资金来源更加灵活、多元，上轮债转股，建立了国有四大资产管理公司，收购国有银行剥离的坏账、呆账，更多是政府埋单行为。此轮债转股允许民间资本参与，表现在新设银行债转股专业机构允许民间资本参与合资，通过国有企业债务转化为股权，持有国有企业股权。由此可见，本轮国有企业混合所有制改革，可以利用债转股作为工具，同时推动三个目标：国有企业混改、降低国有企业杠杆率和增加民间资本投资渠道。更为市场化的债转股行为，降低了政府干预，而民间资本有获得收益的诉求，会将市场化机制带入债转股和国有企业混改过程中。

债转股将企业的债权转化为股权，原债权持有方或债权受让方将持有目标企业股权。国有企业的债转股可以引进非国有成分的第三方，也可以成为国有企业降杠杆的方式之一，给国有企业"混改"留下了很大的空间。推进市场化债转股，可以加大国有企业兼并重组力度，利于国有企业混改，实现国有企业去杠杆的改革目标。

案例分析：重庆国际——世界玻纤龙头的涅槃重生

背景介绍

重庆国际复合材料股份有限公司（简称重庆国际）的前身是重庆玻纤厂。作为中国最早从事玻纤行业的公司，重庆国际曾经一度在行业内处在绝对领先位置。然而，近些年重庆国际的行业地位、盈利水平等，出现了与行业龙头地位不相符的表现。2017年，重庆国际正式启动混合所有制改革工作，中国信达、建信资产、云熹基金、管理层和员工持股平台共投资近20亿元人民币，成为重庆国际的新增股东。虽然重庆国际的混合所有制改革尚未完成，但混改效果已经在财务数据中得以体现，2018年上半年，重庆国际实现净利润同比增长180%。

重庆国际的业务是图6-1所示的中游产业，玻璃纤维制品的生产过程是：原材料通过高温燃烧后，经漏板拉制成丝，涂覆浸润剂或经进一步加工后制成成品。由于玻纤生产线漏板、机位等因素，一条生产线可以生产一种或几种粗纱或细纱。纤维越细，其表面积越大，柔曲性越好，在复合过程中纤维机械损伤越少，更能适应复合材料的各种生产工艺。按照产品应用领域来分，重庆国际的产品主要应用于交通、电子、风电三大领域。

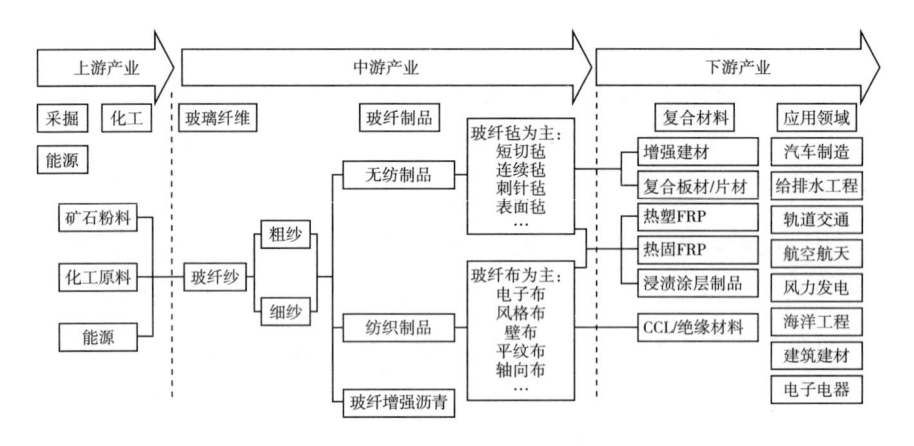

图 6-1 璃纤行业产业链

交通领域

由于玻璃纤维制造的复合材料强度可以与钢材相媲美，同时重量又远轻于金属，已经广泛应用于汽车、游轮、飞机等内饰和部分外部部件。以汽车行业为例，目前大部分汽车的内饰、后视镜罩，甚至部分汽车的保险杠，已经采用玻璃纤维复合材料。

电子领域

玻璃纤维中的电子纱是制作覆铜板的直接原材料之一，也是玻纤产品中的高端产品。重庆国际在 2002 年收购电子纱板块后，持续深耕电子纱多年，目前，聘中国台湾专业电子纱团队负责经营。公司在电子纱方面有所积累，尤其是超细纱、超薄电子布产品处于行业领先地位。对应未来 5G、3C、物联网等行业对于电子纱、电子布日益增长的需求，重庆国际有充足的技术储备和生产能力。

风电领域

玻璃纤维主要应用于玻纤叶片、风电发电机外壳的制造。随着风电行业叶片越来越长的趋势，对于玻璃纤维的强度、模量要求越来越高，需求量日益增大，玻纤在海上风电叶片中的占比甚至能达到70%。重庆国际在风电纱方面优势明显，产品性能受市场认可度较高，同时控股中国最大的风电纱制造公司常州宏发纵横，使得公司2016年全球风电纱份额占到全球的25%，占全国的50%。

改革方案

混改前股权结构如图6-2所示。

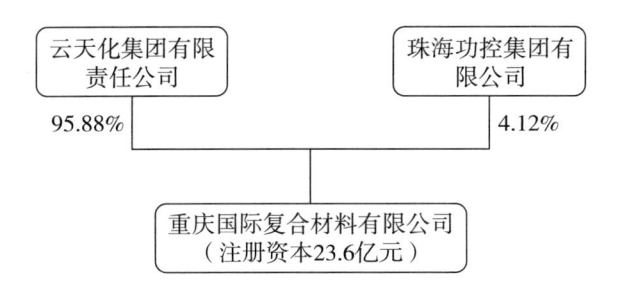

```
┌──────────────┐              ┌──────────────┐
│云天化集团有限│              │珠海功控集团有│
│  责任公司    │              │  限公司      │
└──────┬───────┘              └──────┬───────┘
   95.88%                          4.12%
          └──────────┬───────────────┘
                     │
          ┌──────────▼───────────┐
          │重庆国际复合材料有限公司│
          │  （注册资本23.6亿元） │
          └──────────────────────┘
```

图6-2 重庆国际混改前股权结构

混改后股权结构

混改后，重庆国际拥有了多元化的股权结构，原控股股东云天化集团仍占有控股地位，其他战略投资者和员工持股平台根据出资额获得相应的公司权益。其中，云天化集团股权占比65.74%，员工持股平台股份占比3.01%，其余外部股东股权占比31.25%。

混改资金用途

玻纤生产线冷修升级

玻纤的生产线是池窑，其正常工作寿命是7~8年，其间若无巨大故障将持续运行。由于生产线必须持续工作，一旦停止，高温耐火材料会形变等因素，将导致巨大损失，因此纯氧助燃、顶烧等新技术无法在第一时间使用，只能等到下一次冷修才能重新使用。

重庆国际的生产线大都在 2010 年左右建成，2016—2019 年为其生产线集中冷修期。对于冷修时间，如不扩产，几个月后便可以投入生产。如需扩产，一年左右完成。冷修结束，生产线点火后，一个月左右便可达到最佳生产状态。

冷修的意义在于"花小钱办大事"：使一个池窑达到正常生产状态，有新建和冷修两种方法。平均新建一个 8 万吨产能的池窑需要 8 亿元左右，而将一个停产的池窑冷修复产仅需要 1 亿元，因为先期的厂房、设备等大规模资金已经完成投入。因此，对于玻纤生产企业来说，资金用在冷修上，是最经济的提升盈利能力的手段。

电子板块织物扩产

重庆国际生产的电子纱，以往是将大部分产品直接销售，公司自己将小部分电子纱织成附加值更高的电子布。由于资金紧张，虽然有意愿织更多的电子布以提高效益，但是资金一直是最大的问题。在引入战略投资者后，公司决定将自己原有的电子布产能翻倍，更进一步提升产品的附加值。

降低财务杠杆

重庆国际的负债率相对较高，且由于公司属于非上市公司，融资途径单一，资金成本较高，因此每年有巨大的财务费用，直接影响公司的净利润。公司将一部分资金用于降低自身杠杆，一方面响应国家降杠杆的要求，另一方面减轻自身负担，轻装上阵。

推进国际化战略布局

公司为了应对行业日趋激烈的竞争，同时为了避免贸易摩擦，在早些年就制定了一套差异化竞争、国际化的路线。如今看来，中美贸易摩擦加剧，各国之间的贸易摩擦接踵而至，因此公司的路线是符合实际情况并且极有远见的。但是，在实施过程中，由于海外投资经验不足等原因，海外生产遇到部分困难，海外销售网络完全搭建每年都需较高的运营成本。公司目前已经成功克服困难，并取得了卓有成效的进展：巴林新建了一条生产线，更新团队，克服了生产技术和专利障碍。未来公司将进一步增加对海外业务的重视，冷修并扩产海外生产线，进一步稳固和提升自己在全球玻纤行业的竞争力。

分析与总结

建立管理层和员工持股，激发团队能力

重庆国际在混改中建立了员工持股计划，员工持股方案科学合理。首先，持股对象的选择上，基于各方面考虑，最终确定为包括公司经营管理层、本部各系统和分子公司中的公司中层干部、业务骨干等100多人；其次，在投资价格上，员工的持股与混改的其他外部投资方价格一致，不仅同股同权，也体现了员工对于公司未来业绩的信心；最后，从持股数量来看，绝对投资总量近2亿元，核心经营层个人投资数百万元，激励约束力度大，且员工持股仅能通过上市退出。

管理层对于公司热情高涨并且充满信心，员工精神面貌和工作效率也有了较大提升。

债转股公司积极参与

随着债转股的推进和国企改革的深入，就债转股本身发挥的作用、实施方式等问题，学界、业界各方仍在不断观察思考，也形成了不少极具参考价值的观点。

第一，将显著降低公司的财务成本：重庆国际的负债率是其发展的梗阻之一。债转股公司支持有较好发展前景但遇到暂时困难的优质企业渡过难关，是稳增长、促改革、调结构、防风险的重要结合点，也是一项重大的举措，是有效落实供给侧结构性改革的重要决策部署，这是意义所在。

第二，借助本轮债转股，推进市场化债转股，进一步深化国有企业改革，把国有资本布局结构调整到更重要的位置。国有企业在近几年的高速发展过程当中，利润总额不断扩大，少数企业经历了一定的金融风险，出现了暂时的金融性困难。而市场化的债转股参与，可实现国有资产保值增值、国有经济提高综合竞争力，放大国有资本的积极作用。

业绩改善显著，上市预期明确

在员工持股平台设立后，公司业绩较之前一年显著提升，在外部投资方增资款还没有完全到位的情况下，2018年上半年已经基本完成了前一整年的利润总额，同比增长131%。

"共享利益，成果分享"，通过员工持股计划，管理团队的热情被大大激发。管理团队的身份从原先单纯的管理者转化为公司的"主人"，使公司的生产线冷修效率、生产成本的控制和产品结构调整等得到显著提高、加强和改善。

在未来上市时，公司预计产量比目前提升20%，综合成本下降超过5%，净利润两年内增加超过两倍，年税收增长率超过40%。

第七章

国企混改的评价体系

坚持国有企业在国家发展中的重要地位不动摇，坚持把国有企业做好、做大、做强不动摇。在国有企业改革中把握"三个有利于"的标准：有利于国有资本保值增值，有利于提高国有经济的竞争力，有利于放大国有资本的功能。

中华人民共和国成立以来，我国一直在探索国有企业改革，未来也将继续深化国有企业改革。建立科学、健全的国企混改评价机制，能够准确评价改革成果，确保改革方向正确。国有企业首先具有作为企业的市场化属性，同时肩负着国民经济责任，因此评价国企混改不能简单地照搬企业的评价工具，要同时考虑经济效益和社会效益。

国有企业改革评价体系的回顾

我国国有企业改革及绩效评价的发展历程

国有企业的绩效评价，需要同时关注效益目标和社会目标。

中国的国有企业形成于20世纪50年代，数量多，比重大，在国民经济的发展中有举足轻重的地位。从国有企业的来源和组成来看，小部分国有企业是在革命根据地和解放区先后建立和发展起来的；一部分是没收官僚资本企业和帝国主义在华企业，经过改造而成的。之后，国家进行规模越来越大的投资，建成新的国有企业，从而使国有经济日益壮大。到2016年，全国规模以上国有及国有控股工业企业达到20 510家，1949—2016年，国有及国有控股工业总产值由36.8亿元增长到146 630.0亿元，增长3 985倍；1952—2016年，国有及国有控股工业企业固定资产净值由100.8亿元增加到90 853.4亿元，增长901倍，国有企业为国家的工业化和现代化做出了不可磨灭的贡献。

1949—1978年国有企业的绩效管理

从中华人民共和国成立初期开始，国家对国有企业长期采取直接计划管理、直接下达指令性计划的管理方式。对于大型国有工业企业，中央各部门对其直接管理，它们需要的生产资料由各主管部门按计划供应，享受国家调拨价，产品由商业、物资部门收购调拨。在财务上，国家对国有企业实行统收统支，企业的利润和折旧基金全部上缴，企业进行固定资产更新和技术改造所需要的技术措施费、新产品试制费和零星固定资产购置费，由国家财政拨款，生产所需流动资金由财政部门按定额拨给。这套集中统一的计划管理体制一经形成，便长期固定下来，中间虽经几次调整，但基本体制和基本管理方式始终没变。

在当时的管理模式下，政府考核企业绩效采用的方法是，对照指令性生产计划，考核企业的产品产量和规格质量。比如，1975年，国家曾拟定"工业企业八项技术经济考核指标"，指标包括产量、品种、质量、原材料、燃料动力消耗、流动资金、成本、利润和劳动生产率，考核以产量、质量为主。虽然产量和利润指标也在考核的范围内，但在计划经济时代，产量和利润并不能反映企业的真实经营业绩。这种以实物产量为主的考核方式，导致国有企业的效率很低。

第七章　国企混改的评价体系

1978—1991 年的国有企业改革和绩效评价

经济责任制改革和经济效益评价的探索

改革开放后，国有企业的自主权逐步扩大。受农村改革的启示，为调动企业经营者和职工的生产积极性，一些地方进行了扩大企业自主权的试点。1978 年，四川省选择了 6 家企业进行试点，1979 年扩大到 100 家。1979 年 5 月，国家经委、财政部等六个部门在北京、天津、上海选择了 8 家企业进行扩大自主权的试点，同年年底，试点企业增加到 4 200 家，1980 年又增加到 6 600 家，约占全国预算内工业企业数量的 16%，产值的 60%，利润的 70%。试点企业拥有部分自主权，在完成国家计划的前提下，多余的生产力可根据市场需要自行安排；企业拥有部分资金使用权，可按一定的比例实行利润留成，用于发展生产、改善集体福利、奖励职工；企业拥有部分干部任免权，中层干部任免不需要上级批准，等等。

1981 年，一些地方为了落实财政上缴任务，对工业企业试行以利润包干为主要内容的经济责任制，后被中央肯定并迅速推广到全国 3.6 万个工业企业。1983 年，国务院转批了财政部《关于全国利改税工作会议的报告》和《关于国营企业利改税试行办法》，决定在全国推行利改税。在推进利改税的同时，1984 年 5 月，国务院颁发《关于进一步扩大国营工业企业自主权的暂行规定》，规定扩大企业 10 项自主权：生产经营计划权、产品销售权、产品价格权、物资采购权、资金使用权、产品处置权、机构设置权、人事劳动权、工资奖金使用权、联合经营权。1985 年 9 月，国务院又转发了国家经委、国家体改委制定的《关于增强大中型国营工业企业活力若干问题的暂行规定》，要求继续扩大企业自主权。

这一时期，国有企业由于自主权扩大，逐步拥有了独立的商品生产者的地位，利用利税指标考核企业具备了一定条件。在当时的条件下，对国有企业经营绩效的考核管理不可能完全抛弃行政管理和计划控制，相关指标仍然在考核评价之列。1982年，国家经贸委、国家计委等六部委制定了"企业16项主要经济效益指标"，作为考核企业的主要依据，具体包括总产值和增长率，产品销售收入和增长率，实现利润和增长率，上缴利润和增长率，产值利税率和增长率，销售收入利润率和增长率，产品产量完成情况，产品质量稳定提高率，产品原材料、燃料、动力消耗降低率，产品优质率，万元产值消耗能源和降低率，定额流动资金周转天数和加速率，产成品资金占用率和降低额，可比产品成本降低额和降低率，全员劳动生产率和增长率，职工重伤死亡人员和降低率等，开始逐渐突出产值和利润指标。这种方法虽然避免了单一指标的片面性，但是没有将考核指标按照重要程度进行区分，只进行了简单的历史对比，容易造成"鞭打快牛"和企业的短期行为，因此在20世纪80年代后期被淘汰。

承包制改革与产值以及以利润为主的绩效评价

1984年10月召开的十二届三中全会，确定了国有企业改革的目标模式：要使企业成为相对独立的经济实体，成为自主经营、自负盈亏的社会主义生产者和经营者，具有自我改造和自我发展的能力，成为具有一定权利和义务的法人。中国国有企业改革进入新的发展阶段，提出了企业所有权和经营权分离的改革原则。

20世纪80年代后期，承包制成为深化国有企业改革的主要形式。1986年12月，《国务院关于深化企业改革增强企业活力的若干规定》中提出要推行多种形式的承包经营责任制，主要形式有："双保一挂"，即保上交税利、保批准的技术改革项目，工资总额与实现利税挂钩；上交利税递增包干；上交利润基数包干，超收分成；行业投入产出包干等。承包制的基本特征是包死基数、确保上交、超收多留、歉收自补。承包制对于搞活企业、调动企业积极性发挥了重要作用。但由于承包制本身仍然存在局限性，没有涉及企业的产权关系，企业还不能真正成为自主经营、自负盈亏的市场主体和法人实体。

由于承包制存在不规范、不适应市场经济、信息不对称和承包者不对企业长远负责的弊端，企业经营者利用经营自主权侵犯所有者权益的情况屡见不鲜。1988年，国家统计局、国家计委、财政部和中国人民银行联合发布了劳动生产率、销售利润率、资金利税率等八项考核指标，但因为绝大多数承包制企业仍考核承包计划完成情况，并按照计划兑现利润留成，企业自主决定奖金发放，因此这八项考核指标实际上无法发挥作用。绝大多数实行承包制的企业仍主要通过企业实现利润或上缴利税来考核承包计划的完成情况。这种评价方式在一定程度上诱导了企业经营者经济行为的短期化。企业为完成业绩（实现利润或上缴利税），不惜将大量损失和挂账长期趴在账上，使得国有企业不良资产的比例连年上升，经营潜亏逐年扩大。这也是导致20世纪80年代后期绝大多数国有企业的包袱越背越重，不同程度地陷入经营困境的重要原因。

1992—2002年的国有企业改革和绩效评价

现代企业制度改革和以投资报酬率为核心的绩效评价方法

1992年10月，中共十四大明确提出我国经济体制改革的方向是建立社会主义市场经济体制，国有企业改革的目标是建立产权清晰、权责明确、政企分开、管理科学的现代企业制度。从此，国有企业改革进入了转化经营机制、建立现代企业制度的突破期。

随着现代企业制度的逐步建立，以及经济工作重点转移到调整结构和提高经济效益上来，我国开始探索建立以投资报酬率为核心的企业绩效评价方法体系。1992年，国家计委、国务院生产办和国家统计局提出了六项考核工业企业经济效益的指标，具体包括产品销售率、资金利税率、成本费用利润率、全员劳动生产率、流动资金周转率和净产值率。同时，根据指标的重要程度，对每项指标进行了权重分配，使用全国统一的标准值进行评价计分。该评价方法强调了各项生产要素投入产出的对比关系，在指标设计上全部采用了相对性比率指标，与绝对指标相比，更具有科学性，是国有企业绩效考核办法的历史性进步。由于多数企业仍然采用承包制，这种评价方法难以发挥作用，未得到很好的应用。

为了进一步适应现代企业制度建设的需要，推动政企分开，1995年财政部制定出台了《企业经济效益评价指标体系（试行）》。该指标体系由销售利润率、总资产报酬率和资本收益率等十项指标组成，每项指标被赋予不同的权重，以行业平均值为标准进行计分评价。但由于相应的配套工作没有及时跟上，该指标体系在实际工作中没有得到推广。1997年，国家统计局会同国家计委、国家经贸委对1992年颁布的工业经济效益评价体系进行了调整，将原来的六项指标调整为总资产贡献率和资本保值增值率等七项指标，对指标权数进行了重新分配，评价标准按照前四年的全国平均值确定，重点从企业盈利能力、发展能力、营运能力和偿债能力等方面评价考核工业经济的整体运行状况。这两套评价体系是企业经营绩效考核评价办法的巨大进步，但由于缺乏反映企业成长性的指标以及评价标准划分太粗而大大降低了评价实践的适应性。

可以看出，这一阶段国有企业的绩效评价更多地采用了相对比率的指标。但是，这一指标也有明显的缺点：一是指标仍然主要集中在财务指标上，不能从整体上反映企业的绩效水平；二是评价标准不够科学，划分不够细致，缺乏操作性；三是没有很好地结合信息系统的发展，操作困难。

改革深入和多层次企业绩效评价体系的建立

20世纪90年代后期，国有企业改革进入深水区。1997年中共十五大决议指出，社会主义市场条件下的国有经济的作用就是控制关系国民经济命脉和国计民生的重要行业和关键领域。具体的改革内容包括：大多数国有中小企业采取各种方式非国有化；国有企业

第七章 国企混改的评价体系

和国有资本将从竞争性领域全部或部分退出来；在关系国民经济命脉和国计民生的重要行业和关键领域，将继续坚持国有或国有控股的体制。

随着国有企业改革的逐步深入和市场经济体制的逐步完善，政府管理职能和企业监管机制发生了根本改变。为了适应这种变化，1997年年底，财政部综合多方面意见初步形成了以净资产收益率为核心指标，由12项计量指标构成的企业绩效评价体系。

1998年，财政部又在绩效评价指标体系中增加了定性评价因素，使计量指标由原来的12项发展为38项，形成了以基本指标为主导、以修正指标为补充、与专家评议指标相结合的三层次立体评价指标体系。

1999年，财政部、国家经贸委、人事部、国家计委联合颁布了《国有资本金效绩评价规则》，其规定的绩效评价指标体系分三个层次，包括8项基础指标、16项修正指标和8项评议指标，共计32项指标及计算方法。与以往的单层次绩效评价指标体系相比，这是一个典型的多层次绩效评价指标体系，并且这一绩效评价指标体系还包含了8个非财务评议指标，克服了以往只注重财务指标的缺陷。这8个非财务评议指标与过去相比虽然是一大突破，但仍显单薄，都是定性分析，而非定量计算，且零散不成系统。经过两年的试点，四部委于2002年3月进行了修订，将指标从原来的32项精简为28项，建立了国有资本金绩效评价体系，并联合发出通知向全国推广新的企业绩效评价体系，这一绩效评价体系由绩效评价制度、绩效评价指标、绩效评价标准和绩效评价组织构成。其中，绩效评价指标包括企业财务状况、资产运营状况、偿债能力状况和发展能力状况四个子系统，每个子系统由若干个指标构成。绩效评价标准是指在全国范围内测算的不同行业和不同规模企业各个指标的标准值，每个企业以自己的实际指标值与对应的标准值对比，便可对自己的经营绩效进行评价。

2003年以后的国有企业绩效评价

2002年11月，中共十六大报告指出："继续调整国有经济的布局和结构，改革国有资产管理体制，是深化经济体制改革的重大任务。"2003年，国务院成立了国资委，第一次在政府的机构设置上实现了政府社会公共管理职能与所有者职能的分离，明确了国有资产出资人的代表，实现了管资产、管人、管事的结合，国有企业改革进入新时期。

2003年12月，国资委公布《中央企业负责人经营业务及考核暂行办法》，将对中央企业负责人的业绩考核分为年度考核和三年任期考核，主要考核年度利润总额、净资产收益率、国有资产保值增值率、三年主营业务收入平均增长率等指标，其核心就是关注资本回报。

同时，为了加强对国有企业的财务监督，规范国有企业综合绩效评价工作，正确引导国有企业的经营行为，根据《企业国有资产监督管理暂行条例》和国家有关规定，国资委于2006年4月7日发布了《中央企业综合绩效评价管理暂行办法》，自2006年5月7日起施行。该办法通过建立综合评价指标体系，对照相应行业评价标准，对国有企业特定经营期间的盈利能力、资产质量、债务风险、经营增长以及管理状况等进行综合评判。

自2010年1月1日开始，国资委制定的《中央企业负责人经营业绩考核暂行办法》正式施行，国资委监管的所有中央企业从2010年开始全部实行经济增加值（EVA）考核，用经济增加值指标替代原有的净资产收益率指标，以引导国有企业进一步做强主业，提高资本使用效率，实现企业的可持续发展。

总结我国国有企业绩效评价指标体系演进的过程，可以发现两个趋势：一是指标体系随着国有企业改革的深入和外部环境的变化不断进行调整，特别是随着市场经济体制的逐步确立，国有企业指标体系朝着以效益为核心的方向发展；二是原先实物和财务混合的指标体系不断向财务指标为中心收缩，以实物产量为核心的评价方法不断向以投资回报为核心的评价方法转变。

主要绩效评价模型总结

《关于深化国有企业改革的指导意见》明确提出"以管资本为主推进国有资产监管机构职能转变"，对国有企业实行分类监管、分类定责、分类考核，提高改革的针对性、监管的有效性、考核评价的科学性。国有企业绩效评价作为考核评价的重要手段，其评价结果的合理性在很大程度上取决于评价模型的选择。1999年财政部发布《国有资本金效绩评价规则》，确定以功效系数法作为我国国有企业绩效评价的标准方法，十几年来，该方法在有效发挥综合绩效评价工作的评判、引导和诊断作用，推动企业提高经营管理水平方面发挥了重要作用。随着我国新一轮国有企业改革大幕的拉开，未来我国国有企业的监管将发生重大变化。对目前主流的绩效评价模型进行归纳总结，旨在为新一轮改革中我国国有企业绩效评价模型的优化提供理论参考。

国有企业绩效评价需要注意的问题

从数据和评价的具体操作来看，我国国有企业绩效评价有自己的特点。首先，国有企业绩效评价的对象往往处于不同行业，需要注意评价指标和结果的可比性问题。不同行业企业之间的可比性不高，如银行的现金流指标和制造业企业的现金流指标间就没有可比性。但是，国有企业的绩效评价结果通常需要全盘考虑，在选择绩效评价模型时必须对此加以重视。其次，地方国资委对下属企业进行绩效评价时，可能会出现某些行业的国有企业评价对象较少的情况。很多绩效评价模型对评价对象的数量有一定的要求，因此选择绩效评价模型时需要结合评价对象的数量及具体情况选择适用的评价模型，避免模型的误用、滥用。再次，国有企业绩效评价的得分既有绝对意义，也有相对意义。本质上来讲，绩效评价属于综合评价的范畴，综合评价的得分通常只具有相对意义，并不太关注具体分数的大小，但国资委需要结合企业绩效的得分情况开展合理的控制，使其具有了绝对意义。最后，绩效评价由指标体系的建立和评价方法的选择两部分组成，比如，平衡计分卡主要用于建立绩效评价的指标体系，而功效系数法则是绩效评价的方法，两者切忌混为一谈。

基于以上特点，在进行国有企业绩效评价时应特别注意方法的适用性，使评价过程和结果公开透明、公正合理。

主要的企业绩效评价模型

基于降维思想的绩效评价模型

基于降维思想的绩效评价模型主要包括主成分分析和因子分析两种，两者的基本思路大体一致，都是将原始指标进行降维处理，生成少数新指标（即所谓的主成分或者公共因子），并在此基础上进行绩效评价。由于将原始指标降维为几个新指标，这其中会产生信息损失，新指标个数越少，信息损失越大，因此常常以信息损失不超过85%作为主成分或者公共因子个数确定的标准。

基于降维思想的绩效评价模型的优点是，指标权重由每个主成分或公共因子的方差贡献率加权求和形成，无须单独确定。尽管方法在操作过程中涉及一定的矩阵理论，比较复杂，但由于目前常见的统计软件都可以进行主成分分析和因子分析，使用起来也比较方便。不足之处是，它们仅适用于同一行业企业的绩效评价，无法解决不同行业企业间的可比性问题。另外，模型要求评价对象大于指标个数，这对评价对象的数量提出了较高的要求。

加权综合评价模型

这一类模型首先对原始指标进行标准化处理，消除量纲和数量级，使指标具有可加性；然后采用一定的赋权方法确定各个指标的权重并加权求和，其基本流程如图7-1所示。由于赋权方法较多，这一类评价模型的种类较多，其中既有客观赋权的方法，如变异系数法和熵值法，也有主观赋权法，还有主客观相结合的赋权方法，如层次分析法。这一类模型的理论比较简单，思路较易理解，是对综合评价模型的直接借鉴，但它们只适用于同一行业企业的绩效评价，并且要求有相当数量的被评价对象。

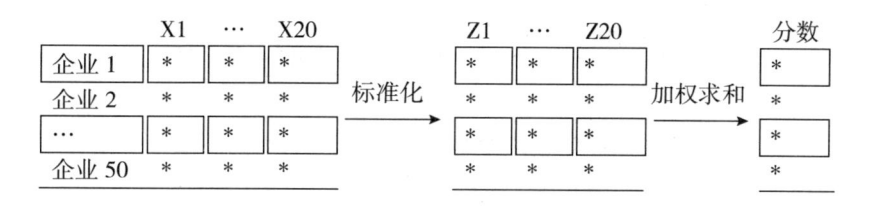

图7-1 加权综合评价的基本流程

数据包络分析模型

数据包络分析（DEA）是以相对效率概念为基础发展起来的一种多目标综合评价方法。每一个被评价对象被视为一个决策单元，所有绩效评价指标被分为两大类：投入指标和产出指标。从评价的内容上来讲，数据包络分析可进行效率分析、规模报酬分析、差额变量分析以及敏感度分析；从算法上来讲，该方法建立在线性规划基础之上，通过最优化原理建立模型。这种模型的分析思路如图7-2所示。该模型的局限性在于，严格来讲，大多数绩效评价指标并不能被区分为投入指标和产出指标两大类型，如资产负债率既不是投入指标，也不是产出指标，同时，该模型只适用于相同行业企业的绩效评价，模型从理论上不容易理解，评价结果不透明。

灰色系统理论

该理论利用已知信息确定系统的未知信息，使系统由"灰"变"白"，通常选取行业的优质企业作为标准，利用灰色关联分析衡量各被评价对象与标准企业之间的相似度，相似度越高，被评价企业

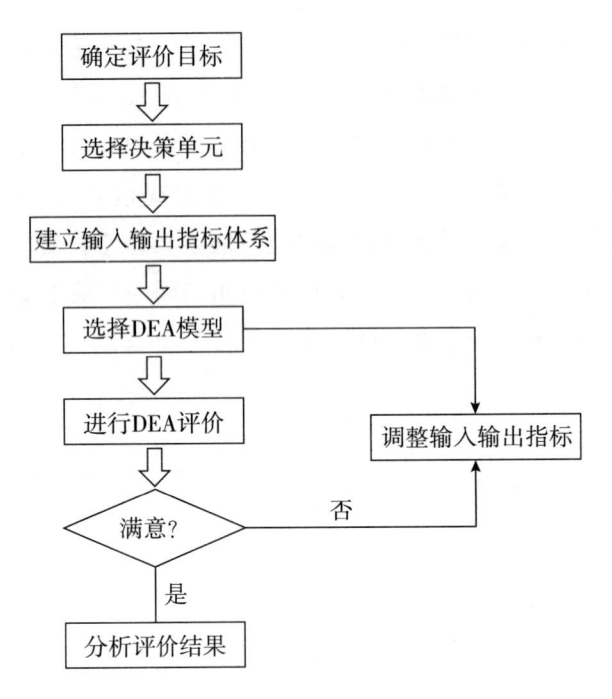

```
确定评价目标
   ↓
选择决策单元
   ↓
建立输入输出指标体系
   ↓
选择DEA模型
   ↓
进行DEA评价 ← 调整输入输出指标
   ↓              ↑
  满意? —否———————
   ↓是
分析评价结果
```

图7-2 数据包络法分析思路

的绩效越好,反之,绩效越差。需要指出的是,该理论与加权综合评价模型类似,也需要单独确定各个指标的权重。其优点在于,对样本量没有严格的要求,不要求服从任何分布,但它也只能对同行业的企业进行绩效评价,同时其评价结果受所选优质企业的影响较大。

功效系数法

功效系数法是由综合评价法的思路衍生出来的,是我国目前广泛使用的国有企业绩效评价方法。该方法需要分行业制定各绩效评价指标的标准值,并赋予相应的权重,评价过程简单方便,在一定程度上解决了国有企业跨行业分布、某些行业评价对象少的问题,使不同行业的企业绩效评价结果具有了可比性。但是,标准值的确定是该方法的难点,而且每个指标需要确定五个档次,目前国资委只公布了标准值的测算结果,没有公布其计算的具体过程。

标杆法

标杆法需要为每个指标确定一个标杆，这里的标杆可以取被评价对象所在行业的最优值或者理想值，然后将企业实际的指标值与标杆值进行比较，进而给出企业在该指标上的得分。该方法需要另行确定指标的权重，然后将所有指标加权求和得到企业的绩效得分。与功效系数法类似，该方法可以分行业确定每个指标的标杆值（不再需要标准值），对评价企业的个数没有要求，是比较实用和有效的方法。标杆法的每个指标只需要确定一个标杆值，而功效系数法需要为每个指标确定五个标准值，因此比起功效系数法，该方法的难度要低一些，有利于增加评价过程的透明度。

实证分析

前文总结了我国国有企业绩效评价指标体系演进的过程及目前主流绩效评价模型，我们将在这部分借鉴上述评价方法，选取2006—2016年我国主要行政垄断行业（包括石油和天然气开采业、电信和其他信息传输业、航空运输业、铁路运输业与电力热力的生产和供应业）的上市公司数据，对已经完成股份制改造、IPO上市和混改的企业的绩效进行实证分析。

行政垄断行业是中国国有经济集中存在的行业，鉴于行政垄断行业在中国的庞大体量，深入开展其混改创新的研究，有利于发现制约其混改创新的瓶颈、机制和障碍，有助于深入推进行政垄断行业的系统化改革（林峰，2017）。行政垄断是经济转轨中的一种特殊现象，是政府运用公共权力对市场竞争进行的限制与排斥（于良春等，2011）。行政垄断行业主要包括石油和天然气开采业、电信和其他信息传输服务业、航空运输业、铁路运输业、烟草制品业、银行业、邮政业、电力热力的生产和供应业、水的生产和供应业、燃气生产和供应业、石油加工炼焦及核燃料加工业11个（丁启军，2010）。本部分内容尝试从行政垄断行业层面，构建关于国有企业改革有效性的评价指标体系，并进行测度。

在数据选取和处理上，我们基于丁启军（2010）的分类方法，由于数据的可得性等条件，我们选取石油和天然气开采业、电信和其他信息传输服务业、航空运输业、铁路运输业与电力热力的生产和供应业五个行业。上市公司的数量很多，根据万得资讯的数据，截至2017年年底，A股上市公司有3 541家，因此我们采用抽样调查的方法，从中选取涵盖了五个行业的70家A股上市公司进行分析。在样本时间区间的选取上，由于很多行政垄断企业历经改制重组，资本主体变化较大，混改的数据难以全面收集。因此，我们借鉴刘小玄、李利英（2005）的方法，利用现有某一特定时段（2006—2016年）的可查数据，对混改后的样本进行纵向业绩对比，如果混改后业绩有所提升，说明混改的效果得以实现。选取该方法的意义在于，混改开始的时点问题就不再重要了，只需截取混改后企业业绩变化的方向，就可以此反推混改的效果。

具体衡量指标

在评价指标的设计原则方面，《国务院关于国有企业发展混合所有制经济的意见》明确了混合所有制改革的目的、方向和衡量标准。因此，我们从中选取出生产效率、总资产收益率（ROA）、营业收入增长率、总资产增长率和创新能力五个维度的指标对国企混改有效性进行测度。本部分我们借鉴林峰（2017）的方法，具体衡量指标的含义及测算方法如下。

生产效率变化情况

（1）生产效率。

众所周知，生产效率衡量的是既定投入下的产出情况或者既定产出下的投入情况。使用该指标衡量混合所有制改革的效果，需要得到每一个考察时期投入和产出的情况，然后做纵向对比。投入项使用总资产投入和劳动力投入，而劳动力投入可以通过现金流量表中的"支付给职工以及为职工支付的现金"来衡量，产出项只能使用营业收入，营业收入尤其是主营业务收入是衡量企业业绩的一个重要指标，与总资产收益率相比，它更偏重对产出情况的衡量。因此，生产效率＝营业收入÷[总资本（年均）＋劳动力支付]。

（2）管理效率。

管理效率有广义与狭义之分。前者指的是管理活动当中投入与产出之比。对于具体的单位或企业而言，管理效率是指该单位或企业的总投入与总产出之间的关系。后者是指管理活动过程当中所带来的收益与需要花费的成本之比，即营业收入和管理费用的比值。管理效率是一种科学的运用投入产出分析工具来研究管理状况的方法，本书采用狭义上的管理效率，以便与生产效率相区分。可以得出，管理效率＝营业收入÷管理费用。

总资产收益率的变化情况

使用总资产收益率而非净资产收益率，主要是为了考量企业全面、综合使用资金的能力，而净资产仅是总资产的一部分，无法有效衡量混改后公司治理下的整体资金使用能力。企业的发展能力与竞争实力可通过其总资产收益率直接反映：总资产收益率＝总利润÷平均总资产。

营业收入增长率的变化情况

营业收入增长率是指企业本年的营业收入增加额与前一年营业收入总额的比率，该指标可以衡量一家企业的发展能力及其成长状况，即公司主营业务的收入与前一年相比较的变化情况。营业收入增长率＝（本年度营业收入总额－前一年度营业收入总额）÷前一年度营业收入总额。

总资产增长率的变化情况

使用总资产增长率来衡量资产规模，更能体现企业的发展能力，并反映资产规模的增长情况。总资产增长率＝（期末总资产－期初总资产）÷期初总资产。

创新能力的变化情况

发明专利、全要素生产率等指标可用于衡量创新能力。我们在此选择全要素生产率来衡量创新能力的变化。主要原因在于，一方面，发明专利体现的更多是创新的数量，而全要素生产率则代表了创新的质量。另一方面，企业层面的发明专利数据较难获得。全要素生产率指的是除资本和劳动力因素之外的推动生产力发展的因素，根据著名的索洛剩余理论（Solow Reidual），该因素主要是指技术进步因素。

测度结果

根据上述测度指标，我们对石油和天然气开采业、电信和其他信息传输服务业、航空运输业、铁路运输业与电力热力的生产和供应业五个行政垄断行业进行逐一测度。在该阶段，中国经济增长的大环境是：2006年、2007年，中国经济过热，2008年之后中国为应对世界经济危机采取了一系列刺激措施，而当前中国经济已经进入中低速增长的新常态，各行业的生产效率、资产收益率、成长性显然受到经济整体变化形势的影响。

石油和天然气开采业

2006—2016年，石油和天然气开采业的平均生产效率为122.64%，整体呈轻微上升趋势，最大值是2011年的145.07%，最小值是2015年的91.94%；管理效率的均值为28.04，整体呈上升趋势，最大值是2012年的33.31，最小值是2006年的22.47；总资产收益率的均值为7.11%，整体下降趋势明显，最大值是2006年的13.87%，最小值是2016年的1.54%；营业收入增长率的均值为1.68%，整体呈下降趋势，最大值是2010年的29.17%，最小值是2015年的 -28.65%；总资产增长率的均值为2.09%，整体呈下降趋势，最大值是2009年的8.22%，最小值是2014年的 -3.48%。在上述5个指标中，生产效率和管理效率整体呈上升趋势，其他指标都呈下降趋势。

2006—2016年石油和天然气开采业混合所有制改革的有效性评价见表7-1。

表7-1 石油和天然气开采业混合所有制改革的有效性评价

年份	生产效率（%）	管理效率	总资产收益率（%）	营业收入增长率（%）	总资产增长率（%）
2006年	119.05	22.47	13.87	14.95	0.98
2007年	117.98	24.13	12.74	2.94	6.47
2008年	124.59	26.64	7.90	11.57	3.73
2009年	101.68	22.75	7.76	-14.00	8.22
2010年	124.39	27.88	8.74	29.17	3.05
2011年	145.07	32.16	7.50	21.91	5.37
2012年	141.93	33.31	5.88	2.52	4.03
2013年	132.66	31.31	5.77	-4.21	1.26
2014年	124.53	32.94	4.28	-7.31	-3.84
2015年	91.94	24.71	2.20	-28.65	-3.14
2016年	125.23	30.12	1.54	-10.36	-3.19
平均	122.64	28.04	7.11	1.68	2.09

电信和其他信息传输服务业

2006—2016年，电信和其他信息传输服务业的平均生产效率为50.41%，整体呈下降趋势，最大值是2008年的54.13%，最小值是2015年的46.71%；管理效率的均值为7.53，整体呈上升趋势，最大值是2016年的9.54，最小值是2009年的6.09；总资产收益率的均值为7.86%，整体呈下降趋势，最大值是2007年的11.32%，最小值是2016年的5.37%；营业收入增长率（成长性）的均值为0.09%，整体呈下降趋势，最大值是2008年的8.91%，最小值是2014年的-6.86%；总资产增长率的均值是1.85%，整体呈上升趋势，最大值是2008年的18.01%，最小值是2007年的-6.97%。在上述5个指标中，管理效率和总资产增长率整体呈上升趋势，其他指标都呈下降趋势。

2006—2016年电信和其他信息传输服务业混合所制改革的有效性评价见表7-2。

表7-2 电信和其他信息传输服务业混合所有制改革的有效性评价

年份	生产效率（%）	管理效率	总资产收益率（%）	营业收入增长率（%）	总资产增长率（%）
2006年	50.18	7.53	8.92	2.09	-4.08
2007年	52.55	6.96	11.32	-1.12	-6.97
2008年	54.13	7.05	11.01	8.91	18.01
2009年	49.17	6.09	8.76	-1.59	0.79
2010年	48.57	6.70	7.99	-2.00	-2.31
2011年	51.09	6.86	7.89	-2.59	-3.15
2012年	52.24	7.81	7.41	4.23	7.29
2013年	52.93	6.87	6.62	3.98	-1.59
2014年	49.68	7.92	5.78	-6.86	0
2015年	46.71	9.52	5.41	-0.84	8.2
2016年	47.21	9.54	5.37	-3.24	4.11
平均	50.41	7.53	7.86	0.09	1.85

航空运输业

2006—2016年，航空运输业的平均生产效率为49.95%，整体呈下降趋势，2006—2016年航空运输业混合所有制改革的有效性评价见表7-3。

最大值是2011年的57.30%，最小值是2016年的42.14%；管理效率的均值为30.98%，整体呈上升趋势，最大值是2014年的37.58%，最小值是2010年的22.22%；总资产收益率的均值为1.54%，整体呈上升趋势，最大值是2010年的5.09%，最小值是2008年的-9.78%；营业收入增长率的均值为2.9%，整体呈下降趋势，最大值是2010年的42.06%，最小值是2009年的-9.72%；总资产增长率的均值为2.2%，整体呈上升趋势，最大值是2010年的10.28%，最小值是2007年的-4.44%。在上述5个指标中，管理效率和总资产收益率整体呈上升趋势,其他指标都呈下降趋势。

表7-3 航空运输业混合所有制改革有效性评价

年份	生产效率(%)	管理效率	总资产收益率(%)	营业收入增长率(%)	总资产增长率(%)
2006年	52.64	23.98	0.44	8.37	-1.95
2007年	54.49	28.31	2.44	0.50	-4.44
2008年	51.15	30.03	-9.78	-7.39	-0.04
2009年	46.25	30.18	1.94	-9.72	0.26
2010年	50.34	22.22	5.09	42.06	10.28
2011年	57.30	33.22	4.44	7.31	3.26
2012年	54.27	34.70	2.67	-2.09	2.64
2013年	48.71	34.10	1.75	-6.98	5.09
2014年	46.68	37.58	1.90	-0.37	2.83
2015年	45.44	33.18	2.88	0.38	2.49
2016年	42.14	33.25	3.16	-0.21	3.78
平均	49.95	30.98	1.54	2.90	2.20

铁路运输业

2006—2016年,铁路运输业的平均生产效率为41.13%,整体呈上升趋势,最大值是2016年的45.25%,最小值是2006年的31.89%;管理效率的均值为22.55,除去2015年异常值后,整体呈下降趋势,最大值是2007年的20.18,最小值是2016年的13.42;总资产收益率的均值为9.36%,整体呈上升趋势,最大值是2014年的10.25%,最小值是2009年的8.14%;营业收入增长率的均值为6.2%,整体下降趋势显著,最大值是2007年的37.26%,最小值是2012年的-3.39%;总资产增长率的均值为2.81%,整体下降趋势显著,最大值是2006年的18.03%,最小值是2011年的-11.26%。在上述5个指标中,生产效率和总资产收益率整体呈上升趋势，其他指标都呈下降趋势。

2006—2016年铁路运输业混合所有制改革的有效性评价见表7-4。

表7-4 铁路运输业混合所有制改革的有效性评价

年份	生产效率（%）	管理效率	总资产收益率（%）	营业收入增长率（%）	总资产增长率（%）
2006年	31.98	16.5	8.33	10.89	18.03
2007年	39.08	20.18	9.78	37.26	3.65
2008年	37.10	17.63	8.93	-0.87	5.29
2009年	41.28	16.69	8.14	20.67	12.41
2010年	40.96	17.56	9.50	10.47	5.13
2011年	41.61	18.29	10.10	-0.87	-11.26
2012年	42.55	16.93	9.54	-3.39	-1.81
2013年	44.09	16.45	9.88	1.78	-4.06
2014年	44.8	14.73	10.25	-2.53	-6.13
2015年	43.78	79.63	9.28	-2.78	4.46
2016年	45.25	13.42	9.2	-2.39	5.24
平均	41.13	22.55	9.36	6.20	2.81

电力热力的生产和供应业

2006—2016年，电力热力的生产和供应业混合所有制改革的有效性评价见表7-5。电力热力的生产和供应业的平均生产效率为32.05%，整体呈下降趋势，最大值是2006年的36.87%，最小值是2016年的25.81%；管理效率的均值为30.55，整体呈上升趋势，最大值是2011年的36.57，最小值是2006年的25.03；总资产收益率的均值为3.33%，整体呈上升趋势，最大值是2016年的5.19%，最小值是2008年的-0.54%；营业收入增长率的均值为1.56%，整体呈下降趋势，最大值是2010年的15.52%，最小值是2006年的-15.62%；总资产增长率的均值为6.56%，整体呈下降趋势，最大值是 2007 年的 34.1%，最小值是 2006 年的 -8.31%。在上述 5 个指标中，管理效率和总资产收益率整体呈上升趋势，其他指标都呈下降趋势。

表 7-5 电力热力的生产和供应业混合所有制改革的有效性评价

年份	生产效率 (%)	管理效率 (%)	总资产收益率 (%)	营业收入增长率 (%)	总资产增长率 (%)
2006 年	36.87	25.03	4.57	-15.62	-8.31
2007 年	35.57	27.31	5.04	7.49	34.10
2008 年	32.10	28.71	-0.54	7.04	7.26
2009 年	31.05	30.33	2.55	12.48	25.76
2010 年	31.62	34.03	2.19	15.52	3.26
2011 年	34.42	36.57	1.76	14.38	6.80
2012 年	33.08	34.46	2.83	-1.24	-0.66
2013 年	32.67	32.28	4.00	-1.71	-0.47
2014 年	31.67	30.25	4.42	-1.91	3.06
2015 年	27.69	28.07	4.57	-11.12	0.07
2016 年	25.81	29.02	5.19	-8.13	1.32
平均	32.05	30.55	3.33	1.56	6.56

创新能力

我们使用求曼奎斯特指数（Malmquist Index）的办法测算全部样本企业的相关创新效率指标，主要包括全要素生产效率（TFP）、技术进步（TC）、综合效率（EC）和纯技术效率变化（PE）等，以弥补直接统计对比的不足。具体以各企业 2006—2016 年的营业收入作为产出项，以总资产和员工人数作为投入项，将数据对数化后运用 DEAP 2.1 软件进行产出导向规模收益可变的测算，得到五大行政垄断行业 2006—2016 年各年的曼奎斯特指数，详见表 7-6，根据上述测度结果可以得出，11 年间企业综合效率的均值为 0.999，技术进步的均值为 0.993，说明无论是追赶效应还是前沿面移动效应，五大行政垄断行业都比较差，甚至有所退步。全要素生产率的均值为 0.991，表明从整体而言，五大行政垄断行业的创新能力较弱。

表7-6 2006—2016年五大行政垄断行业曼奎斯特指数概况

年份	综合效率（%）	技术进步（%）	纯技术效率（%）	规模效率（%）	全要素生产率（%）
2006年	0.91	1.09	0.93	0.98	0.99
2007年	1.05	0.91	1.03	1.02	0.96
2008年	0.99	1.00	0.99	0.99	0.99
2009年	1.02	0.99	1.01	1.00	1.00
2010年	1.02	0.99	1.02	0.99	1.01
2011年	1.01	0.99	1.01	1.00	0.99
2012年	1.00	0.99	0.99	1.01	1.00
2013年	0.99	0.99	0.99	1.00	1.00
2014年	1.01	1.00	1.00	1.00	0.99
2015年	0.99	0.98	0.99	1.00	0.98
2016年	1.00	0.99	1.00	1.00	0.99
平均	0.999	0.993	0.996	0.999	0.991

五大行业混合所有制改革的有效性评价

2006—2016年，五大行政垄断行业混所有制改革的有效性评价见表7-7。依据年报公布的财务数据纵向考察混改的效果，发现生产效率实现提升的有石油和天然气开采业、铁路运输业，管理效率没有实现提升的仅有铁路运输业，总资产收益率实现提升的有电力热力的生产和供应业、铁路运输业和航空运输业，营业收入增长率均没有实现提升，总资产增长率实现提升的仅有电信和其他信息传输服务业。综合来看，各项指标的实现程度参差不齐，创新能力没有明显提升。由此可见，行政垄断行业国有企业通过公开上市手段进行混合所有制改革后的提升并不明显，新时期国有企业混改应采取更多层次和更丰富的方法。

表7-7 五大行政垄断行业混合所有制改革的有效性评价

行政垄断行业	生产效率	管理效率	总资产收益率	营业收入增长率	总资产增长率
电信和其他信息传输服务业	下降	上升	下降	下降	上升
电力热力的生产和供应业	下降	上升	上升	下降	下降
石油和天然气开采业	上升	上升	下降	下降	下降
铁路运输业	上升	下降	上升	下降	下降
航空运输业	下降	上升	上升	下降	下降

公司治理指标：基础

十八届三中全会通过的《中共中央关于全面深化改革若干重大问题的决定》指出，混合所有制经济是基本经济制度的重要实现形式。这意味着在今后很长的一段时间内，混合所有制改革将成为我国国有企业改革的宏伟实践。积极发展混合所有制经济，是深化国有企业改革、推进国有经济战略性调整的重要任务，也是促进国有企业和非国有企业融合发展的有效途径。在混合所有制改革的过程中，公司治理是其面临的实际问题。良好的公司治理能力能够保障国有资本保值增值，同时吸引其他资本积极参与混合所有制改革。因此，科学地评价国有企业的治理能力具有重要意义。

混合所有制企业的公司治理目标

作为所有制结构优化的产物，混合所有制是资源在经济运行中实现优化配置的整体要求（吴万宗等，2016）。在宏观层面，混合所有制经济是多种经济成分与所有制形式在一个国家或地区并存的格局，即同时包含公有制经济（全民、集体所有）和非公有制经济（个体、私营、外资等）；在微观层面，它是不同性质的产权主体在同一企业的融合，即混合所有制企业（李军等，2015）。作为公有资本与非公有资本融合的混合所有制企业拥有多种形式，如股份有限公司、有限责任公司等（季晓南，2014），其包含股权运营和债权运营两种模式，其中，股权运营又分为控股运营和参股运营，而控股运营是国有资本股权运营的最基本的方式（王伟光等，2016）。国有控股上市公司参与混合所有制改革乃大势所趋。厉以宁（2014）提出，建立混合所有制企业，完善法人治理结构、健全现代企业制度是重中之重。现代企业制度能够理顺国有资产与非国有资产的产权关系，规范的法人治理结构有助于实现所有权与经营权相分离的现代经济运行模式，推动企业高效率地运转（马红，2015）。混合所有制改革下的国有控股上市公司必须严格按照《公司法》的要求，建立规范的公司治理框架，其公司治理也要按照《公司法》进行（张卓元，2013）。同时，社会资本尤其是机构资本的加入，有利于解决"一股独大"带来的内部人控制和监管失效问题，多元产权主体的构成也要改进董事会治理结构和决策流程，健全公司信息披露制度（黄速建，2014），即混合所有制改革对国有控股上市公司的治理提出新要求。

国内外国有控股公司通常具有以下几个特点：政府以国家名义出资；部分拥有特定的社会功能；国家独资或国家控股；既可以从事资本运营、资本管理活动，又可以从事生产经营活动（王伟光等，2016）。因此，相比一般企业的公司治理，混合所有制改革下的国有企业治理具有以下几个方面的不同之处：其一，股权结构较为复杂。国有企业由原有国有企业引入民营资本和外资改制而成，国有企业之间的交叉持股、引入民营资本可能导致的国有股权稀释和中小股东增多，以及引入外资后国有资产安全等问题，导致混合所有制公司的股权结构复杂化。其二，利益相关者关系复杂。在与政府的关系上，国有企业存在高层由国资委任命，特殊行业的企业每年可以从政府部门获得大量的财政补贴等问题。在与消费者的关系上，一些特殊行业（如公共事业、能源、军工）的国有企业承担着更为重大的企业社会责任。其三，国有资产的保值增值。在混合所有制改革的过程中，存在着国有资产被低效率使用、低价出售甚至被侵占的风险，规避相关风险并实现国有资产的保值增值是一个不可回避的问题。与此同时，国有企业还需要实现社会责任目标等，即其治理目标呈现多样性。

综上所述，混合所有制企业的公司治理目标为：通过优化企业的股权结构，保障股东权益，明确所有权和经营权；通过建立有效的公司治理结构，使相关利益者的利益分配更加公开透明，从而增强国有企业的市场竞争力，提升国有企业的公司治理能力，实现国有资产的保值增值和履行社会责任等。公司治理能力较少有学者提出，笔者认为公司治理能力是指公司经过长期生产经营积累形成的，与其独特的发展历程和条件密切相关的，通过科学治理而创造价值的能力。它是公司治理体系的一项软指标，也是公司的无形资产，辐射作用强，难以被学习和模仿。它是企业的公司治理与治理绩效之间的纽带，是公司治理目标实现的最终保障。

文献综述

国外的公司治理指标体系

投资者、债权人等利益相关者对上市公司治理信息质量的自发性需求，以及政策、法律、制度、市场环境和公司发展等上市公司治理环境的不断变化，使得国外学者和研究机构先后对公司治理评价体系展开深入研究。

杰克逊·马丁德尔（Jackson Martindell，1950）提出一种董事会业绩分析方法，包含了社会贡献、对股东的服务、公司财务政策，这是公司治理评价研究的萌芽。

1952年，美国机构投资者协会设计出第一个正式的董事会评价程序，由此带动公司治理诊断与评价的后续研究。

标准普尔（1998）从国家评分和公司评分两个方面出发建立公司治理评价体系，该体系包括所有权结构、董事会结构和程序、金融利益相关者权利和关系、财务透明度与信息披露。

欧洲戴米诺（1999）从股权权利与义务、董事会结构、信息披露以及接管防御四个方面推出公司治理评价体系，该体系关注接管防御在公司治理中的作用。

亚洲里昂证券（2000）提出的公司治理评价体系包含公司透明度、董事会独立性与问责性、管理层约束、小股东保护、核心业务、股东现金回购、债务控制和社会责任八个维度。

世界银行（2001）公司治理评估体系从国家层面出发，对公司治理的外部环境进行比较，面向证券发行商和相关投资企业，提供决策的参考依据。指标设计主要涉及股东权利、利益相关者角色、披露及透明度和上市公司董事会职责、股东的平等对待四个方面。

针对加拿大和美国的公司治理情况，穆迪公司（2002）构建了一套以董事会作为评价重点的指标体系。此体系包含七个一级指标：董事会、利益冲突、所有权、薪酬和管理层发展及评价、股东权利、审计委员会和关键审计功能、治理信息透明度。

另外，还有美国机构投资者服务机构（ISS）建立的全球性上市公司治理状况数据库，布朗斯威克、ICLG、ICRA和泰国的公司治理评价系统等。

国内公司治理的指标体系

与国外公司的治理评价研究相比，国内学者和机构对公司治理评价的研究相对较晚。

第七章　国企混改的评价体系

裴武威（2001）从股东权利、所有权结构及影响、董事会结构和运作、财务透明性和信息披露四个维度构建公司治理评价指标体系，该指标体系忽视了外部机制和环境对公司治理的影响。

吴淑坤等（2002）基于公司治理与管理匹配性评价、个性评价、环境评价三个方面，从公司治理与管理匹配性、股权结构、治理结构、股东权利、财务及治理信息披露五个维度，构建上市公司治理评价体系。

叶银华等（2003）构建的上市公司治理评价体系包括股权结构、董（监）事会组成、关联交易、大股东介入股市程度、管理形态五个维度。

施东晖等（2003）认为，我国上市公司主要特点为关键人控制，其首要问题是控股股东行为规范和内部人控制，基于此，其构建了包括控股股东行为、董事会结构与运作、关键人选聘激励与约束、信息披露透明度四个维度的上市公司治理评价体系。

南开大学公司治理研究中心于2003年创立的中国上市公司治理指数（CCGINK）是我国第一个公司治理评价体系，在学术界影响巨大，被广泛关注和应用。该指数体系从股东权益、董事会、监事会、经理层、信息披露和利益相关者六个维度，构建包括19个二级指标和80个三级指标的评价系统。

严若森（2009）以南开治理指数为基础，在公司治理评价体系中加入公司治理文化与公司社会责任两个维度指标，赋予了利益相关者治理评价维度更丰富的内容。其指标体系涵盖34个二级指标和122个三级指标。

杨建仁等（2011）提出了包括股权结构、董事会、监事会、经理层、股东、信息披露与公司独立性六个维度的公司治理评价体系。

另外，部分学者从其他方面展开研究，如白重恩等（2005）围绕控制模式、市场机制和国有股"一股独大"的特点，设计公司治理指数（G指数），该指数包含八个因素，分别为首席执行官是否兼任董事会主席或副主席、第一大股东持股比例、第二大股东至第十大股东持股的集中度、高管人员薪酬、独立董事所占比例、是否境外上市、上市公司是否拥有母公司、第一大股东是否为国有法人。

韩贵义（2010）针对国有企业的特殊状况，基于公司治理内外部因素，提出有关国有企业公司治理评价体系。其中，公司治理内部因素包括股权结构、组织结构、约束激励机制；公司治理外部因素包括市场体系建设、公司的法律法规和外部监督机制，据此采用模糊综合评价法构建公司治理诊断模型。

秦斗豆（2014）设计了内外部-决定性要素分析模型，研究混合所有制与治理绩效之间的关系，其中，内部决定性要素包括股权集中度、股权构成、高管职位分配以及股东间和政府约定条款；内部非决定性要素为职工雇佣关系；外部决定性要素为市场环境；外部非决定性要素为金融环境。

综上所述，国外关于公司治理评价体系的研究主要围绕所有权结构、股东大会运作、董事会结构与运作、财务透明性与信息披露等方面开展。其中，董事会结构与运作是学者关注的焦点，研究内容包含董事构成、董事会职能和有效性、外部董事职能、独立董事有效性、董事和高层管理人员薪酬和任免等。国外学者研究内容逐渐拓展，侧重点有所不同。而国内公司治理评价以南开大学公司治理研究中心（2003）提出的中国上市公司治理指数为代表，其他学者在此基础上进行应用或创新，研究内容重点围绕股权结构、董事会、监事会、高管激励、信息披露和利益相关者等方面，实证研究多以上市公司为样本。

关于公司治理评价体系的研究，学者做出了非常多的贡献，但仍存在以下几个方面的问题：一是指标来源或指标解释不明确，难以进行有效的比较和验证；二是部分指标体系缺乏实证分析，如严若森（2009）构建的公司治理评价体系涵盖八个方面的内容，提出可以采用灰色关联进行分析，但并没有进行实证研究；三是围绕混合所有制改革背景，结合混合所有制改革目标，考虑国有资本保值增值、国有资本投资回报及风险管理等方面的指标体系较少。笔者力求解决现有评价体系存在的问题，构建基于混合所有制改革视角的国有企业治理能力全面评价体系，鉴别影响公司治理能力的核心指标。

国有企业的公司治理评价指标体系

为保证评价指标体系的科学性、合理性和实用性，在构建国有企业治理能力评价体系时，应遵循五项原则：

- 科学性原则。国有企业基于混合所有制改革背景，综合考虑国有企业治理能力的特点，参照相关法律法规、公司准则，全面、客观地选择评价指标，即指标选择必须有科学的依据。
- 系统性原则。国有企业能力评价体系是一个复杂的系统，由若干子系统构成，指标体系设计应综合考虑公司治理能力的众多方面，不同层次采用不同的指标，避免单因素导致的片面性。
- 可操作性原则。指标数据能够公开获得，相关数据可通过公司年报、公司和证监会网站等途径进行搜集，尽可能做到数据可比、易理解和接受，避免使用深奥的专业术语。
- 定性与定量相结合的原则。国有企业评价指标应尽可能量化，但针对一些难以量化、意义重大的指标，可以采用定性指标进行描述，避免单纯依靠一种方法所带来的缺陷。
- 持续性原则。指标设计必须有利于对国有企业的治理能力进行长期追踪和调查，可连续发布，以真实反映国有企业治理能力的变化。

基于严若森（2009）提出的公司治理评价的一般治理体系，借鉴国内外各种公司治理能力的评价体系，结合我国混合所有制改革状况，我们应重点关注改革过程中防范国有资产流失和提升国有企业盈利能力这两大核心问题，基于科学性、系统性、可操作性、定性与定量相结合和可持续性原则，笔者构建了基于混合所有制改革的国有企业治理能力评价体系，包括股权结构评价指标、股东权益评价指标、董事会评价指标、监事会评价指标、经理层评价指标、信息披露评价指标、其他利益相关者评价指标、社会责任评价指标、公司绩效评价指标、风险管控评价指标，共10个一级指标、35个二级指标和86个三级指标。

相比于其他的公司治理评价指标体系，混合所有制企业的公司治理评价指标体系的不同之处在于以下几点：

- 为突出混合所有制改革的背景，在一级指标股权结构下设置股权混合度和股权结构清晰度指标，分别以国有资本、非公有资本和集体资本持股比例，反映股权混合度，以股权结构透明度、股权混合复杂度反映股权结构清晰度。
- 为反映非国有资本的参与情况，保障非国有资本的权益，仅以非国有股权股东权益解释股东权益。
- 混合所有制改革后的国有企业，信息需求者由单一的国有股东变为更广泛的群体，公司治理的信息披露应当更及时、更详细，因此信息披露评价指标除包含一般信息披露之外，还包含治理信息披露指标。
- 与非国有企业不同，国有企业治理目标不仅包含资产保值增值，还包括履行社会责任等，因此设置经济责任、法律责任、生态责任和伦理责任以反映其履行社会责任的情况。
- 依据公司治理能力的定义，设置治理绩效指标，以公司治理绩效为二级指标进行反映。
- 绝大多数指标体系没有考虑风险管控指标，在混合所有制改革中，国有企业的风险更多、更大，需要进行及时反映，因此设置风险管控指标为一级指标,以内部控制体系为二级指标。
- 关于董事会、监事会、经理层、信息披露和其他利益相关者等指标,结合混合所有制改革情况,考虑国有企业特点,适当增减二三级指标。国有控股上市公司治理能力指标见表7-8。

表7-8 国有控股上市公司治理能力指标

一级指标	二级指标	三级指标
股权结构 (21.85%)	股权混合度(23.6%)	国有资本持股比例(35%) 非国有资本持股比例(33%) 集体资本持股比例(32%)
	股权集中度(24.38%)	第一大股东持股比例(34.36%) 前五大股东持股比例(33.51%) 第一大股东与第二大股东持股比例(32.13%)
	股权结构清晰度(6.71%)	股权混合复杂度(56.34%) 股权结构透明度(43.66%)
	股东大会情况(5.23%)	非国有股权股东参与比例(100%)
	中小股东权益保护状况(2.84%)	临时提案制度(59.15%) 中小股东保护制度(40.85%)
	关联交易(37.24%)	关联交易的收入占比(46.2%) 关联交易约束制度(40.13%) 关联担保(13.67%)
监事会 (9.78%)	监事能力评价(33.8%)	监事会人员专职程度(40.1%) 外部监事比例(38.2%) 外部监事履职状况(21.7%)
	监事会运行有效性(76.2%)	与董事会、管理层交叉任职的情况(36.9%) 监事会的监督机制(32.43%) 监事会监管记录的完备性(21.5%) 监事会行使监督的有效性(9.17%)

续表

一级指标	二级指标	三级指标
经理层（19.5%）	人员（15.08%）	职业经理人比率（61.2%）
		管理人员的选聘方式（38.8%）
	决策与执行（64.74%）	决策风险损失（40.21%）
		决策的有效性（20.56%）
		决策事项完成率（39.23%）
	激励与约束（20.18%）	薪酬回报倍数（30.2%）
		内部人控制（20.64%）
		激励方式（20.56%）
		考核评价机制（20.0%）
		约束与追责（8.6%）
信息披露（0.8%）	一般信息披露（28.98%）	完整性（34.95%）
		真实性（27.85%）
		及时性（30.15%）
		审计意见（7.5%）
	治理信息披露（71.02%）	资本变动信息（35.65%）
		管理层决策信息（30.62%）
		监事会信息（15.67%）
		股东会信息（13.58%）
		对管理层的约束（3.48%）
风险控制（0.64%）	内部控制体系（100%）	健全的内部控制体系（64.31%）
		风险管理组织（35.69%）
股东权益（1.4%）	非国有股权股东权益（100%）	管理权行使（34.5%）
		剩余财产分配权（24.5%）
		表决权行使（16.8%）
		知情权行使（14.3%）
		监督权行使（13.6%）
		收益分配权（3.7%）
董事会（10.28%）	董事权利与义务（10.05%）	董事会规模（36.9%）
		董事形成和退出（32.6%）
		董事考核（30.5%）
	董事会运作效率（26.08%）	董事会决策机制（55.6%）
		董事会决策效果（44.4%）

第七章 国企混改的评价体系

续表

一级指标	二级指示	三级指标
董事会 (10.28%)	董事会组织结构（4.7%）	非国有股董事的占比（53.8%） 董事会人员情况（22.64%） 专业委员会设置（21.76%）
	董事薪酬（26.09%）	董事薪酬情况（62.87%） 董事薪酬总额占比（37.13%）
	独立董事制度（33.08%）	独立董事权力行使的状况（35.97%） 独立董事制度效率（33.56%） 独立董事激励与约束（30.47%）
其他利益 相关者 (2.14%)	政府（20.56%）	政府的投入与扶持（51.49%） 政府的监管与约束（48.51%）
	债权人（34.97%）	债权人权益保护（100%）
	社会公众（22.15%）	社会公众权益保护（100%）
	公司员工（22.32%）	公司员工权益保护（100%）
社会责任 (16.67%)	经济责任（34.23%）	违约及侵权责任赔偿（56.42%） 国有资本的投资报酬率（43.58%）
	法律责任（30.05%）	契约履行状况（33.67%） 社保提取状况（33.19%） 资产纳税率（33.14%）
	生态责任（20.9%）	可持续发展披露状况（45.64%） 环保投资状况（54.36%）
	伦理责任（14.82%）	社会公益捐献比率（15.45%） 就业贡献率（34.59%） 每股社会贡献率（26.4%） 发生的产品质量风险事件数量（23.56%）
治理绩效 (14.88%)	公司治理绩效（100%）	经济增加值（36%） 每股收益（22.4%） 净资产收益率（19.3%） 总资产报酬率（15.64%） 经营活动现金流与净利润之比（6.66%）
风险管控 (2.06%)	内部控制体系（100%）	内控缺陷披露（60.35%） 风险管理效果（39.65%）

表7-8中括号内的数据代表通过变异系数法计算的各指标在整体评价中的相对重要程度。变异系数法是指利用各项指标所包含的信息，通过计算得到指标权重的一种客观赋权方法。为消除评级指标量纲的影响，利用变异系数衡量指标取值的差异程度，并逆序依次确定各级指标的权重。样本数据与上节一致，基于丁启军（2010）的分类，根据数据可得性等条件，通过计算，我们得出五大行业的公司治理能力指数。

通过表7-9可以看出，样本企业所处的五个行业中，有四个行业的公司治理能力指数的平均值高于总体平均水平，仅石油和天然气开采业公司治理能力的平均值低于总体平均水平。占样本总体比例较高的电信和其他信息传输服务业公司的能力指数平均值为0.66，高于总体平均水平，且公司治理能力指数最大值和最小值对应的企业均属于电信和其他信息传输服务业。对比标准差，电信和其他信息传输服务业公司治理能力指数的标准差为0.95，超过五大行业总体公司治理能力指数的标准差，说明其分布相对分散，其他行业公司治理能力指数分布较均匀。

表7-9 五大行业公司治理能力指数描述性统计

行业	企业数	均值	中位数	最大值	最小值	标准差	全距
电信和其他信息传输服务业	23	0.66	0.80	1.61	-0.37	0.95	1.45
电力热力的生产和供应业	20	0.70	0.68	1.67	-0.32	0.91	1.81
石油和天然气开采业	13	0.50	0.61	1.35	-0.35	0.59	1.20
铁路运输业	8	0.73	0.77	1.16	0.18	0.53	0.93
航空运输业	6	0.68	0.82	1.59	-0.16	0.54	0.86
总体	70	0.54	0.66	2.31	-0.35	1.17	1.81

经济指标:"管资本"的收益

国有企业经济绩效理论综述

关于国有企业绩效的研究,主要集中于产权归属对其是否产生决定性作用。这里的绩效主要是指经济目标的实现程度,我们将其称为经济绩效。长期以来,这个问题引起国内外很多专家学者的激烈讨论和不断研究,大致可以划分成两类具有代表性的观点,即产权决定的国有企业绩差论和国有企业绩效多因素决定论。

产权决定的国有企业绩差论的理论基础

支持国有企业绩差论的理论根源是现代企业理论,其核心内容是以交易成本为基础的现代产权理论和委托代理理论,其从理论上阐释了国有企业绩差的必然性。

1960年,美国经济学家、诺贝尔经济学奖得主科斯发表论文《社会成本问题》(*Problem of Social Cost*),提出被人们称之为"科斯定理"的产权理论:若交易成本为零,则关于财产权利的法律就没有必要存在或者不可能存在;若成本费用为正,则实现资源最佳配置的基本前提是产权的初始界定。阿尔钦和德姆塞茨(Alchian and Demsetz,1972)发表了一篇很有影响力的论文《生产、信息成本和经济组织》(*Production,Information Costs and Economic Organization*),将财产所有权等同于剩余索取权,并把人的积极性与获得剩余索取权联系在一起。产权理论认为,产权的归属是决定企业绩效的关键因素,只有当企业资产为私人所有,才能实现产权的排他性,才能建立企业所有者对资产关切的有效激励机制。如果产权是公共的,则会造成产权的模糊和效率的低下。因此,国有企业绩效改善的出路就在于产权私有化。产权理论还认为,国有企业私有化能够发挥的作用有:改变及强化企业的利润激励机制;把政府的手从企业经营中彻底抽出来；硬化财务约束，使企业承担所有的商业风险。

委托代理问题最早是由英国经济学家亚当·斯密在其代表作《国富论》（the Wealth of Natims）中提出来的，他认为：在钱财处理问题上，股份公司董事为他人尽力，而私人企业、合伙企业的伙伴纯粹为自己打算，所以要想让股份公司的董事在看管钱财上像私人企业、合伙企业的伙伴那样用心，是很难做到的。现代委托代理理论是二十世纪六七十年代经济学家在内部信息不对称和激励问题研究的基础上发展起来的。罗丝（Ross，1973）最早提出，如果存在当事人双方，代理人一方代表委托人一方的利益来行使某些决策权，则代理关系随之产生。詹森和梅克林（Jensen and Meckling，1976）正式提出委托－代理理论的研究方法，他们认为，委托－代理是一种契约关系，在这一契约关系中，能主动设计契约形式的当事人为委托人，而被动地接受契约形式的当事人为代理人。如果委托人和代理人都以效用最大化为目标，则代理人有时会背离委托人的利益，这被称为委托代理风险，而在委托人和代理人之间，就会存在非协作、非效率的损失，即产生委托代理成本。法玛（Fama）和詹森（1983）认为，在现代企业制度下，会出现所有权和经营权分离的情况，主要问题是如何限制代理人（经营者）侵蚀委托人（出资者）的利益，这是公司治理的重点问题。

按照产权理论和委托代理理论，国内外学者对国有企业的绩效问题进行了理论分析。埃斯·特森（Saul Estrin，1998）认为在经济目标上，政府股东难以为国有企业提供与私有企业相比拟的激励，以驱使他们追求效率、生产率、创新和客户导向这类根源于市场关系的竞争性目标。苏尼塔基克里、约翰·内尔尼斯、玛丽·雪莉（Sunita Kikeri，John Nellis，Mary Shirley，1992）认为，国有企业缺乏获得持续性的提高企业绩效水平的能力。他们认为，的确可能会有部分国有企业在某一段时间里保持高效运作，但很少有国有企业能够在相对较长的时间内维持较好的绩效水平。而亚罗（Yarrow，1986）、雪莉和尼尔斯（Nellis，1991）提出，将国有企业私有化能够增加竞争和提升管理能力，从而改善企业的财务绩效。西勒弗（Shleifer，1998）认为，只有在四种情况下国有产权才可能优于私有产权：成本削减的机会很多，导致商品质量极大地下降；创新相对不重要；竞争程度极低，消费者选择对供给商的约束不起作用；声誉机制不起作用。除此以外，私有产权一般都优于国有产权。

刘世锦（1990）提出，代理组织条件下所有者目标与代理者目标之间的矛盾是公有制经济的内在矛盾。张维迎（1995，1996）认为，国有企业的委托代理关系是一种多层级的委托代理关系，国有企业的绩效低下从根本上应该归因于委托代理链条过长，形成所谓"变压器"效应，众多代理层次使初始委托人监督约束的强度递减，从而使得处于链条终端的最终代理人不能受到有效约束，而且在国有制的前提下，政企无法真正分开，委托代理问题无法得到根本解决。

宇（Woo，1994）、宇和萨克斯（Sachs，1994，1997）、樊纲（1996）、张维迎（2005）等人还利用现代企业理论的分析框架，对中国国有企业进行了研究，认为国有企业非效率，国有经济的出路在于民营化。张维迎（1995）、张承耀（1995）、樊纲（1995）、张春霖（1995，1997）等认为，国有企业的主要问题在于委托人而非代理人，虽然名义上国有企业归国家所有，但实际上国有企业的控制权掌握在政府官员手中，由于政府官员不是剩余索取者，很难像资本家一样去选择、约束和督促代理人（经营者）。周其仁（2000）甚至认为，国有企业的特征是"没有最终委托人的代理人"，从而消除了企业的市场合约基础，因此企业如果出错就没有办法及时被校正。

实证分析

在实证分析方面，大量的文献针对国有企业与私有企业的绩效进行对比，特别是对比国有企业私有化前后的绩效变化，以证明产权归属对于国有企业绩效的影响。麦金森和兰登博格（Megginson、Nash and Randenborgh, 1994）通过对18个国家、32个行业的61家公司私有化前后（1961—1990年）的数据进行比较研究，发现私有化后的企业在净收入（产出）、盈利能力、运营效率（员工人均销售收入）、资产规模、红利支付等方面显著提高，且财务杠杆显著下降。索萨（Souza）和麦金森（1999）以1990—1996年28个国家的85家通过公开发行股票实施私有化的公司为样本进行研究，发现样本公司的盈利能力、产出水平、运营效率、资本支出和红利分配都显著提升，负债比率则显著下降。麦金林和纳什（2005）对23个发达国家的129家国有企业私有化的数据进行分析，发现企业私有化后，在盈利能力、运营效率、产出水平和投资支出等方面都有极大的提高。卡巴和萨西（Cabanda and Sathye, 2009）利用全球电信行业的数据进行实证研究，发现私有化后，无论经济指标还是生产指标，都有明显的改善。罗斯基和郑（Rawski and Zheng, 1996, 2000）发现，1980—1992年，集体所有制企业的全要素生产率的增长一直高于国有企业，到20世纪90年代中期，工业国有企业的全要素生产率增长甚至转为负值。拉伯特和洛佩兹·德·斯兰（La Porta and Lopez-de-Silane, 1999）对墨西哥1983—1991年实行私有化的218家国有企业样本进行分析，发现私有化后公司在产出和利润方面均实现了增长。

经济学家还比较了竞争性行业中私有企业和国有企业之间的相对效率。博德曼和维宁（Boardman and Vining, 1992）对加拿大370家大型企业进行研究发现，即使在竞争性行业，私有企业的绩效也高于国有企业。德温特和马拉斯泰（Dewenter and Malatesta, 2001）利用1975年、1985年和1995年财富500强的公司财务数据进行实证研究，同样发现，国有企业相对于私营的竞争对手，绩效更低一些。

在国内，郭克莎（1994）用全要素生产率指标来比较改革开放以来国有企业与非国有企业在经济成效上的差异，得到非国有企业全要素生产率增长高于国有企业的结论。刘小玄（2000）利用1995年工业普查的数据分析了决定企业效率的因素，发现国有企业的效率最低，而私营企业的效率最高。姚洋、章奇（2000）通过对37 769个样本企业进行计量分析，发现非国有企业比国有企业的技术效率更高。徐晓东、陈小悦（2003）发现，中国上市公司第一大股东的所有权性质不同，其公司业绩、股权结构和治理结构也不同，第一大股东为非国有股东的公司有着更高的企业价值和更强的盈利能力。胡一帆、宋敏和张俊喜（2006）通过对中国五个城市、覆盖六个行业的近300家国有企业1996—2001年的调查数据进行回归分析，发现国有企业私有化提高了销售收入，降低了企业成本，并最终导致企业盈利能力和生产率大幅提高，特别是由民营机构控股、彻底民营化的企业比那些仍然是国有控股、部分民营化的企业的绩效表现更好。李（Li）等（2007）对1992—2000年私有化的中国国有企业绩效和管理者所有权之间的关系进行研究后发现，管理者所有权对绩效存在正面影响。江州、李富强、董直庆、王林辉（2007）利用要素生产率和工业利润率时序数据检验我国国有企业的发展效率，结果表明，国有产权结构变量对产业利润率呈现出明显负效应。聂辉华、涂晓玲、杨楠（2008）利用2001—2003年全国规模以上工业企业的平衡面板数据进行检验，结果表明，以企业的主营业务销售利润率为因变量，给定市场竞争程度，国有产权明显比其他所有制带来更低的经营绩效。

国有企业（1998—2016年）经济绩效实证研究

经过40年的改革开放，特别是20世纪90年代后期开始的国有企业改革，国有企业的社会定位已经从社会组织向经济组织转变，从整体上已逐步成为市场经济中的法人主体。

历史比较

1978—2016年，全国国有及国有控股企业户数经历了先上升后下降的变化，从1978年的170 087家，发展到1983年的269 552家，然后到2016年下降为203 527家；相应的职工总数也从1978年的4 636.2万人，发展到1998年顶峰时期的6 565.2万人，到2016年则下降为3 672.8万人，职工总数比1978年减少了20.8%；主营业务收入从1978年的6 629.2亿元增长到2016年的210 502.3亿元，增长了30.75倍，年均增长12.2%；国有企业资产总额从1978年的7 233.9亿元发展到2016年的425 472.8亿元，增长57.82倍，年均增长14.6%；国有企业利润总额从1978年的665.4亿元增长到2016年的11 843.5亿元，增长了16.8倍，年均增长10.1%。

对比分析

我们以1998—2016年的《中国统计年鉴》的数据对规模以上国有及国有控股企业、私营企业、港澳台及外商投资企业的效益指标进行对比分析。

本次研究采用1998年之后的数据，主要是由于，在1998年九届全国人大一次会议上，中央提出，要用三年左右的时间使大多数国有大中型亏损企业摆脱困境进而建立现代企业制度。国有企业通过重组、兼并、破产等措施，开始剥离历史负担，逐步引入现代公司治理机制，重新和私营企业、外资企业站到同一条起跑线上。以此时间段的样本数据进行统计分析，能够较好地反映出国有企业能够实现的经济绩效情况。

从销售利润率来看，纵向比较，规模以上国有及国有控股企业呈明显的逐年增长趋势，2008年后略有下降。横向比较，1998年国有及国有控股企业销售利润率为1.6%，低于私营企业的3.6%和港澳台及外商投资企业的2.7%；2000年，国有及国有控股企业超过了私营企业的4.0%，达到5.7%；2003年国有及国有控股企业销售利润率增加到6.6%，不仅高于私营企业的4.4%，也超过了港澳台及外商投资企业的6.4%，以后各年国有及国有控股企业都好于其他两类企业，2008年以后略有下降，但与其他两类企业总体接近。

从成本费用利润率的指标来看，其与销售利润率表现基本一致。纵向比较，国有及国有控股企业的成本费用利润率呈明显的逐年增长的趋势，2008年后稍有下降。横向比较，1998年国有及国有控股企业的成本费用利润率为1.9%，低于私营企业的4.3%和港澳台及外商投资企业的3.2%；2000年国有及国有控股企业的成本费用利润率达到7.2%，同时超过了私营企业的4.6%和港澳台及外资企业的6.9%，以后各年除2002年，国有及国有控股企业的成本费用利润率都好于其他两类企业，2008年以后略有下降，但与其他两类企业总体接近。

从总资产利润率的指标来看，纵向比较，国有及国有控股企业的总资产利润率总体呈逐年增长的趋势，2008年后稍有下降。横向比较，1998年国有及国有控股企业的总资产利润率为1.3%，低于私营企业的3.6%和港澳台及外资企业的3.4%；2004年，国有及国有控股企业超过了私营企业的4.5%，达到5.3%，与港澳台及外资企业的差距也在不断缩小，2008年以后有所下降。国有及国有控股企业总资产利润率相对港澳台及外资企业略差一些，这与国有企业的资产规模较大有关。

从资产保值增值率的指标来看，纵向比较，国有及国有控股企业总体资产保值增值率的变化不大，一直高于100%，说明国有企业资产实现了保值增值，2005年后的平均水平略好于2003年前的水平（2004年波动较大）。横向比较，国有及国有控股企业资产保值增值率始终低于私营企业和港澳台及外资企业，这是因为国有企业的资产规模较大，基数较高，保持较高的保值增值率难度比其他两类企业要大一些。

从统计指标看，国有企业在1998年前后陷入低谷后，在经历了1998—2000年实施的3年改革攻坚，通过债转股、技改贴息、政策性关闭破产等一系列政策措施，企业负担大大减轻，资产效益状况得到明显改善，综合实力大大增强，部分财务指标已经逐渐赶上私营和港澳台及外资企业。另外，由于国有及国有控股经济的总规模较大，对其资金周转、资产盈利等方面造成了一定的压力，其统计指标较私营和港澳台及外资企业略逊一筹。

经济学解释

近年来国有企业绩效的好转得到了各方的公认，但究其原因，各方的看法并不一致，主要有如下三种。

- 国有企业主管部门各级国资委和一些经济学家认为，随着国有企业和国有资产管理体制改革的不断推进，以及现代企业制度的建立和公司治理结构的完善，国有企业改革已见显著成效，国有企业的管理水平和经营状况，已经发生了根本性转变，资产增值能力和盈利能力大大提高，这是近年来我国国有企业经营效益改善的主要原因。
- 有部分学者提出，国有企业绩效的改善和提高，并非源自企业效率的提高，而主要来自国有企业所拥有的垄断地位。他们认为，国有企业的巨额利润主要来自垄断行业，是垄断国企创造的垄断利润。例如，2008年，中石油、中石化、中海油、中国移动、中国联通、中国电信这6家企业实现的利润总额，占到中央管理国有企业利润总额的62.9%。学者认为，这些企业所处的行业具有较强的垄断特征，因此其巨额利润中有相当一部分属于由垄断地位带来的超额利润。他们还进一步指出，这些垄断利润来自不合理收费和涨价等因素带来的增长,并不表明国有企业内部经营机制得到了改善或者国有企业改革取得了多么大的成绩,而且这种垄断实际上造成了消费者利益的损失。

- 还有一些专家从产业周期的角度对国有企业的经济效益转好进行解释。他们认为,自 2000 年以来,中国经济发展周期逐渐步入重化工业阶段,产业结构由轻纺工业占优势向重化工业占优势的方向发展,这给国有企业的发展带来了重大机遇。重化工业阶段的主要特征是经济发展对石油、煤炭、钢铁、电力等资源和电子、机械、交通等设备的需求大幅增加。以钢铁行业为例,近几年我国建筑、汽车、机械制造等行业的快速发展,拉动了对钢铁产品的需求,目前中国已发展成为全球最大的钢铁生产国和消费国,2008 年我国的钢铁产量为 5.0 亿吨,占全球总产量的 37.7%,相当于日本的 4 倍,美国的 5 倍,德国的 11 倍;钢铁消费量为 4.3 亿吨,占全球总消耗量的 33.6%。由于我国轻纺工业领域对国内民间资本和外资的开放时间早,开放程度高,而重化工业领域对国内民间资本和外资的开放时间要晚得多,开放程度也低得多,自 20 世纪 90 年代中后期以来,我国国有企业在轻纺工业领域中的地位日渐式微,但在重化工业领域仍然占有优势地位。自 20 世纪 90 年代中后期以来推行的国有经济布局调整,也促使国有资本从轻纺工业领域退出,但国有资本在重化工业领域的退出速度要慢得多,因为重化工业领域中的许多行业被认为关系到国家经济安全和国民经济命脉。因此,当重化工业的景气周期来临时,国有企业乘势而起,绩效迅速攀升。

应该承认,进入 2000 年后,国有企业经济效益的好转,很难说是某一项因素起主要作用的结果,行业周期、竞争地位、政策环境、公司治理、管理水平等因素对国有企业自身的经济效益都有着非常重要的影响。国有企业的经济绩效，可以说是多因素综合作用的结果。因此，笔者同意国有企业绩效多因素决定论的观点。另外，单从数据来看，国有企业经济效益、价值创造能力必然不如私有企业的结论，在实证上是站不住脚的。

社会责任指标

企业的经营以利润最大化为目标，国有企业是企业中的一种特殊形式，国有企业与一般企业在性质、经营目标、社会地位等方面有所区别。国有企业的制度属性决定了其规模和影响力要超过一般企业，因此它的行为将对整个社会产生深刻且广泛的影响，而全社会对国有企业承担社会责任的期望也高于一般企业。我国正处在社会主义市场经济的转轨时期，国有企业作为国民经济的支柱，是发展社会生产力、实现国家现代化的重要依靠。因此，国有企业在经营中面临公共政策使命与营利性使命的诉求冲突，这使国有企业的经营发展陷入了一个两难的境地，改革是国有企业的必然选择。

国有企业在改革过程中应强调基于非经济目标的社会责任感，积极承担社会责任，促进经济社会稳定、健康的发展，同时也为国有企业本身树立良好的社会形象。国有企业的社会责任，至少应包括：注重教育，提高员工道德水平和法律素养，成为中国文化的传递者；有效控制失业，提高员工福利待遇；提高商品与服务质量；担当起保护环境的重要责任。

构建评价体系

评价体系的制定原则

前文总结了国有企业改革和绩效评价的历史演变和方法，然而常用的国有企业评价体系，由于指标繁多、部分指标计算过于复杂，给评价带来了操作难度。此外，新时代的国有企业，要与新时代的经济发展目标相结合，强调发挥国有资本的引导作用，尤其是加大创新投入形成高质量发展、降低成本提高经济效率、降低杠杆率以防范化解风险、加大环境保护投入等，应该成为新时代国企混改的重要评价指标。

本书引用信熹资本提出的信熹-国企混改评价模型，以供读者参考和讨论。

具体衡量指标

经营效率指标

息税前利润（EBIT）增长率

息税前利润＝净利润＋所得税＋利息支出，即扣除利息、所得税之前的利润。与净利润相比，息税前利润刨除了企业的资本结构、税收优惠等非经营性因素对经营成果和生产效率造成的影响，使不同行业、不同税收优惠政策下的企业经营成果更具有可比性。

新时代的国企混改，从根本上说是要提高国有企业的经营绩效，为了使不同行业、不同地区的国有企业绩效具有可比性，故将息税前利润作为评价指标。

净资产收益率

净资产收益率＝息税前利润÷报告期加权平均净资产，该指标反映股东权益的收益水平，用来衡量国有企业运用自有资本的效率。

创新能力指标

新时代的国企混改，要结合中国经济结构调整和转型升级时期对高质量发展的要求，加大研发创新投入力度，激发国有企业创新能力。

研发投入率

为了量化国有企业的创新能力，我们引入研发费用占销售收入的比率作为评价体系中衡量企业创新投入力度、创新能力的指标。科技研发投入不仅是国有企业自身发展的最核心的内生动力，也是国有企业突破关键核心技术、取得创新成果、形成竞争优势、推动自身高质量发展的前提。

毛利率

毛利率＝主营业务利润÷销售收入。

合理或较高的毛利率，表明企业的产品和服务具有市场定价权和竞争力，是代表高质量发展的关键指标。

从国有资本角度考虑的阶段性指标

由于国有企业性质的特殊性，其需要承担比一般企业更多的社会责任与历史使命，在当前的社会环境下，我们认为以下几个指标应作为评价国有企业混合所有制改革的辅助指标。

杠杆率

杠杆率是权益资本与总资产之间的比率。"三大攻坚战"之首的防范化解重大风险，主要是为了缓解中国经济的债务压力，避免引发金融危机。从金融市场当前的实际情况来看，重大风险主要表现为宏观杠杆率偏高，金融脱离实体经济本源，以及跨市场、跨业态、跨区域的风险传递等风险。从宏观层面看，宏观杠杆率偏高是诱发系统性风险的潜在因素。2016年年末，我国宏观杠杆率为247%，其中企业部门的杠杆率达到165%，高于国际警戒线，部分国有企业债务风险突出。因此，国有企业要发挥国有资本在中国经济改革发展中的引导作用，率先、主动将负债率降下来。

2018年9月，中共中央办公厅、国务院办公厅公开发布《关于加强国有企业资产负债约束的指导意见》，主要目标是加强国有企业资产负债约束，降低国有企业杠杆率，具体目标为两个：推动国有企业平均资产负债率到2020年年末比2017年年末降低2个百分点左右；之后，国企资产负债率基本保持在同行业同规模企业的平均水平。具体要求为：分类确定国有企业资产负债约束指标的标准，完善国有企业资产负债的自我约束机制，强化国有企业资产负债外部约束机制，加强金融机构对高负债企业的协同约束等。

员工薪酬福利增长率

20世纪90年代末期，国有企业承担的重要社会责任之一是扩大社会就业，随着经济的发展和就业率的提高，单以就业人数作为评价国有企业承担社会责任的标准有失偏颇，尤其是部分高新技术企业，对员工规模的要求较低而对员工素质要求较高。因此，将员工薪酬福利增长率作为新时期国有企业混合所有制改革的评价标准之一更为合适。提高国有企业员工薪酬福利至市场化水平，有利于国有企业吸收高素质人才。

环保指标

污染防治是"三大攻坚战"之一，中央经济工作会议上明确提出：打好污染防治攻坚战，要使主要污染物排放总量大幅减少，生态环境质量总体改善，重点是打赢蓝天保卫战，调整产业结构，淘汰落后产能，调整能源结构，加大节能考核力度，调整运输结构。

中央经济工作会议上还明确提出：要加快推进生态文明建设。只有恢复绿水青山，才能使绿水青山变成金山银山。启动大规模国土绿化行动，引导国企、民企、外企、集体、个人、社会组织等方面的资金投入，培育一批专门从事生态保护修复的专业化企业。加快生态文明体制改革，健全自然资源资产产权制度，研究建立市场化、多元化生态补偿机制，改革生态环境监管体制。

因此，国有企业应该发挥引导作用，加大环保投入，避免环保方面的处罚。本模型将环保责任作为对国有企业评价的底线约束指标。

在实际使用该评价体系时，可利用六边形模型对拟评价企业进行打分，通过构建不规则六边形的方式判断企业的得分情况，同时将环保触发作为底线约束，如图7-3所示。

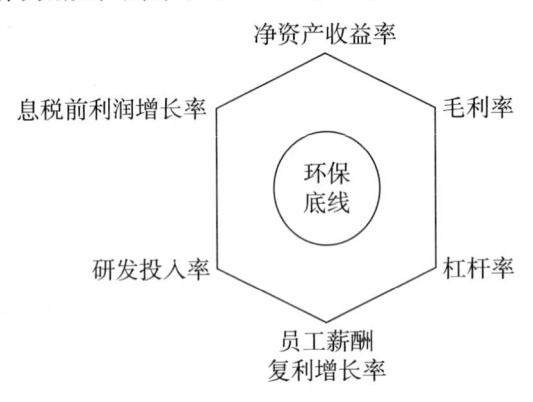

图7-3 信熹-国企混改评价模型

三、案例分析：中核新能源——新时代混改的排头兵

背景介绍

2016年年底，作为国家发改委确定的第一批央企混改试点企业，中核新能源投资有限公司（简称中核新能源）通过北京产权交易所公开挂牌征集投资者，最终6名外部投资者共计向中核新能源现金增资12亿元，共计占66.6%的股权，中国核建集团通过两家子公司共计持股33.4%，依然为中核新能源的第一大股东和实际控制人。中国核工业集团是中国十大军工央企集团之一，在中央企业中排第1位。2018年，中国核工业集团和中国核建集团作为两大军工央企集团合并重组为新的中核集团。

混改的目标

中核新能源的混改目标是，实现产权主体多元化，建立科学、快速的决策机制；引入市场化激励机制；获得增量资金，降低负债率；完善产业链条；提高公司在水处理领域的竞争力。

混改的逻辑

我国水污染现状非常严重。国务院于 2018 年 12 月公布的"十三五"战略性新兴产业规划中，节能环保产业规模达 10 万亿元，传统污水处理厂需要提标改造，新型城镇化也会扩展污水处理行业的市场规模，各类污染的严重程度已导致国家压力较大，水污染处理将继续保持快速增长。

相对于大气治理、土壤改良、湖泊治理等，水污染处理的定价权较强，盈利清晰而稳定，具有非周期性特征；相对于光伏、风电、新能源汽车等新能源，污水处理作为类市政公用类行业，具有 20~30 年的特许经营期限，收益稳定，具有持续性，不需要依靠政策补贴。所以，节能环保行业受到国家空前重视，污水处理是非周期性产业，盈利稳定，跑道长，是宏观经济下行时期最好的资产配置选择之一。

得益于优质污水处理资产的稀缺性、国家政策支持与"十三五"战略新兴产业规划的重视、新型城市化建设需要、传统污水处理项目的升级改革等，中核新能源未来证券化的可能性较高。

中核新能源的基本情况

产权结构

中核新能源是由中国核工业建设集团下属的中核投资和中国核工业华兴建设有限公司各持股 50% 的有限责任公司，注册资本为 31 006 万元，主要致力于国内环保和新能源领域的项目投资和建设。

中核投资成立于 1999 年，注册资本为 17 898 万元，为中国核工业建设集团的全资子公司。

中国核工业建设集团公司于 1999 年在原中国核工业总公司所属部分企事业单位的基础上组建而成，是中央直接管理的国有重要骨干企业，是经国务院批准的国家授权投资机构和资产经营主体。

行业分析

我国人均水资源稀缺、人均水量不足是我国水资源的基本现状。虽然我国水资源拥有量在全世界排名第5，但人均水资源仅排名第102，且水资源分布不均。

在水资源不足的同时，我国的水污染问题也非常严重，地表水污染严重，七大水系均受到不同程度的污染，全海域海水污染程度面临严重扩大趋势，清洁区域越来越少。据环保部统计，全国地表水中Ⅰ类、Ⅱ类、Ⅲ类、Ⅳ类、Ⅴ类、劣Ⅴ类水质占比分别为31%、30%、21%、6%、9%、3%，其中Ⅳ类以下水质占比近4成，水质污染非常严重。每年水污染给人体健康、工业生产、农业生产和渔业养殖等方面造成的直接经济损失约2 400亿元，间接损失及长远危害更是难以估量。

严重的水污染现状和屡屡爆发的水污染事件，促使污水处理行业进入了舆论监督、政策监管的高压阶段，国务院、环保部相继颁布了污水处理方面的法律法规。

2015年4月，国务院发布《水污染防治行动计划》，提出了具体工作目标：到2020年，全国水环境质量得到阶段性改善，污染严重水体较大幅度减少，饮用水安全保障水平持续提升，地下水超采得到严格控制，地下水污染加剧趋势得到初步遏制，近岸海域环境质量稳中趋好，京津冀、长三角、珠三角等区域水生态环境状况有所好转；七大重点流域水质优良比例总体达70%以上、地级及以上城市建成区黑臭水体均控制在10%以内，县城、城市污水处理率分别达到85%、95%左右。到2030年，力争全国水环境质量总体改善，水生态系统功能初步恢复。到21世纪中叶，生态环境质量全面改善，生态系统实现良性循环。按此估算，到"十三五"结束，污水处理行业将达到万亿级以上市场规模。

在污水处理行业，最为成熟和稳定的技术为 A/A/O 技术。两类技术相比，前者成本低，占用的物理空间大；后者能耗低，出水水质更优，但建设成本和设备采购成本高；从盈利角度看，前者的毛利率更高；但从发展角度看，未来新技术的应用很重要。

相较于节能环保的其他子行业，如大气治理、土壤改良、湖泊治理、城市供水等，污水处理行业的盈利稳定性更高，定价权更强，是比较典型的非周期性行业，也不像新能源（风电、光伏、新能源汽车）一样波动大并受补贴政策影响。随着水污染的严重化趋势，污水处理行业具有调价机制，即城市居民和工业单位的污水排水费价格将持续提高，保证了较好的盈利空间。

改革方案

中核新能源混改前后的股权结构图如图 7-4、7-5 所示。

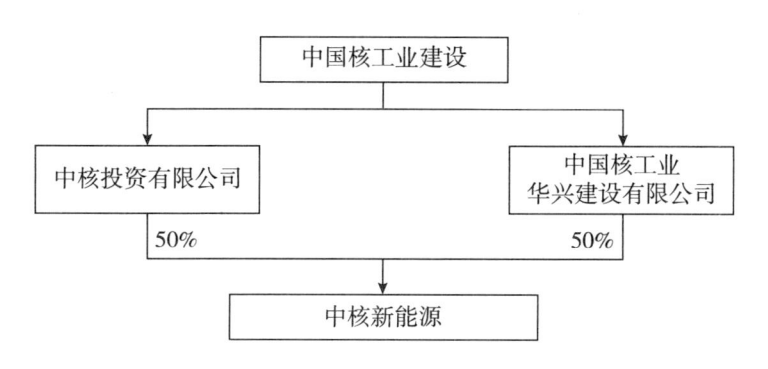

图 7-4 中核新能源混改前股权结构图

六家外部投资者分别为安徽水利开发股份有限公司、江苏康缘药业股份有限公司两家上市公司，北京科桥申宏投资中心、上海熹煊投资合伙企业、中新建招商股权投资有限公司、重庆慧林股权投资基金合伙企业四家投资机构。

出资比例：安徽水利开发股份有限公司、北京科桥申宏投资中心和上海熹煊投资合伙企业各出资 3 亿，各占 16.5%；江苏康缘药

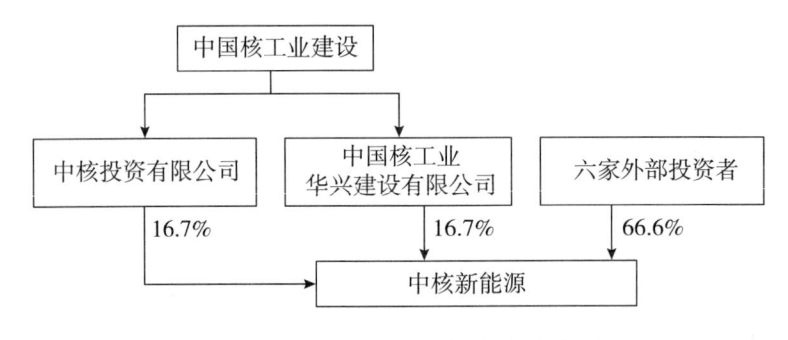

```
        中国核工业建设
       ┌──────┼──────┐
       ↓      ↓      ↓
   中核投资  中国核工业  六家外部投资者
   有限公司  华兴建设有限公司
    16.7%    16.7%      66.6%
       └──────┼──────┘
              ↓
           中核新能源
```

图7-5　中核新能源混改后股权结构图

业股份有限公司、中新建招商股权投资有限公司和重庆慧林股权投资基金合伙企业各出资1亿，各占5.55%。

稀释66.6%的股权

中核新能源的混合所有制改革项目在北京产权交易所挂牌后，多家机构积极报名参加，中国核建集团和中核投资严格按照国有产权交易程序，按以下标准选出了六家外部投资者参与混改：

- 具有大型国有企业背景或良好社会形象及一定影响力的企业优先。
- 资金实力雄厚、有较强资源整合能力，具有丰富的资本市场运作能力和经验的企业优先。
- 具有丰富的环保产业资源，拥有丰富的PPP项目运作经验，具备专业运营管理能力，能够为融资方环保产业发展带来新的经营业务、新的市场，能为融资方环保产业链延伸提供资金支持和增值服务的企业优先。
- 在污水处理、环境保护等相关领域拥有多项发明专利的企业优先。
- 有利于形成环保产业协同效应的上下游产业资本的企业优先。
- 熟悉和理解中核新能源的企业文化及经营理念的企业优先。

引进外部投资者后，中核投资和中核华兴合计在中核新能源的持股比例由100%减至33.4%，不再绝对控股但依然是相对第一大股东。

形成了新的股东会和董事会

混改之前，中核新能源的董事会设董事五名，国有股东中核投资有限公司和中国核工业建设有限公司分别推荐两名董事，职工董事一名；监事会设监事三名，其中中核投资有限公司推荐一名，中国核工业建设有限公司推荐一名，职工代表一名。

混改完成后，董事会成员由五名增加为七名，其中原股东中核投资有限公司推荐两名董事，中国核工业建设有限公司推荐一名董事，混改引入的外部股东安徽水利开发股份有限公司、北京科桥申宏投资中心、上海熹煊投资合伙企业分别推荐一名董事，职工董事一名；监事会成员由三名增加为五名，其中原股东中核投资有限公司推荐两名，江苏康缘药业股份有限公司、重庆慧林股权投资基金合伙企业各推荐一名，职工监事一名。

根据公司章程规定，董事会一般事项决议需由1/2以上的董事表决通过方为有效，董事会重大事项决议需由2/3以上董事表决通过方为有效。因此，根据董事会成员的构成，对于董事会的所有决议事项，外部董事都有实质决策权，可形成有效制约。

分析与总结

提升经营业绩

2017年1月，中核新能源完成混合所有制改革。截至2018年6月末，公司资产负债率由75.5%降至43.1%；2018年上半年的营业收入较去年同期同比增长4%，较2016年上半年同比增长8%；利润总额较去年同期同比增长23.7%，较2016年上半年同比增长132.6%；净利润较去年同期同比增长31.9%，较2016年上半年同比增长220.6%。

在提升经营业绩的基础上，中核新能源积极探讨以并购或换股方式为主的资本化进程。

健全法人治理结构

加强战略型董事会建设，依法逐步落实董事会职权，强化董事会的战略引领职能、经营督导职能、风险防控职能。

2018年上半年，公司召开董事会两次，董事会临时会议四次，董事会决议事项通过率约为90%。

推进分配制度改革

推进高级管理层及中层管理人员以市场化方式选聘，引入多名中高级管理人才。推进职工薪酬改革，使薪酬制度更充分地发挥保障与激励作用，建立健全与市场经济体制相适应、与工作业绩相联系的分配激励机制：薪酬管理依照岗变薪变、晋级增薪、降级减薪的原则，薪酬标准适应公司未来发展的需要，对企业生产经营与发展急需的高级人才，可以执行特殊薪酬标准，即该人才薪酬标准可高于同等岗位薪酬。

继续深化改革，推进"二次混改"

中核新能源较好地完成了国企混改中如何"混"的工作，在如何"改"方面还在继续推进深化改革，内部称之为"二次混改"，此次改革主要集中在：破除上级单位的工资总额管理制度，实行市场化的工资分配机制；落实股东会和董事会的决策效力，控股股东主要通过股东会和董事会形成决议，重大事项不再需要逐级上报请示，以免影响经营效率；将加强党的建设和提升工作效率有机结合起来。

参考文献

[1] 卢方辉. 中国历代官营工商业 [EB/OL]. [2012-01-14]. https://wenku.baidu.com/view/c527a11f6bd97f192279e936.html.

[2] 周进庆. 经济问题资料汇编 [M]. 台湾：华文书局，1967.

[3] 卞历南. 制度变迁的逻辑：中国现代国营企业制度之形成 [M]. 杭州：浙江大学出版社，2011.

[4] 孙拯. 资源委员会经过述略 [J]. 资源委员会月刊，1939（1）：5-9.

[5] 郑友揆，程麟荪，张传洪. 旧中国的资源委员会——史实与评价，1932—1949 [M]. 上海：上海社会科学出版社，1991.

[6] 程麟荪. 中国计划经济的起源与资源委员会 [J]. 二十一世纪（香港），2004（4）.

[7] 潘岳. 中国国有经济总论 [M]. 北京：经济科学出版社，1997.

[8] 王树恩. 新中国"一五计划"出台前后 [J]. 晚晴，2018（1）：49-51.

[9] 中共中央党史研究室. 中国共产党大事记·1961年 [EB/OL]. [2009-07-16]. http://cpc.people.com.cn/GB/64162/64164/4416044.html.

[10] 张宏志. 六十年代初我国试办工业、交通托拉斯的历史回顾 [J]. 党的文献，1993（2）：22-28.

[11] 杨涧华. 中国国有资产管理发展简史 [M]. 北京：经济科学出版社，1997.

[12] 中国历史网. 1969年历史大事记 [EB/OL]. [2017-09-26]. http://lishi.zhuixue.net/jindai/59390.html.

［13］杨启先．"产权"概念是改革理论的第三次大突破［J］．产权导刊，2003（11）：4－7．

［14］《李先念传》编写组．李先念传（1949～1992）［M］．北京：中央文献出版社，2009．

［15］中国共产党第十一届中央委员会第三次全体会议．中国共产党第十一届中央委员会第三次全体会议公报［J］．南方农业学报，1979（1）：3－9．

［16］刘国光，周桂英．中国改革全书：工业企业体制改革卷［M］．大连：大连出版社，1992．

［17］董辅礽．中华人民共和国经济史［M］．北京：经济科学出版社，1999．

［18］国家统计局．成就辉煌的20年［M］．北京：中国统计出版社，1998．

［19］完颜文豪．档案背后的湖北故事：34年前，武汉请来一位"洋厂长"［EB/OL］．［2018－03－30］．http：//www.xinhuanet.com/mrdx/2018－03/30/c_137075745.htm．

［20］马立诚．交锋三十年：改革开放四次大争论亲历记［M］．南京：江苏人民出版社，2008．

［21］张文魁，袁东明．中国经济改革30年．国有企业卷：1978－2008［M］．重庆：重庆大学出版社，2008．

［22］黄群慧．"新国企"是怎样炼成的——中国国有企业改革40年回顾［J］．中国经济学人，2018（1）：58－83．

［23］华晔迪．详解中国国企十项改革试点［EB/OL］．［2016－02－25］．http：//www.xinhuanet.com/politics/2016－02/25/c_1118158566.htm．

［24］许岩．混改由"怎样混"转向"怎样改"阶段［EB/OL］．［2018－02－08］．http：//www.stcn.com/2018/0208/13962781.shtml．

［25］华强集团整体改制台前幕后［N］．中国证券报，2003－10－14（011）．

［26］鲁菲．改制获批：深圳华强续写MBO路线图［N］．经理日报，2005－12－22（C03）．

［27］贾柱．华强集团改制的来龙去脉［N］．中国工业报，2003－

11-05.

[28] 李俊江, 史本叶. 外国国有企业改革研究 [M]. 北京: 经济科学出版社, 2010.3.

[29] 邓沛琦. 中英混合所有制经济模式比较研究 [D]. 武汉: 武汉大学经济与管理学院, 2015.

[30] 李建春. 国有企业国际比较研究 [D]. 吉林: 吉林大学经济学院, 2010.

[31] 金明星. 韩国国有企业改革史研究 [D]. 延吉: 延边大学人文社会科学学院, 2005.

[32] 乔惠波. 所有制机构演变与完善基本经济制度研究 [D]. 北京: 清华大学马克思主义学院, 2015.

[33] 李雪君. 新加坡国有企业改革启示 [N]. 东北大学学报, 2006, 8 (5): 332-335.

[34] 厉以宁, 程志强. 中国道路与混合所有制经济 [M]. 北京: 商务印书馆, 2014.

[35] 刘建军. 国外国企改革经验综述及对我国国企改革启示 [J]. 当代财经, 2003, 8 (225): 82-85.

[36] 李相文. 韩国的国有企业及其管理 [EB/OL]. [2012-03-29] https://www.douban.com/group/topic/28530642/#sep.

[37] 余菁. 混合所有制的学术论争及其路径找寻 [J]. 企业发展, 2014, 11 (249): 26-35.

[38] 李路曲. 新加坡的国有企业为什么能盈利 [N]. 开放导报, 1995, 2: 51-54.

[39] 任保平, 段雨晨. 关于经济新常态研究的评述 [J]. 政治经济学评论, 2016, 7 (02): 145-160.

[40] 张占斌. 中国经济新常态的趋势性特征及政策取向 [J]. 国家行政学院学报, 2015 (01): 15-20.

[41] 刘世锦. 新常态下如何处理好政府与市场的关系 [J]. 求是, 2014 (18): 28-30.

[42] 马光远. 读懂中国经济新常态 [J]. 商界 (评论), 2014

355

（06）：26.

［43］成丽敏，李宏. 改革开放以来政府宏观调控的经济背景与功能择定［J］. 中国财政，2014（07）：62－63.

［44］黄文川. 怎样理解使市场在资源配置中起决定性作用和更好发挥政府作用——访国务院研究室副主任韩文秀［J］. 求是，2013（24）：31－33.

［45］弗朗索瓦·格罗普，司马亚玺，罗栋. 以结构性改革推进经济增长［J］. 中国金融，2013（20）：14－16.

［46］张平. 致力推动经济从高速转向高效增长［J］. 求是，2013（19）：31－32.

［47］张兆斌. 浅谈中国国有企业改革［J］. 当代经济，2013（10）：68－69.

［48］杨鹏，赵连章. 我国国有资产管理中的委托代理关系及其改革［J］. 中国集体经济，2013（04）：48－50.

［49］成思危. 成思危：关于全面深化经济体制改革的思考［J］. 房地产导刊，2013（Z1）：30－31.

［50］李崇富. 论坚持和完善我国现阶段的基本经济制度［J］. 北京联合大学学报（人文社会科学版），2012，10（04）：64－71＋114.

［51］徐以升. 中国经济新常态［J］. 西部大开发，2012（03）：52－53.

［52］刘世锦. 中国经济进入了高速增长到中速增长的转换期［J］. 中国经贸导刊，2012（06）：9－10.

［53］杨威，周磊，王甘. 我国家族企业管理困境及其对策研究［J］. 湖南财政经济学院学报，2012，28（01）：123－129.

［54］余永定. 世界经济大环境和中国经济结构调整［J］. 国际经济评论，2011（06）：12－15.

［55］周景勤. 国有经济战略性调整与深化国有企业改革［J］. 北京市经济管理干部学院学报，2011，26（01）：8－11.

［56］沈志渔，刘兴国，周小虎. 基于社会责任的国有企业改革研究［J］. 中国工业经济，2008（9）：141－149.

［57］戴锦，和军. 国有企业的经济责任、社会责任与政策责任［J］. 政治经济学研究，2015（16）：55－68.

[58] 胡宏艳. 深化国企改革 增强企业经济活力 [J]. 统计与决策, 2004 (08)：122.

[59] 赵降英, 吕一军. 中国民营企业制度变迁研究 [J]. 社会主义研究, 2004 (01)：82–84.

[60] 张占斌, 周跃辉. 新常态下的大国经济 [M]. 长沙：湖南人民出版社, 2015.

[61] 邱晓华, 管清友. 新常态经济：中国经济新变局 [M]. 北京：中信出版社, 2015.

[62] 国家行政学院经济学教研部. 中国经济新常态 [M]. 北京：人民出版社, 2015.

[63] 迟福林. 读懂中国经济新常态：中国未来经济何去何从 [M]. 北京：中国工人出版社, 2015.

[64] 徐以升. 中国经济新常态：从涨潮到退潮 [M]. 北京：中国经济出版社, 2013.

[65] 吴亚明. 中国非公有制经济发展的理论与实践 [M]. 北京：当代中国出版社, 2004.

[66] 唱好国企改革"重头戏"打造国企混改"第一样本"东航集团成为国家首批混改试点民航领域首家落地企业. [EB/OL]. http：//www. ceair. com/about/dhxw/t2017622_ 16714. html.

[67] 混改上天, 东航物流混改解析 [EB/OL]. https：//zhuanlan. zhihu. com/p/39397379.

[68] 首个央企混改样本年考：东航物流利润增长七成 [EB/OL]. https：//new. qq. com/omn/20180202/20180202C04PHK. html.

[69] 经济参考报：国企混改升级 集团层面将迎突破 [EB/OL]. http：//www. sasac. gov. cn/n2588025/n2588139/c8684394/content. html.

[70] 国有企业改革向纵深推进 – 财经 – 人民网 [EB/OL]. http：//finance. people. com. cn/n1/2018/0413/c1004 – 29923137. html.

[71] 国企混改, 究竟改什么？– 南方周末 [EB/OL]. http：//www. infzm. com/content/134024.

[72] 东航物流混改突破员工持股, 首批百余人都要"脱马甲" – 第一财

经［EB/OL］. https：//www. yicai. com/news/5269809. html.

［73］20170605 - 东北证券 - 东方航空（600115. SH）：立足上海拓市场，供需向好增盈利［EB/OL］.

［74］邓沛琦. 中英混合所有制经济模式比较研究［D］. 武汉大学，2015.

［75］钟长明. 我国混合所有制生成和发展研究［D］. 南昌大学，2009.

［76］吉林企业管理，英国如何管理国有企业［J］. 现代企业，1994（5）：36.

［77］覃青秀. 混合所有制企业产权平等保护制度研究［D］. 安徽大学，2015.

［78］车夫. 走出"输血"的怪圈—法国国有企业产权交易对我国的一些启示［J］. 黑龙江对外经贸，2002（5）：82 - 83。

［79］王文创，张金城. 德国国有企业的管理及对我国的启示［J］. 理论学刊，2006（5）：51 - 52.

［80］邹升平. 中国与瑞典经济制度比较研究［D］. 大连理工大学，2011.

［81］谭啸. 我国国有资本经营预算改革研究［D］. 财政部财政科学研究所，2014.

［82］秦建，芬兰. 瑞士：管理国企有独到之处［J］. 上海国资，2000（1）：51 -52.

［83］谭啸. 我国国有资本经营预算改革研究［D］. 财政部财政科学研究所，2014.

［84］宋政谦. 国有企业改革的回顾与国际借鉴［J］. 山东社会科学，2014（5）：170 - 173.

［85］谢军. 中国混合所有制企业国有产权管理研究［D］. 武汉理工大学，2013.

［86］王瑶. 公有产权利弊分析和国有企业改革［J］. 中外企业家，2014（20）：22 - 22.

［87］闫胜利. 国有企业弊端分析［J］. 商，2014（15）：40 - 40.

［88］张帅. 关于国有企业积极发展混合所有制经济的研究［D］. 中共中

央党校，2015.

[89] 高明华，杨丹，杜雯翠等. 国有企业分类改革与分类治理——基于七家国有企业的调研［J］. 经济社会体制比较，2014（2）：19-34.

[90] 高明华等，中国公司治理分类指数报告［M］. 北京：东方出版社，2016.

[91] 黄速建. 中国国有企业混合所有制改革研究［J］. 经济管理，2014（7）：1-10.

[92] 郭飞. 中国国有企业改革：理论创新与实践创新［J］. 马克思主义研究，2014（4）：40-51.

[93] 刘崇献. 混合所有制的内涵及实施路径［J］. 中国流通经济，2014，28（7）：52-58.

[94] 邱海平. 论混合所有制若干原则性问题［J］. 人民论坛·学术前沿，2014（6）：42-48.

[95] 黄淑和. 国有企业改革在深化［J］. 现代企业，2014（2）：4-5.

[96] 余菁. 美国公司治理：公司控制权转移的历史分析［J］. 中国工业经济，2009（7）：98-108.

[97] 李苹莉，宁超. 关于经得业绩评价的思考［J］. 会计研究，2000（5）：22-27.

[98] 周伟佳. 新联通，新生趣——中国联通（600050）公司深度报告［EB/OL］.［2018-01-02］.

[99] 刘洋. 中国联通（600050）——混改是联通发展强心剂，利好长期投资价值［EB/OL］.［2017-08-25］.

[100] 熊军. 中国联通（600050）——国企改革大刀阔斧，触底反弹浴火重生［EB/OL］.［2018-02-03］.

[101] 程成. 中国联通（600050）——方案出炉，"势大力沉"引入多元协同［EB/OL］.［2017-08-21］.

[102] 马军. 中国联通（600050）——中国联通系列报告之二：运营全面向好、创新积极，混改助力未来发展［EB/OL］.［2017-08-09］

[103] 白金亚. 国有企业分类监管体制改革研究——基于国企功能定位的法治思考［J］. 上海市经济管理干部学院学报，2017（6）：004.

[104] 陈东琪，臧跃茹，刘立峰，等．国有经济布局战略性调整的方向和改革举措研究［J］．宏观经济研究，2015（1）：3-17.

[105] 陈艳艳．员工股权激励的实施动机与经济后果研究［J］．管理评论，2015，27（9）：163-176.

[106] 崔涛．新常态下深化国有经济改革的新举措［J］．现代国企研究，2016（2）：32.

[107] 崔志强．混合所有制条件下企业家激励问题研究［J］．会计之友，2013（34）：88-90.

[108] 高旭东，赵星．大型国企技术创新的优势与劣势［J］．石油科技论坛，2015，34（5）：43-47.

[109] 辜胜阻，韩龙艳，何峥．供给侧改革需加快推进国企创新驱动战略——来自央企的调查研究［J］．湖北社会科学，2016（7）：87-92.

[110] 何立胜，陈元志．国有企业创新发展状况与高管认知［J］．改革，2016（12）：37-45.

[111] 何国成．全面深化改革背景下国资国企审计的若干问题研究［J］．审计研究，2014（6）：42-47.

[112] 黄群慧，余菁，王欣，等．新时期中国员工持股制度研究［J］．中国工业经济，2014（7）：5-16.

[113] 金碚．新常态下国企改革与发展的战略方向［J］．北京交通大学学报（社会科学版），2015，14（02）：1-6.

[114] 李红娟．国企混合所有制改革难点及对策［J］．宏观经济管理，2017（10）：55-62.

[115] 李广豪．混合所有制企业的公司治理与股权结构分析［J］．企业改革与管理，2017（24）：002.

[116] 李时慧，王东亮．试论新形势下国有企业经济管理体系的重构与创新［J］．生产力研究，2016（12）：146-149.

[117] 李小林．我国国有资产证券化的制度保障研究［J］．财经界，2013（23）：25-26.

[118] 李政．"国企争议"与国有企业创新驱动转型发展［J］．学习与探索，2012（11）：81-86.

［119］梁小惠．混合所有制公司治理结构的改革与法律完善［J］．河北学刊，2015（6）：171－175.

［120］廖红伟，张楠．论新型国有资产的监管体制转型——基于"管资产"转向"管资本"的视角［J］．江汉论坛，2016（3）：11－16.

［121］刘斌．公司治理理论与中国国有企业改革［J］．人力资源管理（汉），2017（6）：12－13.

［122］刘宏鹏．基于特殊法人视角的国企高管激励机制探析［J］．中国人力资源开发，2015（21）：6－12.

［123］路璐，盛宇华，董洪超．供给侧改革下国企改革与创新效率的制度分析［J］．工业技术经济，2018，37（1）：32－40.

［124］彭澎．国资证券化有助于化解国企改革中深层次难题［J］．中国石油企业，2016（6）：017.

［125］齐瑞福，陈春花．高管价值评价，选拔任用方式与国企改革进程的相关性［J］．改革，2014（2）：131－140.

［126］盛丹，刘灿雷．外部监管能够改善国企经营绩效与改制成效吗？［J］．经济研究，2016，51（10）：97－111.

［127］施春来．国企混合所有制改革中若干焦点问题的思考［J］．上海市经济管理干部学院学报，2017（6）：003.

［128］司杨．混合所有制企业员工激励对策研究［J］．中外企业家，2016（3Z）：154.

［129］孙菁泽．国有资产证券化发展分析［J］．沈阳干部学刊，2016（4）：22－26.

［130］唐元琴，李竞．论现代企业的员工激励问题［J］．中国市场，2011（36）：58－62.

［131］谭浩俊．如何念好国有资产证券化这本经［J］．产权导刊，2016（10）：14－17.

［132］汤吉军．不完全契约视角下国有企业发展混合所有制分析［J］．中国工业经济，2014（12）：31－43.

［133］王克喜，廖和平，周志强，等．混合所有制煤炭企业管理人员激励研究——基于代理理论与管家理论融合视角［J］．煤炭经济研究，2014，34

(5)：24-27.

[134] 王砾，代昀昊，孔东民．激励相容：上市公司员工持股计划的公告效应 [J]．经济学动态，2017（2）：37-50.

[135] 王曙光，王天雨．国有资本投资运营公司：人格化积极股东塑造及其运行机制 [J]．经济体制改革，2017（3）：116-122.

[136] 魏明海，蔡贵龙，柳建华．中国国有上市公司分类治理研究 [J]．中山大学学报：社会科学版，2017，57（4）：175-192.

[137] 邢炜，周孝．国企改革与技术创新模式转变 [J]．产业经济研究，2016（6）：22-33.

[138] 许艳芳．资产证券化问题研究 [D]．安徽财经大学图书馆．安徽财经大学．2017.

[139] 杨红英，童露．论混合所有制改革下的国有企业公司治理 [J]．宏观经济研究，2015（1）：42-51.

[140] 殷军，皮建才，杨德才．国有企业混合所有制的内在机制和最优比例研究 [J]．南开经济研究，2016（1）：18-32.

[141] 张孝梅．混合所有制改革背景的员工持股境况 [J]．改革，2016（1）：121-129.

[142] 张继德，胡月．混合所有制企业董事会治理机制的发展探讨--从文献视角 [J]．会计之友，2015（20）：108-113.

[143] 张思锋，王舟浩，余赵．基于同素异形体结构原理的中国公司治理结构分析 [J]．西安交通大学学报：社会科学版，2015，35（1）：66-73.

[144] 张萱萱，王兴旺．以产权市场为平台 加快推进国有资产证券化 [J]．产权导刊，2015（4）：66-67.

[145] 赵云峰．国有资产证券化：从资产管理到资本管理 [J]．中国商论，2016（23）：149-150.

[146] 郑荣荣．国有资产证券化问题与改革完善 [J]．现代企业，2016（7）：48-49.

[147] 中国社会科学院工业经济研究所课题组．论新时期全面深化国有经济改革重大任务 [J]．中国工业经济，2014（9）：5-23.

[148] 李苹莉，宁超．关于经得业绩评价的思考 [J]．会计研究，2000.

（5）：22-27.

[149] 陈毅. 企业业绩评价系统综述 [J]. 外国经济与管理，2000，22（4）：7-10.

[150] 孙永胜，牛成喆. 经营者股票期权激励制度：基本理论和会计操作 [M]. 北京：经济科学出版社，2002.

[151] 卫建国，陈烘. 企业业绩评价方法选定的理论思考 [J]. 广东商学院学报，2002（3）：72-76.

[152] 宋力，王小蕾. 论企业经营者业绩评价指标体系的设置 [J]. 财经问题研究，2002（3）：62-65.

[153] 林峰，行政垄断企业混合所有制改革与创新的评价研究 [M]. 北京：中国社会科学出版社，2017.

[154] 于良春，余东华，张伟. 转轨经济中的反行政性垄断与促进竞争政策研究 [M]. 北京：经济科学出版社，2011.

[155] 丁启军. 行政垄断行业的判定及改革 [J]. 财贸研究，2010，21（5）：77-83.

[156] 刘小玄，李利英. 企业产权变革的效率分析 [J]. 中国社会科学，2005（2）：4-16.

[157] 李军，肖金成. 混合所有制企业中的国有资本管理 [J]. 经济研究参考，2015（3）：18-25.

[158] 季晓南. 季晓南：发展混合所有制是深化国企改革的突破口和加速器 [J]. 上海经济，2014（5）：2-2.

[159] 厉以宁. 中国道路与混合所有制经济 [J]. 中国市场，2014（23）：3-11.

[160] 马洪. 国有企业风险管理存在的问题以及应对措施 [J]. 东方企业文化，2015.

[161] 张卓元. 混合所有制经济是基本经济制度的重要实现形式 [J]. 经济日报，2013：11-22.

[162] 黄速建. 中国国有企业混合所有制改革研究 [J]. 经济管理，2014（7）：1-10.

[163] 王伟光，侯军利，白雪飞. 国有企业创新发展与东北三省经济增

363

长：基于 VEC 模型的分析［J］．地理科学，2016，36（9）：1293－1300.

［164］吴淑琨，李有根．中国上市公司治理评价体系研究［J］．中国软科学，2003，(5)：65－69．

［165］叶银华，苏裕惠，柯承恩等．公司治理机制对于关联交易的影响［J］．证券市场发展季刊（台湾），2003（4）：69－106．

［166］施东晖，司徒大年．值得企业家关注的公司治理评价体系［J］．国际经济评论，2003（5）：53－56．

［167］杨建仁，左和平，罗序斌．中国上市公司治理结构评价研究［J］．经济问题探索，2011（10）：66－72．

［168］白重恩，刘俏，陆洲等．中国上市公司治理结构的实证研究［J］．经济研究，2005，2（5）：81－91．

［169］韩贵义．我国国有企业公司治理诊断模型与评价研究［J］．中国科技论坛，2010（10）：62－66．

［170］秦斗豆．混合所有制是提高企业治理绩效的有效途径［J］．中国市场，2014（3）：82－88．

［171］南开大学公司治理研究中心课题组．中国上市公司治理评价系统研究［D］．南开大学，2003．

［172］严若森．公司治理评价及其灰色关联分析［J］．技术经济，2009，28（7）：114－120．

［173］刘世锦．公有制经济内在矛盾及其解决方式比较［J］．经济研究，1991（1）：3－9．

［174］张维迎．公有制经济中的委托人—代理人关系：理论分析和政策含义［J］．经济研究，1995，4（10）．

［175］张维迎．所有制，治理结构及委托—代理关系［J］．经济研究1996，9（3）．

［176］樊纲．渐进改革的政治经济学分析［M］．上海：上海远东出版社，1996．

［177］张维迎．产权，激励与公司治理［M］．北京：经济科学出版社，2005．

［178］周其仁．公有制企业的性质［J］．经济研究，2000，11（3）：12．

[179] 郭克莎. 中国所有制结构变动与资源总配置效应 [J]. 经济研究, 1994 (7): 3-13.

[180] 刘小玄. 中国工业企业的所有制结构对效率差异的影响 [J]. 经济研究, 2000 (2).

[181] 徐晓东, 陈小悦. 第一大股东对公司治理, 企业业绩的影响分析 [J]. 经济研究, 2003 (2): 2.

[182] 胡一帆, 宋敏, 郑红亮. 所有制结构改革对中国企业绩效的影响 [J]. 中国社会科学, 2006 (4): 50-64.

[183] 聂辉华, 谭松涛, 王宇峰. 创新, 企业规模和市场竞争 [J]. 世界经济, 2008 (7): 57-66.

[184] 奥利弗·谢尔登著, 刘敬鲁译. 管理哲学 [M]. 北京: 商务印刷出版社, 2013.

[185] 江州, 李富强, 董直庆等. 竞争, 产权和我国国有企业治理效率的实证检验 [J]. 中国软科学, 2007 (12): 122-129.

[186] 卢代富. 公司社会责任的经济学与法学分析 [M]. 北京: 法律出版社, 2002.

[187] 高汉祥, 郑济孝. 公司治理与企业社会责任: 同源、分流与融合 [J]. 会计研究, 2010 (6): 32-36+95.

[188] 高汉祥. 企业社会责任与公司治理 概念重构、互动关系与嵌入机制 [M]. 苏州: 苏州大学出版社, 2012.

[189] Carroll A B. A three-dimensional conceptual model of corporate performance [J]. Academy of management review, 1979, 4 (4): 497-505.

[190] Lantos G P. The boundaries of strategic corporate social responsibility [J]. Journal of consumer marketing, 2001, 18 (7): 595-632. [191] McNair C J, Lynch R L, Cross K F. Do financial and nonfinancial performance measures have to agree? [J]. Strategic Finance, 1990, 72 (5): 28.

[191] Li H, Zhang Y. The role of managers´ political networking and functional experience in new venture performance: Evidence from China's transition economy [J]. Strategic management journal, 2007, 28 (8): 791-804.

[192] Kaplan R S, Norton D P. Transforming the balanced scorecard from per-

formance measurement to strategic management: Part I [J]. Accounting horizons, 2001, 15 (1): 87 - 104.

[193] Stewart G B. The Quest for Value: The EVA [J]. Management Guide, 1991.

[194] Bacidore J M, Boquist J A, Milbourn T T, et al. The search for the best financial performance measure [J]. Financial Analysts Journal, 1997, 53 (3): 11 - 20.

[195] Maniatis G C. Social calculus, profitability, and the conduct of public corporations [J]. American Journal of Economics and Sociology, 1970, 29 (3): 225 - 240.

[196] Funkhouser R, MacAvoy P W. A sample of observations on comparative prices in public and private enterprises [J]. Journal of Public Economics, 1979, 11 (3): 353 - 368.

[197] Martindell J. The Scientific Appraisal of Management, Etc [M]. Harper & Bros., 1950.

[198] Alchian A A, Demsetz H. Production, information costs, and economic organization [J]. The American economic review, 1972, 62 (5): 777 - 795.

[199] Ross S A. The economic theory of agency: The principal's problem [J]. The American Economic Review, 1973, 63 (2): 134 - 139.

[200] Jensen M C, Meckling W H. Theory of the firm: Managerial behavior, agency costs and ownership structure [J]. Journal of financial economics, 1976, 3 (4): 305 - 360.

[201] Fama E F, Jensen M C. Separation of ownership and control [J]. The journal of law and Economics, 1983, 26 (2): 301 - 325.

[202] Estrin S. State ownership, corporate governance and privatization [J]. 1998.

[203] Kikeri S, Nellis J, Shirley M. Privatization: the lessons of experience [M]. The World Bank, 1992.

[204] Yarrow G. Privatization in theory and practice [J]. Economic policy, 1986, 1 (2): 323 - 364.

[205] Shleifer A. State versus private ownership [J]. Journal of economic perspectives, 1998, 12 (4): 133 – 150.

[206] Woo W T, Hai W, Jin Y, et al. How successful has Chinese enterprise reform been? Pitfalls in opposite biases and focus [J]. Journal of Comparative Economics, 1994, 18 (3): 410 – 437.

[207] Megginson W L, Nash R C, Van Randenborgh M. The financial and operating performance of newly privatized firms: An international empirical analysis [J]. The Journal of Finance, 1994, 49 (2): 403 – 452.

[208] D'souza J, Megginson W L. The financial and operating performance of privatized firms during the 1990s [J]. The Journal of Finance, 1999, 54 (4): 1397 – 1438.

[209] Megginson W L. The economics of bank privatization [J]. Journal of Banking & Finance, 2005, 29 (8 – 9): 1931 – 1980.

[210] Ariff M, Cabanda E, Sathye M. Privatization and performance: evidence from telecommunications sector [J]. Journal of the Operational Research Society, 2009, 60 (10): 1315 – 1321.

[211] Jefferson G H, Rawski T G, Zheng Y. Chinese industrial productivity: trends, measurement issues, and recent developments [J]. Journal of Comparative Economics, 1996, 23 (2): 146 – 180.

[212] Jefferson G H, Rawski T G, Li W, et al. Ownership, productivity change, and financial performance in Chinese industry [J]. Journal of Comparative Economics, 2000, 28 (4): 786 – 813.

[213] La Porta R, Lopez – de – Silanes F, Shleifer A. Corporate ownership around the world [J]. The journal of finance, 1999, 54 (2): 471 – 517.

[214] Vining A R, Boardman A E. Ownership versus competition: Efficiency in public enterprise [J]. Public choice, 1992, 73 (2): 205 – 239.

[215] Dewenter K L, Malatesta P H. State-owned and privately owned firms: An empirical analysis of profitability, leverage, and labor intensity [J]. American Economic Review, 2001, 91 (1): 320 – 334.